Políticas
Públicas
**Juventude
em Pauta**

EDITORA AFILIADA

Apoio:

Dados Internacionais de Catalogação na Publicação (CIP)
(Câmara Brasileira do Livro, SP, Brasil)

> Políticas públicas : juventude em pauta / Maria Virgínia de Freitas, Fernanda de Carvalho Papa, organização. — São Paulo : Cortez : Ação Educativa Assessoria, Pesquisa e Informação : Fundação Friedrich Ebert, 2003.
>
> Vários autores.
> ISBN 85-249-0957-9 (Cortez)
>
> 1. Juventude - Política governamental - Brasil   I. Freitas, Maria Virgínia de.   II. Papa, Fernanda de Carvalho.

03-5383   CDD-305.2350981

Índices para catálogo sistemático:

1. Brasil : Juventude : Políticas públicas : Sociologia   305.2350981

Maria Virgínia de Freitas
Fernanda de Carvalho Papa
Organização

Políticas Públicas Juventude em Pauta

Ação Educativa

Políticas Públicas: Juventude em Pauta
Maria Virgínia de Freitas e Fernanda de Carvalho Papa (orgs.)

Capa: SM&A Design
Preparação de originais: Carmen Teresa da Costa; Marques Casara
Traduções: Carlos Kantek e Juan Kantek
Revisão: Maria de Lourdes de Almeida
Composição: Dany Editora Ltda.
Coordenação editorial: Danilo A. Q. Morales

Nenhuma parte desta obra pode ser reproduzida ou duplicada sem autorização expressa das autoras e dos editores.

© 2003 by Organizadoras

Direitos para esta edição
CORTEZ EDITORA
Rua Bartira, 317 — Perdizes
05009-000 — São Paulo-SP
Tel.: (11) 3864-0111 Fax: (11) 3864-4290
E-mail: cortez@cortezeditora.com.br
www.cortezeditora.com.br

AÇÃO EDUCATIVA
Rua General Jardim, 660 — V. Buarque
01223-010 — São Paulo - SP
Tel./Fax: (11) 3151-2333
E-mail: acaoeduca@acaoeducativa.org
http: www.acaoeducativa.org

FUNDAÇÃO FRIEDRICH EBERT
Av. Paulista, 2001 — 13º andar — Cj. 1313
01311-931 — São Paulo - SP
Tel: (11) 3253-9090 Fax: (11) 3253-3131
E-mail: ildes@fes.org.br
http: www.fes.org.br

Impresso no Brasil — setembro de 2003

Sumário

Introdução
  Maria Virgínia de Freitas e Fernanda Papa 7

1. Crítica política das políticas de juventude
  Miguel Abad 13

2. Políticas de juventude na América Latina: identificação de desafios
  Julio Bango 33

3. Trajetórias na constituição de políticas públicas de juventude no Brasil
  Marilia Sposito 57

4. Da agregação programática à visão construtiva de políticas de juventude
  Oscar Dávila León 75

5. Juventude e poder público: diálogo e participação
  Pedro Pontual 95

6. Juventude, exclusão e inclusão social: aspectos e controvérsias de um debate em curso
  Regina Novaes 115

7. Articulações entre o campo da política, da cultura e da comunicação
  Micael Herschmann 135

8. Juventude e trabalho: criando chances, construindo cidadania
  Elenice Moreira Leite 145

9. Escola e culturas juvenis
   Juarez Dayrell 165

10. Drogas e jovens: abordagens contemporâneas
    Beatriz Carlini-Marlatt 181

11. A saúde nas políticas públicas: juventude em pauta
    Marina Marcos Valadão 193

12. Espaços de juventude
    Helena Wendel Abramo 209

Sobre os autores 219

Introdução

A partir da segunda metade da década de 1990, o tema da juventude começou a ganhar projeção e complexidade no espaço público brasileiro. Ao mesmo tempo em que aumentava a proporção de jovens de 15 a 24 anos no conjunto da população nacional, eles eram afetados de forma particularmente intensa pelo aprofundamento das desigualdades econômico-sociais, enfrentando dificuldades das mais diversas ordens.

De modo geral, os jovens passaram a chamar a atenção da sociedade como vítimas ou protagonistas de problemas sociais. Múltiplos projetos e ações foram então criados, dirigidos majoritariamente a adolescentes e focando questões como desemprego, doenças sexualmente transmissíveis, gravidez na adolescência, drogas e particularmente violência. E à medida que esta última ganhava destaque entre as preocupações na sociedade, mais os jovens eram com ela identificados, reforçando no imaginário social a representação da juventude como um problema.

Apesar da força dessa concepção, um outro movimento começa a ser delineado. Primeiramente, cresce o reconhecimento de que a juventude vai além da adolescência, tanto do ponto de vista etário quanto das questões que a caracterizam, e de que as ações e projetos a ela dirigidos exigem outras lógicas, além da proteção garantida pelo ECA às crianças e adolescentes. E também, pela ação dos próprios jovens, assim como de ONGs e outros segmentos, um amplo processo de afirmação da necessidade de reconhecê-los enquanto sujeitos de direitos começa a ganhar força e legitimidade.

Nesse contexto, surgem assessorias, coordenadorias, secretarias e programas que têm como desafio a tarefa de desenvolver políticas considerando as especificidades da juventude brasileira sem perder de vista sua acentuada diversidade. Também criados em meados dos anos 90, estes espaços na estrutura do poder público ainda estão em processo de construção e enfrentam desafios por suas diferenças em relação às políticas já consolidadas. Há dificuldades em diferentes níveis, tais como a de um desenho institucional das políticas, a da existência ou não de orçamento próprio e a das formas de participação dos jovens na elaboração das propostas.

No enfrentamento desses, entre outros, desafios vem se constituindo o campo das políticas públicas de juventude no país. E, como não poderia deixar de ser, o processo é marcado por tensões: são variados os atores que aí se fazem presentes, bem como são diversas as representações de juventude que orientam suas ações, embora essa disputa ainda esteja pouco visível.

A Ação Educativa e a Fundação Friedrich Ebert (FES/ILDES), como organizações que atuam nesse campo, reconhecem a importância das iniciativas da sociedade civil e do poder público e consideram este momento privilegiado para o debate. Olhar para a juventude como uma fase de vida cujas singularidades ainda precisam ser mais bem compreendidas é uma tarefa que cabe a todos nós: sociedade civil, poder público, universidade e jovens — estejam eles e elas em quaisquer desses espaços ou além deles. É momento de afirmar as políticas de juventude como um direito dos jovens, e o atendimento desses direitos exige um olhar atento para as suas especificidades.

Com base nessa análise, a Ação Educativa e a FES/ILDES, com a colaboração da ONG chilena CIDPA Viña Del Mar, do Projeto Redes & Juventudes, sediado em Recife, e da Comissão de Juventude da Câmara Municipal de São Paulo, propuseram e realizaram o *Seminário Políticas Públicas: Juventude em Pauta*, que reuniu experiências nacionais e internacionais, com o objetivo de aprofundar o debate das políticas de juventude e seus principais desdobramentos no Brasil. As inscrições em número quatro vezes maior do que as 250 vagas que o seminário poderia comportar evidenciaram a atualidade do tema e a sua relevância.

O seminário aconteceu entre os dias 26 e 29 de novembro de 2002, em São Paulo, reunindo pela primeira vez, de maneira ampla, a experiência latino-americana e a brasileira, envolvendo pessoas de todas as regiões do Brasil e de diferentes segmentos — gestores, organizações juvenis, outras organizações da sociedade civil e pesquisadores. Nas dez mesas propostas, apresentaram-se 15 experiências de iniciativa governamental (sendo quatro latino-americanas e uma européia) e três de iniciativa da sociedade civil, cujo debate foi pontuado por especialistas brasileiros e latino-americanos — todos com experiência em pesquisa ou gestão de projetos e de políticas (veja programação anexa).

O temário, bastante diversificado, abordou diferentes questões ligadas às políticas públicas de juventude: desde uma recuperação histórica de sua trajetória na América Latina, até a discussão de políticas setoriais — como trabalho, cultura, escola, saúde, comunicação, drogas — sem deixar de passar pela institucionalidade dessas políticas e pelo desafio de estabelecer canais de diálogo e contemplar a participação juvenil.

Após o seminário, que também se converteu em espaço para novas sinergias e articulações entre os atores que ali se encontraram, os debatedores e debatedoras produziram os textos que compõem este livro, apresentando sua visão em torno dos respectivos temas da pauta. Em diferentes estilos, temos certeza de que a qualidade das reflexões faz do conjunto desses textos uma importante contribuição para o fortalecimento do campo das políticas públicas de juventude no Brasil.

AGRADECIMENTOS

Este livro só existe porque uma série de parceiros tornou possível a realização do *Seminário Políticas Públicas: Juventude em Pauta*, que lhe dá origem, a quem agradecemos: os apoiadores *W. K. Kellogg Foundation, Unicef, Unesco, Petrobrás, Centro Universitário Mariantonia, SESC São Paulo*; e os colaboradores *Comissão Especial de Juventude da Câmara Municipal de São Paulo, Projeto Redes & Juventudes, CIDPA Viña Del Mar*.

Pelo esforço conjunto e com a alegria de poder compartilhar com um público mais amplo os resultados desta reflexão coletiva sobre o tema das políticas públicas de juventude, gostaríamos de agradecer especialmente o envolvimento, o compromisso e as inestimáveis contribuições de Helena Abramo, Ivo Corrêa, Lis Hirano Wittkamper, Lívia de Tommasi, Marilia Sposito e Oscar Dávila, além das equipes da Ação Educativa e da FES/ILDES.

Maria Virgínia de Freitas e *Fernanda de Carvalho Papa*
São Paulo, julho de 2003

Seminário
Políticas Públicas: Juventude em Pauta

São Paulo, 26 a 29 de novembro de 2002

PROGRAMAÇÃO

(26/11/02) Abertura

Políticas públicas de juventude: balanço e perspectivas

- *Miguel Abad* — consultor em participação juvenil e políticas de juventude na América Latina
- *Julio Bango* — presidente da Comisión de Infancia de la Intendencia Municipal de Montevideo, Uruguai
- *Marilia Sposito* (debatedora) — professora da Faculdade de Educação da USP e presidente da Ação Educativa.

(27/11/02) Implementando políticas públicas de juventude: desafios e estratégias

- *Edson Pistori* — coordenador do Núcleo de Juventude da Prefeitura de Uberlândia-MG
- *José Alicio da Silva* — secretário de Juventude do Estado do Acre
- *Fabrício Segovia* — diretor do Plano Nacional de Juventude do Equador
- *Oscar Dávila* (debatedor) — editor e diretor da revista *Última Década* e membro da ONG CIDPA, Chile.

(27/11/02) Cultura e comunicação

- *Elmir de Almeida* — professor do Centro Universitário da Fundação Santo André-SP
- *Javier Ampuero* — diretor do centro de produção *Asociación de Comunicadores Sociales Calandria*, Peru.

- *Michael Herschmann* (debatedor) — professor da Escola de Comunicação da UFRJ, editor da revista *Lugar Comum*.

(27/11/02) Trabalho

- *André Reis* — coordenador do Observatório do Trabalho da Secretaria do Trabalho do Rio Grande do Sul
- *Gerhard Bosch* — pesquisador do *Institut fur Arbeit und Technik*, Alemanha
- *Elenice Moreira Leite* (debatedora) — consultora em políticas públicas e programas de educação profissional junto ao Ministério do Trabalho.

(28/11/02) Inclusão e exclusão

- *Simone André* — coordenadora da Área de Juventude do Instituto Ayrton Senna
- *Márcio Pochmann* — secretário do Trabalho do Município de São Paulo
- *Regina Novaes* (debatedora) — professora do Programa de Pós-Graduação em Sociologia e Antropologia da UFRJ, editora da revista *Religião e Sociedade*.

(28/11/02) Escola e culturas juvenis

- *Luz Maria Perez* — consultora em educação do UNICEF no Chile
- *Maria Virgínia de Freitas* — coordenadora do Programa Juventude da Ação Educativa
- *Juarez Dayrell* (debatedor) — professor da Faculdade de Educação da UFMG e coordenador do Observatório da Juventude da mesma.

(28/11/02) Drogas

- *Luciana Gonçales* — coordenadora do Programa de Saúde Mental da Secretaria Municipal de Saúde de São Paulo-SP

- *Beatriz Carlini-Marlatt* (debatedora) — pesquisadora visitante do Addictive Behaviors Research Center da Universidade de Washington, EUA.

(29/11/02) Juventude e poder público: diálogo e participação

- *Leopoldo Vieira* — representante da juventude no Congresso da Cidade de Belém-PA
- *Rogério Ramos* — secretário estadual de Juventude do Tocantins
- *Pedro Pontual* (debatedor) — secretário municipal da Cidadania e Participação Popular de Santo André-SP.

(29/11/02) Saúde

- *Ana Cortes Lois e Sandra Varas Castilho* — Comuna de Quillota, Chile
- *Gabriela Calazans* — assistente técnica de saúde do adolescente e do jovem na Secretaria Municipal de Saúde de São Paulo
- *Marina Valadão* (debatedora) — consultora nas áreas de saúde e de orientação sexual junto ao Ministério da Educação.

(29/11/02) Espaços de juventude

- *Alvaro Paciello* — integrante da *Comisión de Juventud de la Intendencia Municipal de Montevideo*, Uruguai
- *Jefferson Sooma* — assessor de juventude da Prefeitura Municipal de Santo André-SP
- *Helena Abramo* (debatedora) — assessora da Comissão de Juventude da Câmara Municipal de São Paulo-SP.

CRÍTICA POLÍTICA DAS POLÍTICAS DE JUVENTUDE

Miguel Abad

INTRODUÇÃO

Convém definir inicialmente alguns conceitos centrais de Estado e de política pública, com o objetivo de estabelecer um entendimento comum, ainda que se trate de temas extremamente complexos e sobre os quais a divergência de opiniões é comum.

Sobre o Estado, parece importante concebê-lo como sendo a expressão político-institucional por excelência das relações dominantes de uma sociedade. Trata-se, ao mesmo tempo, de um agente de articulação e de unificação entre as nações. Ambos os aspectos, tanto a dominação como a articulação e a unificação, pressupõem a delegação dos mais altos níveis de autoridade e legitimidade ao Estado, no sentido de que este possa exercer a força necessária, seja mediante coerção, coação ou repressão, para garantir a reprodução dessa sociedade, ou seja, das relações de dominação vigentes.

Ao ser aceita essa definição, ainda que parcialmente, torna-se inevitável que o Estado, ao reproduzir as relações de dominação presentes na sociedade, reproduza igualmente as tensões que são imanentes às contradições e aos conflitos derivados das desigualdades, na distribuição de poder real entre os atores sociais, associadas às diferenças de classe social, cultura política, região, gênero, etnia e geração. Nesse sentido, as mudanças nas desigualdades sociais, provenientes das mudanças nas relações de dominação entre atores sociais com diferentes níveis de poder, ocasionam, por sua vez, mudanças no aparelho político-institucional do Estado, e não o contrário.

A política, de um determinado ponto de vista, consiste justamente na atividade pela qual essa mesma sociedade reflexiona e questiona a validez de suas instituições, junto com as suas normas e comportamentos. É óbvio que essa reflexão crítica e transformadora não acontece por mágica e nem tampouco é fruto de uma generosa concessão dos poderes hegemônicos, mas sim da capacitação dos setores subordinados, os quais, reconhecendo o seu alinhamento, se apoderam dessa capacidade para mudar seu destino, transformando o seu antagonismo básico em mobilização social.

Este é um dos sentidos nos quais se pode falar de política, o que em inglês se traduz como *politics*, ou seja, a luta pelo poder e a busca de acordos de governabilidade, que atualmente se profissionaliza por meio de técnicos, especialistas e lobistas de interesses. O outro sentido, no qual se pode falar de política, é como programa de ação governamental, *policy* em inglês, cujas conotações são mais técnicas e administrativas. Obviamente ambas as acepções estão relacionadas e são inseparáveis, mas, por exemplo, não existe nem no espanhol e nem no francês essa diferença, falando-se indistintamente de "política" em ambos os sentidos.

Com base nesta última acepção, pode-se tirar várias conclusões úteis:

- A política pública, nome mais utilizado na América Latina, representa aquilo que o governo opta por fazer ou não fazer, frente a uma situação.
- A política pública é a forma de concretizar a ação do Estado, significando, portanto, um investimento de recursos do mesmo Estado.
- Admitindo-se delegar ao Estado a autoridade para unificar e articular a sociedade, as políticas públicas passam a ser um instrumento privilegiado de dominação.
- A política pública, ao mesmo tempo que se constitui numa decisão, supõe uma certa ideologia da mudança social, esteja ela explícita ou não na sua formulação.
- Essa decisão é o resultado do compromisso de uma racionalidade técnica com uma racionalidade política.

A racionalidade política é influenciada por múltiplos fatores, que podem ser sintetizados e agrupados da seguinte maneira:

- O projeto político dominante (as "megapolíticas" de desenvolvimento).
- As demandas, necessidades e interesses da população, com os canais e instâncias políticas para a sua expressão.
- Os recursos disponíveis (técnicos, materiais, econômicos, humanos, etc.), concretizados na forma de um Gasto Público Social (GPS), por sua vez subdividido em Investimento Social e Custos de Operação.
- As propostas alternativas e o capital político de grupos não hegemônicos.
- O desenvolvimento institucional da sociedade.
- O contexto internacional.

Agora, para que exista uma *política pública* como tal, faz-se necessário, segundo Bobbio[1], que uma situação determinada requeira solução por meio dos instrumentos de ação política, ou seja, da ação que tem como finalidade a formação de decisões coletivas que, uma vez tomadas, se convertam em vinculadoras de toda a coletividade. Analisando essa afirmação um pouco mais a fundo, qualquer situação que precise ser objeto de intervenção, mediante decisões vinculadoras para toda a sociedade, necessitará, por força, ser expressa como um *problema político* e, portanto, instalar-se na esfera pública como um *conflito* ou *demanda* que afeta, de certa forma, a *convivência social*, envolvendo *atores sociais relevantes* com capacidade de exercer pressão sobre a agenda governamental, dentro da institucionalidade vigente ou fora dela[2].

Para transformar um estado de conflito ou demanda num problema político, torna-se necessário conjugar, em maior ou menor proporção, as seguintes condições:
- Que exista uma *mobilização de recursos de poder* por parte de grandes ou pequenos grupos, ou de atores individuais, estrategicamente situados.

---

1. Bobbio, Norberto. *Derecha e izquierda. Razones y significado de una distinción política.* Madrid, Taurus, 1995.

2. É evidente que essa consideração do problema político e as formas em que se produzem, e chegam ou não a ser objeto de políticas públicas, põem à prova o desenvolvimento institucional das sociedades, ou seja, a suficiência das instituições e as normas formais e informais da sociedade, para dar resposta assertiva aos conflitos sociais a fim de que sejam resolvidos de forma a satisfazer as necessidades de um crescimento econômico sustentável, se preserve o Estado de Direito e se garantam os direitos econômicos, sociais e culturais.

- Que o estado de conflito ou demanda constitua *uma situação de crise*, calamidade ou catástrofe.
- Que o problema seja uma *situação de oportunidade* para que os atores sociais adquiram ou incrementem seu capital político.

Para complementar essa caracterização, uma política pública também facilita amplos consensos sociais e promove o desenvolvimento do sistema institucional, tornando possível o controle cidadão e a responsabilidade pública dos governos de plantão. As políticas públicas são também *instrumentos de governabilidade democrática* para as sociedades, tanto em sua acepção mais limitada, referida às interações entre o Estado e o resto da sociedade, como no seu sentido mais amplo de levar à convivência cidadã.

Com esses elementos delimitados, pode-se passar a tratar as políticas de juventude, estabelecendo que constituem, segundo a classificação de Raczynski (1995)[3], *políticas setoriais ou por categorias de população* e, além disso, em suas últimas versões, *políticas focalizadas*, já que as categorias destinatárias se definem a partir de um nível de necessidade, pobreza ou risco. Isso as diferenciou das outras políticas sociais do Estado, as quais, embora possam afetar a situação dos jovens, poder-se-ia pensar, segundo o mesmo autor, que são de porte *universal*, como as políticas de seguridade social ou de pensões.

Um terreno ainda considerado novo é aquele no qual se constata que a análise das políticas de juventude tem se situado no terreno da ciência política, a qual enfoca, sobretudo, o aspecto técnico, ou seja, o produto (*policy*) da atividade dos intermediários públicos (os *policy makers*): como conseguir, a partir do campo de interesses constituído e do problema agendado, a implementação de "boas" políticas, eficazes e eficientes, e o desenho institucional mais adequado, para suavizar as arestas mais problemáticas da relação entre "juventude" e "sociedade adulta", diminuindo as situações que geram a exclusão social.

O caráter "apolítico" do enfoque, até agora dominante nestas análises, tem influenciado a orientação com que se tem encarado a produção teórica a respeito, basicamente centrada em torno de três aspectos: a análise evolutiva e comparativa dos diferentes modelos institucionais e programáticos das políti-

---

3. Raczynski, D. *Estrategias para combatir la pobreza en América Latina: programas, instituciones y recursos*. Chile, Cieplan. 1995.

cas de juventude, a problemática da constituição das agendas governamentais sobre o tema, e a vinculação das políticas sociais de juventude com os processos de reforma administrativa na gestão pública, genericamente chamados "modernização", ainda que, em sentido limitado, seja pelas suas concepções ou pelos seus resultados, de modernidade não têm nada.

Em contrapartida, a reflexão filosófica, de caráter essencialmente político, isto é, não como uma ciência (*episteme*, saber sobre o *necessário e determinado*), mas sim como esse pensamento "segundo", inseparável da *doxa*, ou seja, da opinião pública e deliberativa sobre o *contingente e o indeterminado*, tem se mostrado notavelmente ausente dos debates. Nesse sentido, o exercício de reflexão das políticas públicas de juventude quer contribuir no debate de desvelar e mudar as interpretações institucionalizadas que constroem os problemas políticos e o conteúdo dos conflitos entre jovens e a sociedade adulta. Quem define o problema, define também as suas estratégias de solução.

CRISE DA MODERNIDADE E EMERGÊNCIA DA MULTIDÃO

Idealmente, as políticas sociais têm como encargo básico a construção da cidadania social[4], ou seja, proporcionar, num sistema desigual de distribuição da

---

4. Historicamente, o conceito de cidadania tem experimentado uma sucessiva ampliação de seus limites, resultado das lutas de emancipação de grupos que padecem uma dominação intolerável exercida por poderes até então hegemônicos, no plano político e econômico... Assim, a *cidadania civil*, surgida no século XVIII, através das conquistas burguesas das revoluções inglesa, americana e francesa, configura a base do Estado de Direito para proteger a liberdade das pessoas para agir, associar-se livremente e proteger seus direitos individuais e sobre a propriedade, institucionalizando os tribunais de justiça. A *cidadania política*, consolidada no século seguinte, amplia os direitos, possibilitando a participação na tomada de decisões, ao mesmo tempo que institucionaliza os corpos representativos do governo, os partidos políticos e a competência eleitoral, estabelecendo as formas básicas dos atuais Estados Democráticos. O século XX afirma a *cidadania social*, como o direito dos cidadãos em se beneficiar da herança econômica, social e cultural da humanidade, dispondo de padrões mínimos de bem-estar como base para o exercício pleno dos direitos civis e políticos alcançados nos séculos anteriores. Os atores revolucionários fundamentais têm sido os trabalhadores, institucionalizando-se bens como Estados de Bem Estar ou Estados Socialistas. Possivelmente este século será o das lutas para assegurar as conquistas na cidadania social mediante, por exemplo, uma renda básica de cidadania, na forma de uma *renda universal garantida*, posicionando-se a idéia de uma *cidadania ecológica*, universal e planetária, para a preservação da dignidade da vida em todas as suas formas. Embora fuja do escopo dessas reflexões, não gostaria de deixar este pé de página sem sugerir que os atores revolucionários dessas novas conquistas deverão ser os atualmente excluídos, não somente pela sua classe social, mas também pelo seu gênero, geração e etnia. Refiro-me,

riqueza produzida pela sociedade, as condições mínimas para tornar efetiva a igualdade de direitos reconhecida legalmente, operando mediante a identificação das medidas de discriminação positiva e dos mecanismos de subsidariedade*, transferência e redistribuição da *renda*, compulsando a relação entre ética pública e moral individual, isto é, entre o *Estado de Direito*, a *Democracia* e os *Direitos Humanos* com a *Sensibilidade* e a *Solidariedade Social*. A finalidade definitiva das políticas sociais, se aceita como válida a afirmação anterior, é a de apoiar a expansão da cidadania, removendo os obstáculos práticos ao seu pleno exercício.

A existência de medidas orientadas particular e transversalmente por critérios de geração foi definida como sendo o resultado do processo de conformação do sujeito juvenil como ator social emergente (Krauskopf, 2000)[5], explicado pelas dinâmicas de modernização nas sociedades latino-americanas, sua crescente influência demográfica, e as realidades de exclusão e marginalização que sofrem. Tem se deixado de lado, pelo menos parcialmente, o caráter de *crise*, que transformou os jovens em *sujeitos de políticas sociais*, como grupo especialmente vulnerável, afetado por problemas específicos de saúde, desemprego e violência, e que tem mobilizado a ação do Estado, na forma de políticas públicas.

De que crise se está falando? Em termos gerais, da transformação das bases fundamentais da idéia do Estado sobre as noções de Território, Soberania e Povo, que cedem frente à mobilidade extraterritorial de capitais financeiros, sociais, simbólicos e humanos, da conformação de blocos transnacionais ou da desintegração das unidades nacionais contra as Soberanias estabelecidas, e a emergência renovada e plural da *Multidão*, como antítese da noção hegemônica de *Povo*. Esse movimento não tem relação unicamente com acontecimentos recentes e claramente identificáveis, cuja tinta ainda está úmida, para dizê-lo dessa maneira. A luta em favor da mobilidade, a abolição das Soberanias e, especialmente, a afirmação da Multidão, ao contrário da categoria Povo[6],

---

concretamente, aos desempregados e subempregados, às mulheres, à juventude, aos movimentos de resistência contra a globalização, etc.

* No original em Espanhol: subsidariedad.

5. Krauskopf, Dina. *Adolescencia y educación*. San José, Euned, 2000.

6. Para García Canclini (1985) a sua dificuldade em continuar falando politicamente do "popular" provocou "*pós-modernamente*" o ressurgimento do conceito *Sociedade Civil*, sem que isso tenha envolvido um questionamento sério das políticas de representação de interesses. Atualmente, a Sociedade Civil,

fazem parte de uma longa tradição democrática, apenas parcial e recentemente incorporada pelo atual modo de produção capitalista, que à sua maneira, incorpora e transforma esse impulso democratizante.

Essa espécie de "crise telúrica", causada pelo deslocamento das placas tectônicas que sustentaram a criação da forma Estado, origina-se das pressões do contexto político e econômico, definidas pela dinâmica da mundialização capitalista, o desenvolvimento tecnológico pós-Ford e a globalização dos mercados, bem como da existência de uma *Multidão* sempre em expansão, cujo desejo, como ação política, ultrapassa as máquinas do domínio. Ambos os pólos de atração, de signos claramente opostos, estão ocasionando o esvaziamento de sentido dos tradicionais sistemas mediadores de interesses entre a sociedade e o Estado, que se soma aos habituais e não resolvidos problemas de iniquidade, a consideração de novas questões, as quais, pela sua natureza, são mais transversais ou intersetoriais, requerendo medidas mais integrais e sistêmicas, mais políticas e menos técnicas. Nesse sentido, a ocorrência simultânea dos fóruns da Organização Mundial do Comércio (OMC) com o Fórum Social Mundial de Porto Alegre ilustram bem ambos os pólos de tensão, caracterizando suas dinâmicas particulares e concorrentes, ainda que de natureza contrária.

Entretanto, o exposto acima é insuficiente se não for complementado com as representações sociais da juventude situadas no marco específico das sociedades atuais na América Latina, que, embora tenham avançado na incorporação de conquistas tecnológicas e sua extensão a diferentes classes sociais, a busca da competitividade como critério do desenvolvimento de mercados mais eficientes, e o progressivo *aggiornamiento* de formas antidemocráticas de governabilidade (clientelismo e corrupção) por outras, igualmente não democráticas, mas mais em sintonia com os tempos (*lobby* de interesses e tecnocracia), não conseguiram desenvolver, no mesmo nível, o projeto de uma cultura política democrática para a sociedade, inseparável da plena secularização da vida social, com o conseqüente reconhecimento, na *heterogeneidade da Multidão*, e não na *homogeneidade do Povo*, da prática de igualdade comum nos direitos (não no acesso a oportunidades).

Essa *isonomia* que impulsiona a Multidão é a idéia central da democracia desde as bases, tendo impulsionado "a especificidade, a singularidade e o pesado privilégio do Ocidente (...) onde se vê aparecer um *projeto de liberdade*, de autonomia individual e coletiva, de crítica e autocrítica" (Castoriadis, 1997). Essa aspiração à liberdade como assunto político, ou seja, da *polis* e dos indivíduos, aparece pela primeira vez na Grécia, no século VIII a. C., para reaparecer depois na Europa, no século XI. Ela é consubstancial à secularização das sociedades ocidentais, ou seja, à sua capacidade de se auto-instituir, encontrada na base da modernidade como projeto político[7].

Nesse sentido, os jovens se conformam, talvez mais do que qualquer outro grupo na atualidade, como o *corpo* dessa Multidão. Lugar privilegiado dos mecanismos de produção e reprodução da subjetividade, o corpo é para onde, em primeiro lugar, se dirige a dominação e, por isso, o campo de batalha simbólico onde os jovens disputam mais e melhor o controle incorporado nas instituições adultas, reivindicando o seu potencial expressivo e desejável. A possibilidade da autonomia, começando pelo próprio corpo, concretiza-se de maneira exclusiva contra ou à margem das instituições vigentes, seja através da ação político-social, a diferenciação cultural ou a delinqüência, isto é, colocando em ação o corpo, capaz de falar, amar e comunicar-se.

Nesse sentido, o princípio de *Multidão* não somente aponta ao reconhecimento da diversidade de grupos sociais, discursos e crenças, o que daria a ênfase da situação juvenil sobre seu peso demográfico, mas também à multiplicidade e existência de zonas de condensação de poderes que coexistem, embora às vezes de maneira conflitante e não resolvida, mas freqüentemente harmônica. Tais zonas são constituídas por diversas instituições, organizações, grupos, ou uma mistura heterogênea de todos esses, que elaboram seus próprios discursos de (des)ordem que, por sua vez, engendram processos de socialização alternados. Tais processos buscam configurar sujeitos afins a esses

---

como em seu momento foi a invocação do conceito "Povo", é usada indistintamente pelo Estado, os partidos políticos, as OSCs de todo tipo, as empresas e, até pelos indivíduos, para diferenciar atores não estatais do Estado, mas, assim mesmo, serve para encobrir a variedade de interesses e estratégias de seus "representantes", o caráter com freqüência antagônico de suas reclamações, e a adesão quase sempre minoritária que freqüentemente lhes dá apoio.

7. Nesse sentido, a pós-modernidade merece ser examinada de forma muito crítica, especialmente nas conseqüências de seu desencantado otimismo, produto de uma errônea identificação da modernidade com a ilustração. É necessário admitir os limites dos ideais da ilustração, mas não é possível garantir que essa via dê abrigo à impossibilidade prática e filosófica de uma alternativa a um *"pensamento único"*, incapaz de refletir, ou seja, de questionar as suas próprias bases, e que aparece revestido das irracionalidades implacáveis do indivíduo para si mesmo, do capitalismo pós-industrial e do "fim da história". De qualquer modo, é conveniente designar *pós-modernismo* à expressão ideológica da *negação* do projeto de emancipação da modernidade e não ao seu *término* embora, naturalmente, isso deva ser aprofundado num outro momento.

discursos, legitimando um estado de coisas vigente ou desejável, que pode ou não favorecer o acordo com as aspirações, valores, ideologias e ações das hegemonias.

É claro que isso não se produz sem conflito, basicamente pela diferença entre as expectativas e demandas dos jovens, e as respostas do mundo institucional adulto. Esse reconhecimento dos jovens deve empurrar a resistência de um autoritarismo patriarcal, de gerações e de classe, que, mediante o uso da violência repressiva, pretendeu negar e eliminar os conflitos produzidos pelas desigualdades e diferenças, em lugar de seu reconhecimento e negociação racional. Desde esse ponto de vista, os conflitos de geração são também políticos[8] e não apenas produto de uma incerta "natureza rebelde" da juventude.

POLÍTICAS DE JUVENTUDE E CONFLITO SOCIAL

Poder-se-ia aduzir que nem sempre é assim, que os jovens se incorporam socialmente sem que haja sinais de conflito. Responderíamos que isso depende do grau de flexibilidade das instituições sociais que tratam dessa inserção, mas também que todo o aparato repressivo da sociedade se destina a controlar, com maior ou menor custo social, as formas em que os setores sociais marginados vão disputar o Território simbólico em que se exerce o poder, na luta pelo seu reconhecimento, e que isso funciona definindo as normas e instituições que intermediam essa negociação simbólica, incluindo, claro está, as políticas sociais do Estado.

Tendo em mente esse enfoque da evolução demonstrada pelas políticas de juventude na América Latina, determinada pelos problemas de exclusão dos jovens da sociedade, buscou-se como facilitar a sua integração no mundo adulto, usando, por exemplo, a *produção de renda*, como veículo e concretização da cidadania plena. Ainda que seja óbvio que tenham sido implementadas sob diversos enfoques e características institucionais, resulta lógico que o surgimento das mais importantes iniciativas das políticas sociais de juventude, com

---

8. Qualificamos intencionalmente como político a esse conflito, para situar com clareza o contexto da luta em que deve situar-se a sua análise, e não no campo estritamente econômico e financeiro, que sói constituir-se nas chaves de interpretação do moderno desenho institucional da gestão pública de tais conflitos, para ir contra esse "fatalismo de banqueiro", segundo a expressão de Bourdieu, que pretende fazer crer que o mundo não é diferente do que, em outras palavras, é submetido aos seus interesses e desejos.

nome próprio, se relaciona, mais do que com os efeitos na vida dos jovens, com o florescimento e perfeição de uma *máquina de domínio*, uma institucionalidade pública especializada a nível supranacional, nacional e subnacional, o desenvolvimento de marcos normativos e legais, o incremento de ofertas programáticas, e a formalização de um saber-poder, encarnado em investigadores, consultores e acadêmicos.

Cabe aqui citar Marx, para poder introduzir o ponto de vista deste artigo: "O delito, com seus meios, sempre novos, de atacar a propriedade, reclama também novos meios de defesa, desencadeando apenas uma ação produtiva completamente idêntica à exercida pelas greves sobre a invenção das máquinas" (*Teorías sobre la plusvalía, I, Addenda, caderno V*). A ação produtiva a que Marx se refere ressalta a natureza de criação, de *poeisis*, de dita ação. Isso abre também a possibilidade de sua crítica política, como *praxis*, e de sua mudança. Da mesma forma, os dispositivos técnicos da operação das políticas públicas e seus fins.

Longe de supor uma contraposição disfuncional entre um modelo de desenvolvimento, ou como se queira chamá-lo, e inclusão social, ao que sempre se atribuiu a existência e necessidade das políticas de juventude como mecanismos de correção dessa situação, pode-se opor as seguintes teses: (1) o capital, na sua forma Estado, incorporou e aproveitou todas as lutas de emancipação, incluindo a dos jovens, para a reestruturação e estabilização da *lei de valor*. Nesse sentido, não é possível ser muito otimista sobre as possibilidades do Estado para mudar situações estruturais; (2) essa reestruturação realizou-se a contento, diluindo ou incorporando os componentes antagonistas desta luta ou, em outras palavras, cancelando o nexo entre a desestabilização da lei de valor (primeiro momento) e a reestruturação política (segundo momento); (3) paradoxalmente o capital, na sua forma Estado, depende para a sua estabilidade política dessas lutas libertárias, nas quais os jovens também participam. E, nesse sentido, a estabilização política do capital tende a sustentar um conteúdo específico de exploração.

Até aqui tentou-se apresentar as bases para analisar as políticas de juventude e, no geral, as políticas sociais, como funcionais na manutenção do sistema. A superação estaria em situar as políticas no marco definido entre os Direitos Humanos, o Estado de Direito e a Democracia. Entretanto, na prática, isso não é possível até transcender não tanto o esquema do *até hoje* e que aponta simplesmente para as reformas dos sistemas de *distribuição e redistribui-*

ção *da renda*, mas sim indo contra a *lei* desse "até hoje", que não é nada mais do que a imposição, transformada uma e outra vez para atualizar sua vigência, da lei do valor.

Portanto, aspira-se a estabelecer, no mínimo, as condições desde onde criticar o nexo existente entre conflito e política social, de um lado, e a estabilização e reestruturação do regime, por outro. E atacá-lo, afirmando a ação autovalorizadora da juventude como sujeito em emancipação e libertador. Se o discurso sobre as políticas de juventude não se concentra na crítica desse tipo, corre-se o risco de desvirtuar e simplificar o debate que se pretende dar. A transformação, diversificação e multiplicação da noção de "proletariado", pelo efeito da ruptura da ação social e política exclusivamente ancorada na relação capital-trabalho-salário, facilitou o surgimento da Multidão, vinculado ao que Habermas (1989) denominou de "gramáticas da vida", ou seja, o mais amplo conjunto de aspirações e projetos ligados à cultura, cujas demandas se articulam não tanto nas reivindicações estritamente socioeconômicas, mas sim na renovada luta pela igualdade e liberdade das diferenças sexuais, étnicas e de geração ancoradas às dimensões da vida cotidiana.

CONDIÇÃO JUVENIL: A JUVENTUDE PASSA, MAS TAMBÉM FICA

Anteriormente, a condição juvenil estava sobretudo mediada pelas relações de *incorporação à vida adulta* e *à aquisição da experiência*, caracterizando-se a juventude, em certas camadas sociais, como a etapa vital entre a infância e a maturidade, determinada pela vinculação com as instituições de transição ao mundo adulto. Por outro lado, hoje dificilmente se pode negar que os jovens, inclusive os do meio rural, têm-se convertido numa categoria social, interclassista e comum a ambos os sexos, definida por uma condição específica que demarca interesses e necessidades próprias, desvinculadas da idéia de transição e suas instituições responsáveis. Efetivamente, a juventude passa, mas também fica.

O processo de *desinstitucionalização* dos jovens, que representa fenômenos que podem ser associados a esse rascunho de Território, Soberania e Povo, é muito complexo. Superficialmente, pode-se apresentar aqui algumas de suas causas:

- A crise da família tradicional e a multiplicação de novas formas de família, que questionam e recolocam os limites e funções entre pais, mães, filhos e filhas: as relações paterno-filiais de hoje se fundamentam mais na tolerância, na negociação e na sedução, do que no rígido padrão de autoridade paternal e de obediência filial.

- O esgotamento da ilusão da mobilidade e da ascensão social que se depositou na expansão da educação secundária e universitária, vinculada à modernização industrial, à economia em crescimento e à ilusão de pleno emprego.

- A emergência massificada, plural e intensa de novos atores sociais, entre eles os jovens, que, não encontrando acomodação nos velhos formatos institucionais e legais das sociedades, têm pressionado políticas sociais, reformas legislativas e novos contratos sociais para que se reconheça a especificidade e as dimensões da nova condição juvenil.

- A dissolução das identidades ligadas à idéia de Nação ou Território, com o desajuste das crenças e valores tradicionais, numa nova realidade que pôs em marcha a globalização e impossibilitou o projeto populista de uma reprodução estável e ordenada de uma cultura "nacional" para as novas gerações.

A essa lista incompleta, teriam que ser acrescentados mais três fatores, os quais, embora fora da categoria anterior, colaboram no reconhecimento e validação dessa nova condição juvenil:

- A infância quase que desapareceu, encurralada por uma adolescência que desponta muito cedo. E a juventude se prolonga até depois dos 30 anos, o que significa que quase um terço da vida, e um terço da população tem esse rótulo, impreciso e convencional como todos, mas simbolicamente muito poderoso.

- A relativização da cultura do emprego e do salário, frente às dificuldades das sociedades atuais para facilitar um trânsito linear, simétrico e ordenado da juventude pelo circuito família — escola — emprego no mundo adulto, se transforma, na prática, em itinerários de transição caracterizados por trajetórias muito mais prolongadas, indeterminadas e descontínuas entre jovens e adultos.

- A emergência de novas formas da *aldeia global*, com a forte influência dos meios de comunicação, e, entre eles, conformando uma verdadeira cultura juvenil, de características quase universais, heterogênea e inconstante, que discorre em paralelo, em substituição ou contradição com a transmissão cultural proporcionada pelas instituições da transição, ou seja, a família, a escola e o emprego assalariado.

Em conseqüência, pode-se afirmar que a nova condição juvenil se constrói sobre o pano de fundo da crise das instituições tradicionalmente consagradas à transmissão de uma cultura adulta hegemônica, cujo prestígio tem se debilitado pelo não-cumprimento de suas promessas e pela perda de sua eficácia simbólica como ordenadoras da sociedade. O espaço deixado passa a ser ocupado por um maior desdobramento da subjetividade juvenil, a mesma que se realiza num tempo liberado, embora não ainda plenamente agenciada e nem recuperada como possibilidade de liberação, que proporciona (em meio à incerteza e ao vazio) uma oportunidade única para enriquecer as identidades sociais e culturais das sociedades, mais do que em qualquer outro grupo de idade — e que explica o potencial transformador da juventude em áreas tão díspares como a participação social e política, a expressão artística, as concepções sobre o ócio e o uso do tempo livre, os consumos e as produções de objetos culturais, e as relações sexuais e afetivas, entre outras.

É nessa desinstitucionalização da condição juvenil que têm surgido as possibilidades de viver a etapa da juventude de uma forma distinta da que foi experimentada por gerações anteriores. Essa nova condição juvenil se caracteriza por uma forte autonomia individual (especialmente no uso do tempo livre e do ócio), pela avidez em multiplicar experiências vitais, pela ausência de grandes responsabilidades de terceiros, por uma rápida maturidade mental e física, e por uma emancipação mais precoce nos aspectos emocionais e afetivos, ainda que atrasada no econômico, com o exercício mais precoce da sexualidade.

Em comparação, as gerações anteriores dos jovens, apesar dos elementos inatos e comuns do vitalismo biológico, experimentavam essa etapa como um adiamento forçado das "melhores coisas da vida", que estavam reservadas aos adultos, especialmente no plano econômico, político e sexual. A juventude era mais um período de privações, com pouca autonomia e constrangido pelas convenções sociais; uma etapa de dura aprendizagem das "coisas da vida" pela qual se havia de passar para adquirir *a suficiente experiência*, quase sempre de maneira penosa e árdua, antes de chegar à vida adulta.

Contrasta essa vivência com a atitude radicalmente diversa das gerações atuais de jovens: a inserção definitiva no mundo adulto era antes esperada com impaciência por parte dos jovens e celebrada pelos adultos quando se conseguia realizar com rapidez. Cada dia não somente se prolonga no tempo, como também nenhuma pressa existe em assumir uma condição adulta, que unicamente pode ser vista como uma vida mais dependente, com amarrações e obrigações, à qual os jovens podem agora usufruir ou estão obrigados a experimentar, por "aproximações" sucessivas e temporais, e onde o trabalho assalariado se apresenta mais como um episódio transitório, que não chega a definir a identidade do indivíduo, ao mesmo tempo em que este pode enriquecer-se com outras experiências socializantes.

LIBERDADE COMO TRAÇO ONTOLÓGICO DA JUVENTUDE

Tal fato significa que a noção de *moratória social*, que em seu momento significou uma conquista na caracterização sociológica da juventude, embora inicialmente tenha sido reservada aos setores sociais relativamente acomodados, com diversas possibilidades segundo o gênero, começa a ser ampliada e enriquecida para fazer frente a dois grandes desafios:

- Por um lado, muitos jovens das classes populares gozam de abundante tempo livre, embora se trate de um tempo de espera, vazio, em virtude da falta de trabalho, de estudo e de alternativas de um ócio criativo e vitalmente enriquecedor. Não é um tempo legitimado e valorizado socialmente pela família e pelos pares, mas sim o tempo da angústia e da impotência, o tempo da estigmatização social, um tempo que empurra na direção da marginalidade e da exclusão, o tempo do ficar "marcando bobeira" numa esquina, exposto aos agentes da limpeza social. A estes, a perspectiva de uma vida de trabalho e sacrifício não lhes parece ter a mesma eficácia que aos seus avós, seja por saberem que não conseguirão o que estes obtiveram, ou porque não lhes interessa conseguir unicamente o que seus avós buscavam.
- Por outro lado, nos jovens de classes sociais com possibilidade de uma postergação legitimada das responsabilidades adultas, o período de formação tende cada vez mais a alongar-se, seja pela complexidade dos conhecimentos exigidos para uma inserção profissional de acordo com suas expectativas de classe, seja pela falta de um destino econômico assegurado pela educação. A estes os anos de capacitação, mais que uma certeza de inserção trabalhista, aparecem como um imaginário de esperança passível de amainar as incertezas da brecha cada vez maior

entre o capital e o trabalho, como prolongar uma idade *sem maiores exigências produtivas de renda* e o amparo das instituições educativas.

Ambos são jovens, e ainda que estejam numa situação diferente, numa *classe de idade* diferente, segundo Bourdieu (1987), compartilham em termos de geração a mesma condição de desinstitucionalização da juventude, que se subjetiviza no *tempo e espaço liberados*. Não por acaso é no tempo e nos cenários "extras" (escolar, familiar, trabalhista), e em relação com seus pares, em locais e percursos próprios, onde os jovens se sentem mais definitivamente jovens do que em nenhum outro momento, lugar e companhia. A instauração da moratória, e ao mesmo tempo a sua negação, à que muitos cientistas sociais aderem, é a chave para definir *ontologicamente* a atual condição juvenil, como uma metáfora da sociedade atual: a contradição entre uma ilusória promessa de liberdade individual e a possibilidade de uma verdadeira conquista coletiva.

O mercado se torna instância ordenadora da sociedade, oferecendo aos jovens, cada vez mais cedo, mas somente aos que possam pagá-la, *a promessa da liberdade*, representada no consumo de objetos e discursos *fast and light*: "a renovação incessante exigida pelo mercado Capitalista captura o mito de novidade permanente que também impulsiona a juventude", diz Beatriz Sarlo (1990). A juventude se converte na fonte de valores que nutre o imaginário que põe em jogo o mercado, *também o mercado político*, e que os interpela através do novo, do último, do rápido, para terminar numa juventude que faz de si mesma um objeto de consumo, fechando o círculo[9].

Contra isso, e na sua contracapa, a desinstitucionalização também oferece *a conquista da liberdade*, como uma oportunidade de desenvolver uma moral

---

9. Atualmente ser jovem tornou-se prestigioso, pois, no mercado dos signos, aqueles que expressam *juventude* são altamente cotizados, e o intento de *parecer jovem*, recorrendo à incorporação dos signos que caracterizam o juvenil, dá lugar a uma modalidade do jovem independente da idade e que podemos chamar de *juvenilização da cultura*, ou seja, a *aquisição e exibição do juvenil como diferença*, colocado no lugar mais visível socialmente, isto é, no próprio corpo. Isso que a juventude pretende ser (o é realmente?) é um produto que vende. Não se pode deixar de lado o fato incontestável de que a aparência física é um dos primeiros dados registrados no bom senso quando se fala dos jovens. A *estética*, no sentido que era empregado pelos gregos (*aisthesis*, percepção), é o que predomina quando se pensa na juventude. Não obstante, os jovens expulsam desse território os falsificadores, que não cumprem as condições de idade, entrando numa guerra de gerações (e sabemos por experiência que as guerras costumam ser muito lucrativas para os vendedores de armas), banalizada pela cosmética, os planos quinquenais de cirurgia estética e as terapias *new age*.

mais autônoma e crítica, de enriquecer seu itinerário biográfico com experiências socializantes menos controladas pelos adultos, com a possibilidade iminente de subverter o destino que, pela origem de sua classe, lhes corresponderia na estrutura social, ocupando um potente campo de inovação social e cultural para a sociedade.

Num plano prático não pragmático, isso significa, como contrapeso às doutrinas liberais mais interessadas em garantir a máxima liberdade dos indivíduos por meio da igualdade formal perante a lei e o Estado, o desafio de alcançar *uma liberdade que seja para todos, e até as últimas conseqüências*, o que deve contemplar e atender, de forma isonômica, às situações nas quais os iguais devem ser tratados como iguais e os desiguais de maneira desigual. Aqui o sujeito juvenil passa a ser um ator político, chave da transformação, como sujeito em emancipação e emancipador, a cujas históricas "rebeldias" devemos muito do posicionamento de utopias tão razoáveis, como a igualdade, a liberdade e a justiça, e do questionamento de diferentes tipos de opressão, desde as econômicas até as sexuais, contribuindo no modificar e renovar dos "hábitos do coração", para usar a maravilhosa expressão de Tocqueville.

CAMINHOS PARA A AÇÃO POLÍTICA DE BAIXO PARA CIMA

Convém esclarecer que a condição juvenil se impõe, apesar das chamadas políticas públicas de juventude ou de quaisquer outras políticas sociais que, como tem ocorrido neste campo em particular, se limitam a promover a focalização como uma competição entre os pobres, a descentralização e valorização da autogestão local como estratégia de debilitar coalizões com potencial de mudança e também a sistemática ignorância da igualdade social e de seu caráter essencialmente político, aspectos que não foram até agora objeto das avaliações das políticas de juventude. As ações continuam a desenvolver-se mesmo quando os jovens, na sua maioria, não participam por falta de interesse.

O problema da construção da cidadania social entre os jovens da América Latina não pode ser encarado com perspectivas de encontrar soluções sustentáveis se continuarmos a buscar o conselho técnico, deixando de lado os obstáculos políticos, econômicos e sociais. Os que trabalham nesse campo devem reconhecer que a realidade aceita pouquíssimos graus de manobra pela via técnica. Portanto, a ação política sobre as condições sociais e econômicas deve ser considerada com antecipação e em paralelo às ações técnicas para, dessa forma, assegurar sua plena eficácia. E isso significa admitir que, embora as políticas sociais de juventude tenham existido e continuem a existir, a sua eficácia se reduz a meros "bons desejos", ou ao aprofundamento das desigualdades nos piores casos, quando a ordem social e seu desenvolvimento institucional tornam incompatível uma moral individual compulsada pela busca da máxima rentabilidade.

A escassa rentabilidade evidenciada pelas atuais políticas de juventude no cumprimento de seus atos não se explica tanto pelas aplicações tecnoburocráticas que se mostraram incapazes de melhorar a sua eficiência, mas sim pela resistência em abordar e transformar, de maneira sistêmica e concorrente com as lutas de outros grupos contra-hegemônicos, os problemas políticos e distributivos de nossas sociedades.

Isso significa que uma tarefa política libertadora do potencial transformador dos jovens não está na mistificação de mais instituições e programas "salvadores", ou na eventual outorga de subsídios focalizados, o que apenas faria reestruturar o mecanismo que sustenta o capitalismo — o da renda diferencial — e consolidar a estabilização de sua fonte política no Estado. A tarefa política libertadora está na destruição do próprio mecanismo de renda, ao lutar pelo aumento, diversificação, universalização e controle do Gasto Público Social (GPS), até tornar impossível o domínio do capital sobre as condições de sua reprodução. O que se tem hoje é um GPS orientado para a geração de um diferencial de renda, útil aos fins de manter a lei do valor: pouco e para poucos.

O mencionado acima de modo algum significa algo como comer pelas beiradas o tema das políticas sociais de juventude, mas sim orientar as políticas para reforçar o papel que as gerações de jovens cumprirão nos próximos anos, junto com outros grupos, ao mudar a importância que antes tinha o salário nas relações com o capital e o Estado, na direção do problema do GPS e seu controle democrático. Não se trata da discussão do salário social, hoje novamente na moda, mas sim da luta pelo reconhecimento da unidade do trabalho da sociedade, mais além dos adultos produtores, o que o Capital deve pagar, na medida em que dele desfruta[10].

---

10. As possibilidades de revolução encontram expressão atual e substrato material na queda tendente da renda, a base econômica que impulsiona o capitalismo que, na sua atual fase de mundialização, empurra para uma crescente *desmaterialização* das relações de produção, que leva ao enfrentamento direto com as subjetividades emancipadas do trabalho material, frente à mencionada ruptura da relação

Nesse sentido é preciso complementar e, em certos casos, enfatizar, as *ações de integração dos jovens na sociedade*, em que se têm envidado os maiores esforços das políticas sociais destinadas aos jovens e que, em última instância, acabaram priorizando os interesses dos poderes hegemônicos da sociedade, *com o impulso às ações autovalorizadoras dos jovens na sociedade*, que levam em conta, em primeiro lugar, os interesses dos mesmos jovens, e em especial dos mais pobres, reforçando o seu vínculo de geração com as lutas reivindicatórias de outras coletividades[11].

Em síntese, essa proposta de políticas de juventude vai na direção oposta à atual política. Primeiro, por não admitir que todas as ações do Estado que sejam destinadas aos jovens são políticas de juventude e, em segundo lugar, mais propositalmente, por enfatizar a afirmação da condição juvenil na sociedade, favorecendo a eqüidade entre gerações no acesso a bens e serviços públicos, apoiando as organizações e os movimentos de jovens e aquelas que advogam por seus direitos, fomentando o incremento do controle direto de recursos por parte dos jovens, sensibilizando a opinião pública sobre as situações de discriminação que os afetam como grupo social e, em definitivo, facilitando tanto sua transição à fase adulta como a sua legitimação política enquanto atores sociais com interesses, necessidades e propostas próprias.

Essas ações públicas em favor da afirmação da condição juvenil na sociedade estariam orientadas à mais ampla *cidadanização* dos jovens, especialmente dos pobres, como capacidade de construir objetivos pessoais e coletivos, de comunicar e defender publicamente a legitimidade de seus interesses e necessidades, e de atuar com a plena consciência de seus direitos. Em outras palavras, constituir-se em atores sociais de mudança, com um pensamento crítico, autônomo e emancipador, antes de tudo, frente a suas próprias alienações, começando pela ambígua "liberdade" que paradoxalmente lhes impomos.

---

entre capital, trabalho e salário: "...a decisão anti-capitalista torna-se eficaz somente ali onde a subjetividade é mais forte" (Negri & Hardt, 2001), ou seja, meninos e meninas, jovens, mulheres, pobres do mundo. Do contrário, ao não se contentar com essas condições materiais, qualquer alternativa libertária não seria nada mais do que uma "estupidez de colegial".

11. Quando mudam as condições de reprodução dos grupos sociais e, portanto, as condições materiais e sociais de produção de novos membros, situação que equiparamos a essa *desinstitucionalização da juventude*, é quando surgem diferenças de geração. "Uma classe ou uma fração de classe está em decadência e, por conseguinte, orientada ao passado, quando não está em condições de se reproduzir com todas as suas propriedades de condição (...) Neste caso, a transformação do modo de geração social dos agentes determina o aparecimento de gerações diferentes, *cujos conflitos (...) têm por princípio a oposição entre os valores e os estilos de vida*" (Bourdieu, 1988).

O quadro seguinte é uma síntese e, ao mesmo tempo, uma ampliação do enfoque exposto.

	Políticas de integração	Políticas de autovalorização
Enfoque	Os jovens	As relações entre as gerações
Problema político	Exclusão dos jovens do mundo adulto	A desigualdade nas relações sociais adulto-jovem
Meta	Integração dos jovens na sociedade	Autonomia e autodeterminação dos jovens
Orientação política	Reprodução da sociedade	Mudança social e política
Concepção de juventude	Ator estratégico do desenvolvimento	Sujeito de direitos
Ênfase prioritária	Competitividade/modernização	Auto-estima/capacitação
Concepção de desenvolvimento	Produção de capital humano e capital social	Geração de capacidade humana
Principais beneficiários	Jovens pobres, mas integrados	Jovens com dificuldades de integração
Estratégia de intervenção	Coletiva — Institucional	Individual-Social
Horizonte da ação	No futuro: a transição	No presente: a atuação
Valor ético	A experiência (como acumulação) do adulto	A experimentação (como vivência) da cidadania

EPÍLOGO

Este artigo tratou da discussão política de um tema, mas não como ação política, propriamente dita, que somente teria lugar num movimento democrático massivo. Tal experiência é insubstituível pela retórica ou pela simples vontade de uns poucos, como são insubstituíveis os jovens na transformação das políticas de juventude e, especialmente, na sua própria emancipação, não unicamente como indivíduos, mas sim como coletividade.

Infeliz e felizmente, a necessidade e a praxe revolucionária dessa coletividade não é algo que possa ser imposto (apesar da boa vontade e dos precários meios, ou bons meios mas precária vontade). Quem mais suporta essas situações de desigualdade e de alienação de suas capacidades de pensar e de decidir por si mesmos deve criar as alternativas para uma vida em comum digna para todos. Do contrário, persistirá no *ethos* geral de exploração, desconfiança, rotulação, exclusão e, finalmente, eliminação do outro, o que tem até agora caracterizado a sociedade.

O mencionado acima, pois, não passa de um outro convite à ação de recuperar a utopia, entendida como algo que, por ser necessário, é possível nele se pensar e, por conseguinte, realizar, fundado numa convivência social que, como qualquer outra, esteja necessariamente respaldada num poder que persuada e co-acione a sua existência, mas não pela primazia de um ente autárquico, quer seja ele o Estado ou o capital, e sim pela poligarquia ordenadora de uma sociedade na qual cada poder seja eficazmente limitado pela ação dos outros poderes. Isso quer dizer, em outras palavras, o desenvolver de uma *efetiva convivência democrática* entre iguais, que priorize, com igual ênfase, a liberdade e a igualdade dos indivíduos na sociedade.

REFERÊNCIAS BIBLIOGRÁFICAS

BOBBIO, Norberto. *Derecha e izquierda. Razones y significado de una distinción política*. Madrid, Taurus, 1995.

BOURDIEU, P. Estructuras, habitus y practices. In: GIMÉNEZ, G. (comp.). *La teoría y el análisis de la cultura*. SEP/COMECSO/Universidad de Guadalajara. Guadalajara, 1987.

_____. *Sociología y cultura*. México, CNCA-Grijalbo, 1988.

CASTORIADIS, C. *El avance de la insignificancia*. Buenos Aires, Eudeba, 1997.

GARCÍA CANCLINI, N. *Consumidores y ciudadanos*. México, Grijalbo, 1985.

HABERMAS, J. *Teoría de la acción comunicativa. Prolegómenos y estudios previos*. Madrid, Cátedra, 1989.

KRAUSKOPF, D. *Adolescencia y educación*. San José, Euned, 2000.

MARX, C. & ENGELS, F. *Obras Completas*. Buenos Aires, Reunir Ediciones Digitales, 2001.

NEGRI, T. & HARDT, M. *Imperio*. Bogotá, Desde Abajo, 2001.

RACZYNSKI, D. *Estrategias para combatir la pobreza en América Latina: programas, instituciones y recursos*. Santiago, Cieplan, 1995.

SARLO, B. *Escenas de la vida posmoderna*. Buenos Aires, Ariel, 1990.

2
POLÍTICAS DE JUVENTUDE NA AMÉRICA LATINA: identificação de desafios

Julio Bango

APRESENTAÇÃO

Este trabalho busca estabelecer de maneira panorâmica o que, no entender do autor, constitui os elementos que permitem delinear um balanço das políticas para a juventude na América Latina, bem como identificar tensões e desafios pendentes.

Os aspectos utilizados na confecção deste trabalho, em suas partes medulares, foram selecionados em função da utilidade que podem apresentar para um debate que atualmente está ocorrendo no Brasil, o qual, embora incipiente, tem sofrido um importante impulso em função da conjuntura de transição em que o país se encontra.

O Brasil vive um momento de expectativa frente ao início de uma nova gestão de governo, pautado pela alternância de partidos políticos. O fato de uma nova força política assumir, pela primeira vez, o comando no plano federal desperta a expectativa sobre quais serão as orientações do novo projeto. No caso daqueles que trabalham no espaço da sociedade civil, essas expectativas concentram-se em quais serão as novas modalidades em matéria de políticas sociais.

Este trabalho busca apresentar os elementos das políticas para a juventude da América Latina que possam ter pontos de contato com os debates e as decisões que neste momento estão se processando. A primeira parte é dedicada à descrição de alguns elementos que constituem um marco da situação global e que poderiam ser sintetizados na tentativa de estabelecer qual é o "piso" em que se socializam as novas gerações juvenis.

A segunda parte concentra-se nos elementos de oscilação e reflete sobre a questão da implantação juvenil na agenda dos governos regionais. Também dá uma visão das diversas orientações, tendências e enfoques sobre os quais se tem elaborado as políticas juvenis, para logo passar a uma revisão sobre os aspectos programáticos e institucionais.

A parte final dedica-se às perspectivas e identificação de desafios, estabelecendo inicialmente algumas limitações ou restrições enfrentadas pelas políticas juvenis quando olhadas por uma ótica unilateral. Em seguida passa à identificação dos desafios nos planos político-normativo, institucional, programático e de geração de conhecimento.

O MARCO

Tradicionalmente, ao oferecer-se o marco ou contexto que define a situação que se pretende analisar — e, principalmente, se o assunto são as políticas sociais —, tende-se a analisar a situação estrutural, entendendo-se por ela as condições materiais de existência.

Nesse caso, o centro desta reflexão não estará orientado para uma descrição pormenorizada dos indicadores que compõem a situação estrutural dos jovens na América Latina, em que pese aceitarmos tratar-se de um aspecto de importância (digamos apenas que vivemos no continente mais desigual do planeta — do qual o Brasil é um exemplo representativo — e no qual meninos e meninas, adolescentes e jovens são os mais afetados).

Parte-se da convicção de que são outros os documentos que podem oferecer um panorama exaustivo sobre esse aspecto.

Optou-se aqui por analisar alguns processos que modificam radicalmente as condições de vida e as condições de sociabilidade dos jovens, o que conseqüentemente influencia as políticas sociais adotadas pelo setor.

Nos últimos dez anos aconteceram grandes transformações que excederam em muito — porque as incluem — as diferentes situações no plano estrutural. As linhas a seguir serão dedicadas a expor, desde um olhar inevitavelmente parcial, o sentido de algumas dessas transformações a título de "glossário de temas", já que não há espaço suficiente para realizar uma exposição mais acabada.

Embora não saiba bem o que a espera, a sociedade entrou em um novo momento que se convencionou chamar "sociedade da informação", "sociedade pós-industrial", "sociedade do capitalismo tardio", entre uma grande variedade de outras caracterizações possíveis, tendo como pano de fundo o que se costumou chamar globalização.

Em função das características e conseqüências mais importantes que o processo de globalização traz consigo, surgem no debate político e acadêmico posicionamentos diferentes e, não raro, antagônicos. Esse novo momento da civilização apresenta-se "como o melhor e o pior que possa ter acontecido".

Na medida em que o futuro permanece aberto e sem predeterminação nenhuma, a sociedade global supõe uma oportunidade de pulo adiante, mas contém também enormes riscos de cuja plausibilidade existem já indicadores nas sociedades. Não cabe, portanto, nem celebração nem condenação moralizante, nem festejo acrítico do presente e nem saudade da ordem perdida.

Assumir a dialética do "pior e melhor ao mesmo tempo" não supõe adotar uma postura pretensamente objetiva, pois todo intento de explicar a "realidade" carrega uma normatividade, na medida em que o diagnóstico do presente e dos problemas nele identificados, revela ou prefigura o futuro ao qual se pretende ir. Toda intelecção da realidade representa, portanto, uma tomada de partido.

Sem dúvida, as mudanças que estão acontecendo, ou melhor dizendo, as mutações em curso, causam impacto especialmente nos jovens, pois causam impactos nas sociedades em que eles vivem.

Sobre a sociedade da informação e o processo da globalização

O que se denomina "sociedade da informação" é um conceito que pode ser considerado a partir da diversidade de perspectivas teóricas. Uma opinião que parece sugestiva é a de Giddens[1], dado que a sua exposição procura ligar

---

1. GIDDENS, Anthony. *Modernidade e identidade*. Rio de Janeiro, Jorge Zahar, 2002.

as transformações ocorridas na modernidade com aquelas geradas na constituição do indivíduo — ou as transformações do eu, como ele prefere chamá-las.

De maneira sintética, o que caracteriza essa fase da modernidade, que Giddens chama modernidade avançada, é um dinamismo e uma aceleração dos processos de mudança inusitados e que fazem necessário, inclusive, romper com a possibilidade de uma lógica evolutiva.

Uma das pedras de toque desse processo é a revolução sofrida pelo conhecimento científico e as suas aplicações. O conhecimento científico surgiu na primeira modernidade como uma alternativa de explicação, em oposição às explicações mítico-religiosas do mundo.

O que essa modernidade tem de particular é a sua capacidade de tematizar os próprios alicerces da vida social, tendo como "ponta de lança" o conhecimento e a informação gerados por ela mesma e sobre ela mesma.

Na prática, o conhecimento deixa de ser uma alternativa racional de acesso à compreensão do mundo e, portanto, gerador de certezas — em oposição à tradição —, passando a instaurar o princípio da "dúvida radical".

Esse processo gera um piso de incerteza existencial no indivíduo comum sobre os futuros possíveis.

Mas, como os indivíduos não são um "reflexo das estruturas", senão atores que com a sua prática contribuem na transformação das instituições, as mudanças na identidade individual haveriam também de influenciar as instituições sociais.

É por isso que as mudanças radicais na maneira de sentir, de ser e de projetar, em particular dos adolescentes e jovens, têm parte de sua explicação numa mudança da civilização que vai muito além da mera revolução tecnológica. Na verdade, esta última as possibilita, e adolescentes e jovens atuam sobre estas mudanças imprimindo-lhes a sua marca, seja a partir de condutas e ações "socialmente corretas e desejáveis" seja na forma de lógicas "destruidoras" ou "anômalas".

Cabe agora realizar uma breve descrição dessas mudanças e sobretudo das conseqüências trazidas por elas.

O processo de difusão de pautas culturais, verificado em escala global, coloca um sem número de pessoas em capacidade de consumir bens simbólicos, mas ao mesmo tempo dispõe de um efeito privatizante, na medida em que o desenvolvimento dos meios de comunicação traz junto um efeito de reclusão da pessoa, colocando-a consigo mesma num âmbito privado por excelência.

Esse âmbito permite a possibilidade de se viver situações que misturam alvoroços e tristezas. Também surge a possibilidade de justapor-se, sem o menor sinal de surpresa, questões catalogadas como transcendentes com aquelas apenas cotidianas. Aparece a possibilidade da contemplação da violência num clima de aconchegante intimidade familiar.

Existe uma mudança na subjetividade que tem a ver com a aquisição, cada vez maior, de uma consciência planetária, uma sensação de aperto do mundo unida a uma percepção da simultaneidade e do alargamento do presente.

O acima descrito guarda uma relação direta com a mudança operada na percepção do espaço e do tempo.

Essa mudança de dimensões é dada pela possibilidade de uma comunicabilidade imediata e uma capacidade de absorção de pautas culturais que recoloca a posição do indivíduo frente ao mundo.

Pode-se dizer que hoje os fatos ocorrem em uníssono, uma vez que o *onde* e o *quando* eles ocorrem, e a vivência da simultaneidade, fazem dessas questões um detalhe acessório frente à possibilidade do "sentir-se a respeito de..." ofertado pela transmissão da informação.

A possibilidade de ver, ao mesmo tempo, imagens da Somália, de Kosovo, Chiapas ou do Oriente Médio traz uma consciência do *agora* que destrói a distância entre a geração do fato e a sua recepção, criando um sentimento de contingência muito forte: tudo pode ocorrer num abrir e fechar de olhos.

Ontem se começou a decodificar o genoma humano, hoje fica-se sabendo que 45 milhões de jovens latino-americanos vivem em extrema pobreza.

Coisas tão diferentes cabem no presente, tanto que o que possa ocorrer no futuro torna-se impensável. O presente passa a ser a dimensão privilegiada da existência.

Mas aqui cabe uma precisão que é, ao mesmo tempo, uma afirmação: para as novas gerações, esse novo contexto cultural constitui o seu horizonte e a sua experiência vital e, portanto, não lhes são ajuizáveis as mudanças vividas pelas gerações anteriores de forma vertiginosa nos últimos anos.

Não se tem caracterizado, por acaso, a geração jovem atual como sendo apática, descrente, sem ideologias, hedonista, pragmática, entre outras coisas?

Todos esses adjetivos que tendem, junto a outros fatores, a caracterizar os jovens como um problema, surgem da comparação entre as formas de ser jovem das gerações atuais com as formas de ser jovem das gerações anteriores. E isso pode ser um grave erro, inclusive colaborando para reforçar a estigmatização e a percepção de que a juventude é um problema; assunto que será tratado mais adiante.

Cabe uma pergunta ao se falar de esfriamento, desapaixonamento, incredulidade, indiferença, apatia, morosidade: com que lentes a sociedade olha a realidade juvenil?

O exposto acima tem uma tradução prática muito importante no momento de se definir a juventude, já que a falta de consideração desses aspectos pode levar a uma errônea definição de objetivos, ao atribuir aos jovens de hoje "problemas", "desejos" ou "expectativas" que não são seus e, que em todo o caso, podem ser os da "sociedade adulta".

O resultado é uma grande heterogeneidade cultural que dificulta a inclusão das instituições e organizações existentes na sua dinâmica de funcionamento. Isso significa que essas pautas culturais circulando em escala global causam impacto, filtram, se inserem, mas também se infiltram nas tradições culturais e nos modos de vida.

É por isso que os processos globais descritos não são contraditórios com um constatável esforço ou ressurgimento das identidades locais. Talvez seja por isso que as gerações jovens atuais podem se reconhecer como integrantes de um "espaço de sentimento de geração" com os jovens de outros países e, ao mesmo tempo, sentir-se — e ser — também diferentes.

Em boa parte das sociedades da América Latina coexistem fenômenos de fragmentação e desintegração estruturais com fenômenos de um tipo de "integração suave" — no dizer de Martin Hopenhayn[2] —, no plano simbólico. Em face da dicotomia surgida entre colocar-se a existência da "juventude" ou das "juventudes", opta-se aqui por fugir da dita dicotomia.

Ao se olhar os jovens desde uma perspectiva estritamente estrutural, sem nenhuma dúvida, pode-se falar de diferentes juventudes. No caso particular da América Latina, ocorrem sociedades que coincidem no espaço social mas

---

2. HOPENHAYN, Martin. *Culturas e identidades juveniles*. Chile, Cepal, 1997.

crescentemente não o compartilham: jovens integrados que fazem uso de sua "moratória de papéis" contrastam com jovens em situação de desintegração "dura", excluídos e "desnecessários", os chamados jovens problema.

Há quem tenha a capacidade de incluir-se na lógica global. Os que não têm acesso a esse espaço global, na qualidade de protagonistas, ficam literalmente *desligados* e excluídos.

O que se pode observar é que se produzem processos de duplicação e de segregação em que os excluídos são *desnecessários* desde uma lógica global.

Antigamente, um elemento-chave nas economias centrais era constituído pela existência de contingentes de pessoas que, na lógica do capital, se constituíam em mão-de-obra barata ou em "exército industrial de reserva", para citar uma formulação já clássica. Hoje esse exército já não se faz tão necessário e os desnecessários estão em Montevidéu, São Paulo, Manágua, Manila ou Nova Iorque.

Mas, ao se passar da lógica global à lógica das sociedades nacionais, o problema surge quando o contingente maior de "desnecessários" passa a ser os seus jovens, porque isso significa um risco à sustentabilidade da sociedade em seu conjunto.

Se, por outro lado, o jovem for visto desde a perspectiva de sua participação — ainda que segmentada e assimétrica — num espaço global de símbolos e de circulação de orientações culturais, então pode-se falar, sem dúvida, de "juventude". Mais ainda: pode-se falar em orientações ao consumo, de pautas estéticas promotoras de uma "juvenilização da sociedade" que transcende, do ponto de vista das gerações, os próprios jovens.

Outro dado importante está relacionado às transformações dos agentes de socialização tradicionais e mais importantes dos séculos XIX e XX, que são os sistemas educativos em todos os seus níveis: a família, os mercados de trabalho, os sistemas políticos, o próprio Estado.

O período atual pode ser catalogado como de reformas. Como seria de se esperar, as instituições não conseguem adequar-se ou transformar-se num ritmo compatível com as mudanças. Surgem, então, desajustes e *déficits* no papel socializante que elas tradicionalmente cumpriam, ou são parcialmente substituídas ou postas em conflito com outros agentes de socialização emergentes, como os meios de comunicação.

ELEMENTOS DE BALANÇO

Os tópicos a seguir apresentarão alguns elementos ligados à questão da juventude:

- o aparecimento da questão juvenil como tema específico da agenda governamental;
- um panorama dos diversos enfoques adotados pelas políticas de juventude e as ênfases programáticas demonstradas;
- as políticas de juventude desde o plano da institucionalidade.

A questão juvenil na agenda governamental

A questão dos jovens e da necessidade de implementar políticas sociais específicas dirigidas ao setor foi ganhando terreno na consideração pública nos últimos 15 anos.

A maior presença da questão juvenil na agenda pública está relacionada, em primeiro lugar, com a visibilidade que os jovens ganharam nos processos de democratização ocorridos na América Latina no final da década de 1980. As aberturas democráticas tiveram os jovens como principais protagonistas. Por meio de suas participações em revitalizados movimentos estudantis, partidos políticos e movimentos sociais, os jovens desempenharam um papel importantíssimo em prol do retorno da democracia.

Esse fato não passou inadvertido pelos sistemas políticos reinstitucionalizados, já que essas gerações de jovens haviam depositado uma grande esperança na democracia, nas vias de solução dos agudos problemas sociais que os afetavam mais particularmente.

Entre outros fatores, a própria desativação e o rebaixamento da participação *tradicional*, ocorrida posteriormente (e que ainda permanece), pode constituir um elemento de juízo de geração por parte dos jovens, com relação à capacidade dos sistemas políticos na concretização das expectativas depositadas nos mesmos.

A esse fator de particular importância pode-se adicionar a designação do ano de 1985, por parte das Nações Unidas, como o Ano Internacional da Juventude, fazendo com que o tema aumentasse de importância para os organismos internacionais e os Estados nacionais.

Tendências e enfoques no desenvolvimento histórico das políticas de juventude

As tendências ou enfoques aqui delineados não pretendem se constituir em modelos, mas caracterizar de maneira geral diferentes mudanças nos pressupostos que têm fundamentado a implantação de políticas de juventude no continente latino-americano.

Não se pretende, pois, elaborar uma tipologia senão que, na realidade, as tendências que hão de desenvolver-se não são aceitáveis temporalmente de forma estrita, nem se verificam de maneira exclusiva e excludente com respeito às restantes tendências anotadas.

a) Incorporação dos jovens nos processos de modernização

Várias pesquisas feitas na América Latina coincidem, em linhas gerais, numa visão sobre as características das "políticas de juventude" nessa primeira fase.

A utilização de aspas ao se falar de políticas de juventude nesse período supõe estabelecer como ponto de partida o fato de os esforços realizados estarem longe de se constituir a rigor numa política de juventude como tal.

Nessa etapa inicial — que, para efeitos de temporalização, será situada na década de 1950 — pode ser caracterizada como a busca da incorporação dos jovens nos processos de modernização por meio das políticas educativas.

Se forem observadas as estatísticas em relação ao acesso aos diversos subsistemas dos sistemas educativos formais da América Latina, pode-se constatar que é a partir desse período que se processa uma incorporação maciça de meninos, adolescentes e jovens nos ensinos primário e médio.

Desnecessário dizer da importância desse processo na medida em que, ainda nesses momentos, era o sistema educativo o mecanismo a partir do qual os jovens podiam construir itinerários de mobilidade social ascendente.

Do ponto de vista das políticas para os jovens, o investimento em educação tem sido uma das principais respostas que os Estados nacionais têm dado historicamente à incorporação social das novas gerações, com resultados importantes do ponto de vista quantitativo.

Contudo, com o passar do tempo, as possibilidades oferecidas pela educação como estratégia de mobilidade social ascendente foram caindo, constatando-se um deterioramento evidente na qualidade da educação distribuída, junto a um forte processo de segmentação que ia concentrando, cada vez de maneira mais clara, as maiores ofertas educacionais para os jovens pertencentes a lares das camadas médias e altas.

Junto à expansão do sistema educacional, os Estados nacionais ofereceram boas oportunidades de tempo livre aos jovens, assumindo de forma explícita ou implícita que os jovens dedicavam parte de seu tempo para prepararem-se para ser adultos (por meio da educação) e que o tempo "livre" devia ser utilizado adequadamente, evitando cair em condutas censuradas pelo mundo adulto.

Os exemplos são abundantes em quase todos os países da região. Porém, o que importa ressaltar é a essência desse enfoque: o Estado como instância de definição unilateral e como ator excludente na formulação e implementação da política.

Simultaneamente, continuavam existindo enormes contingentes de jovens excluídos, que permaneciam fora desse tipo de ações, mas que eram atingidos por outro tipo de medidas, do tipo "controle social", posto que se identificavam como "pobres", com "delinqüência" de maneira quase automática.

É nesse contexto que surge a "célebre" caracterização de "infanto-juvenil" ou de "menores infratores".

b) O enfoque do controle social

Esse enfoque de políticas é situado como sendo emergente das situações sociopolíticas dos anos 1960 e 1970, quando a solução dos conflitos políticos e sociais ocorreu pela via autoritária, com a instalação de ditaduras militares na maioria dos países da região.

Com a crescente incorporação de jovens no sistema educacional, especialmente nos níveis médio e superior, teve maior força a mobilização juvenil organizada que rapidamente assumiu postos claramente contestatórios, desafiantes ao sistema político existente e em resposta à conflitiva situação pela qual atravessavam as sociedades latino-americanas.

Embora a mobilização tenha tido fortes influências externas na época (o maio francês é o referencial principal a respeito), na América Latina a mobilização estudantil associou-se a outras mobilizações populares, especialmente as protagonizadas pelas organizações sindicais em quase todos os países da região e, em menor escala, no nível camponês, no contexto das fortes reclamações de acesso à terra que tais setores impulsionavam.

Os estudantes universitários organizados e mobilizados de forma crescente começaram a influir na formação de agrupamentos políticos de esquerda e de movimentos guerrilheiros, que tiveram o seu auge principalmente nos anos 1960, à sombra da decisiva influência da revolução cubana.

Pode-se observar nesse período uma tendência à execução de ações de controle em resposta à mobilização dos setores juvenis que haviam adquirido uma maior participação social.

De alguma forma esses fatos marcam uma visão diferente da questão juvenil, representando uma variante importante no tocante à tendência analisada anteriormente.

A pauta dominante é o controle da mobilização, sua supressão e repreensão.

c) O enfoque do "jovem problema"

O ponto culminante desse período de governos militares, na maior parte de nossos países, foi o início da fase de transição democrática, que pode situar-se na década de 1980, coincidindo nos campos econômico e social com o início da recessão e da expansão da pobreza por todo o continente.

Os governos democráticos que começaram a reinstalar-se em meados dos anos 1980 tiveram que enfrentar os desafios da transição política junto com um esforço em dar conta da enorme quantidade de demandas sociais que haviam sido postergadas.

A crise da dívida externa eclode, os governos adotam a estratégia das políticas de ajuste econômico num quadro de reestruturação das economias nacionais.

Os especialistas começaram a ocupar-se cada vez mais dos "jovens urbanos" e das "gangues" juvenis, que, com diversos nomes (punks, gangues), passaram a desenvolver-se em contextos muito diversos.

Os conflitos armados entre os exércitos e os movimentos guerrilheiros (formados em sua maioria por jovens) deixaram também importantes seqüelas.

Concretizados os acordos de paz, importantes contingentes de jovens ficaram numa situação de extrema vulnerabilidade, posto que era necessário concretizar um processo de reintegração de jovens socializados na cultura da violência, cujas destrezas e capacidades estavam associadas à guerra.

Paralelamente começaram a surgir, em resposta à pobreza generalizada, fenômenos sociais "novos", incluindo assaltos a supermercados e que envolviam amplos setores das populações marginais das cidades as mais diversas do continente.

Certamente, os acontecimentos ocorridos em Caracas, no início de 1989, revelaram-se os de maior repercussão, mas eles foram seguidos por outros similares em várias cidades argentinas e brasileiras, para citar só alguns exemplos adicionais. O protagonismo juvenil em quase todos os casos foi nítido.

Como forma de compensar, ao menos transitoriamente, os notórios problemas gerados pelos programas de ajuste, em termos das condições materiais e da qualidade de vida da população, puseram-se em prática diversos programas de combate à pobreza, baseados especialmente na transferência direta de recursos aos mais empobrecidos, por meio de programas alimentares, de emprego temporário ou de assistência sanitária.

Tais políticas, conhecidas como "de compensação social", tentavam evitar estouros sociais e, assim, dar um marco de estabilidade política e continuidade aos processos de ajuste estrutural. Foram implementadas através de um novo andaime institucional localizado fora das estruturas ministeriais existentes: os Fundos Sociais de Emergência.

Ainda que nenhum deles tenha sido catalogado como programa "juvenil", em praticamente todos os casos, a maior parte dos beneficiários eram jovens e isso pôde ser corroborado especialmente por meio da avaliação dos programas de emprego e emergência.

No marco das definições de prioridades, os setores juvenis considerados como sendo os beneficiários das políticas são os setores excluídos socialmente, que apresentam condutas delinqüentes, sendo um fator de insegurança cidadã. A aplicação desse enfoque contribuiu enormemente no estigma da condição juvenil, questão esta ainda hoje muito fortemente enraizada no imaginário social.

d) O enfoque dos jovens como capital humano

Mais recentemente, já na década de 1990, parece começar a generalizar-se um novo modelo de políticas juvenis, mais preocupado com a incorporação dos jovens excluídos no mercado de trabalho.

Tal enfoque tem como referenciais a chamada década perdida e os novos empreendimentos das sociedades em busca do crescimento econômico. Numa sociedade que assume o conhecimento como definidor quanto às possibilidades de crescimento econômico, a tarefa de formação dos recursos humanos passa a ser prioritária.

Se a isso for associada a visão de que os jovens reúnem o potencial para aprender num contexto cuja característica-chave é a possibilidade de "aprender a aprender", então as políticas de capacitação de jovens passam a ocupar um lugar de grande destaque na agenda.

Assim surge uma série de programas promovidos por organismos internacionais, como é o caso do BID, de capacitação para o emprego. Entre os exemplos um caso paradigmático é o da implementação do Programa de Capacitação Trabalhista para Jovens "Chile jovem", iniciado em 1990, no começo da restauração democrática naquele país.

O programa foi logo copiado por outros países como a Argentina, a Venezuela, o Peru, a Colômbia e o Uruguai.

Embora esse enfoque represente um avanço importante em termos da consideração do potencial dos jovens, ele peca pela unilateralidade, na medida em que a dimensão que aparece como excludente é a da visão de que os jovens são vistos como capital humano que contribui nos processos de crescimento econômico.

O plano institucional

A década de 1990 marcou o início do processo de instalação de organismos governamentais criados para atender exclusivamente as políticas de juventude. Exceto Brasil e Honduras, os demais países da América Latina passaram a contar com tais organismos. De alguma maneira, isso demonstrou o esforço efetuado pelos diversos atores em colocar na agenda dos governos a questão juvenil.

Um olhar criterioso coloca numerosos aspectos ainda pendentes para que a institucionalidade da juventude possa desempenhar de forma cabal o papel que motivou a sua instalação. Um importante ator desse processo foi a Organização Ibero-americana da Juventude (OIJ). Formada como um mecanismo de coordenação intergovernamental — atualmente com *status* de organismo de direito internacional — propõe-se a fortalecer as políticas de juventude na região. Isso fica evidente a partir de sua ação política, que procura influenciar a inclusão sistemática da questão juvenil na ordem do dia das reuniões dos chefes-de-Estado da América Ibérica que acontecem a cada dois anos.

Por outra parte, a OIJ tem gerado uma ação de suporte à construção e à consolidação dos organismos nacionais de juventude, mediante o desenvolvimento de ações no campo da qualificação de recursos humanos, em apoio ao desenvolvimento de uma massa crítica no plano acadêmico, por meio da realização de estudos sobre a condição juvenil e as políticas, assim como pela tentativa de criar um marco estratégico nos planos conceitual e político para a implementação dessas políticas.

Também tem excursionado — com menos êxito — na busca de financiamentos para a implementação de ações no continente.

A heterogeneidade é o traço diferencial da institucionalidade da juventude no nível continental.

A conformação dos enfoques dados pelos organismos, suas características e funções atestam os enfoques que sobre a juventude têm sido dado pelos governos do momento.

Existem, por exemplo, organismos de juventude que cuidam estritamente de apoiar as ações levadas pelos ministérios da área no campo da educação formal. Em outros países os organismos de juventude desenvolvem ações limitadas aos campos da recreação e do esporte.

Noutros casos, a criação de algumas instâncias de juventude tem respondido com estratégias de instrumentalização política por partes de juventudes dos partidos do governo.

Por outro lado, também existem organismos de juventude criados em cima da necessidade de propender à implantação de políticas integrais de juventude, porém o caminho até a sua criação não tem sido fácil, tendo em vista a disposição setorial das políticas sociais e da primazia da lógica do serviço sobre a lógica dos sujeitos em seu desenho.

De acordo com o mencionado acima, tampouco existe uma homogeneidade quanto aos propósitos que são conferidos a esses organismos.

Em alguns casos planeja-se um papel de coordenação das ações dirigidas aos jovens nas diversas esferas do Estado. Noutros casos, a função principal é a da execução de programas e ações de caráter limitado com relação aos campos de atuação.

Em boa parte dos casos não lhes são conferidas funções de mando das políticas de juventude e da correspondente participação nas instâncias intersetoriais de planificação da política social.

Há outros fatores que têm dificultado aos organismos nacionais de juventude cumprir com seus encargos.

Não há recursos humanos em quantidade suficiente e com os níveis de qualificação requeridos. Em muitos casos, os níveis de legitimação frente ao resto do aparato estatal são escassos.

Noutros casos nacionais, a ausência de pesquisa de base sobre a situação dos jovens, suas percepções e valores, a ausência de dados e de abordagens qualitativas aos modos de ser dos diversos setores juvenis conspiram contra a realização de ações que tenham importantes graus de eficiência.

Ocorre que, em alguns casos, não são aproveitados os recursos existentes na sociedade civil, em termos de pessoal altamente qualificado, por pertencer a instituições com experiência, tanto no campo da promoção social juvenil como no da investigação.

Apesar dos esforços realizados, um dos aspectos que tem demonstrado maior atraso é o da promoção da participação juvenil e da construção da cidadania.

Conspira contra isso a crise das organizações juvenis tradicionais e seus mecanismos de coordenação e, em outros casos, uma inadequada estratégia de aproximação ao mundo juvenil não organizado e aos novos grupos juvenis existentes, devido a um enfoque demasiado "institucionalista" da participação juvenil por parte dos governos.

Haveria que se discutir se, em certos casos, a falta de políticas que fomentem a participação não terá entre as suas razões uma visão de que com isso se colabora no fortalecimento de oposições à gestão. Em definitivo, a integralidade continua sendo hoje um objetivo político institucional e pragmático a ser buscado.

Da mesma forma que os organismos nacionais, os organismos municipais e locais se caracterizam também pela sua heterogeneidade.

Considerando o excelente posicionamento dos municípios em termos da escala em que trabalham e a sua proximidade para com os jovens, tanto territorial como cotidiana, os organismos municipais ou locais da juventude podem contribuir de forma inestimável na implantação de políticas juvenis participativas, já que o âmbito do local é ainda um âmbito também inestimável para pôr em jogo as energias e os conhecimentos existentes na comunidade.

Como saldo final pode-se dizer com certeza que a institucionalidade da juventude criada, apesar do avanço que significa em si mesma, tem ainda matérias pendentes: romper com a setorização das políticas de juventude, promover e impor um enfoque de políticas que transcenda uma visão estigmatizada ou utilitarista da condição juvenil, conectar-se da melhor maneira com a sociedade civil e com os e as jovens em particular, desde uma perspectiva que abandone a lógica de políticas estatais de juventude para dar lugar a uma *política pública* de juventude, questão sobre a qual se falará mais adiante.

IDENTIFICAÇÃO DE DESAFIOS

Limitações de uma visão unilateral da política de juventude

Quando se fala de limitações de uma política de juventude, o que se quer fazer na realidade é chamar a atenção sobre três aspectos.

- Ao usar a juventude ou os jovens como tema, deve-se ter em mente que se está efetuando um recorte analítico, já que na realidade os jovens se constituem no espaço social em atores que se encontram envoltos em relações sociais entre eles mesmos, suas famílias, as gerações adultas e as instituições da sociedade.

Portanto, é importante pensar na juventude como uma categoria relacional. Isso supõe que, antes de entrar no assunto, sejam compreendidas as circunstâncias materiais, sociais ou culturais em que essas pessoas vivem.

- Essa primeira questão liga-se a uma segunda prevenção, que é a de não se olhar a juventude desde um ponto de vista relacional. Corre-se o risco de pensar a política de juventude como um conjunto ordenado de ações buscando prover determinadas satisfações à população beneficiária, escolhida em virtude de indicadores que permitem apontar necessidades básicas insatisfeitas.

Nesse marco, inclusive, as ações encaminhadas a fomentar a participação dos jovens podem ser incluídas nessa lógica, em que a ausência de participação é vista como uma carência adicional.

A conseqüência lógica é a definição de um *set* de programas ordenados tematicamente, implementados a partir de determinados critérios de focalização e seletividade das diferentes populações.

- Nesse esquema *corre-se o risco de confundir as políticas de juventude com a institucionalidade da juventude,* ficando as políticas de juventude fora do contexto ou ilhadas em relação às políticas sociais.

Desafios

Na consideração da exposição dos desafios enfrentados hoje pelas políticas de juventude, distinguem-se os seguintes planos:

- Plano político-normativo
- Plano institucional
- Plano programático
- Plano relativo à geração de conhecimentos.

a) O plano político-normativo

Em primeiro lugar, as políticas de juventude devem ser consideradas a partir da perspectiva de um projeto de desenvolvimento estratégico. Isso supõe que devem ser pensadas no marco das políticas sociais e dentro de um esquema de articulação com as políticas econômicas.

Parte-se, portanto, da idéia de que o Estado deva assumir a responsabilidade de um projeto estratégico, no qual ainda lhe corresponde assumir um papel de mando ou de direcionalidade das políticas sociais.

Se as políticas de juventude e as políticas sociais não forem pensadas desde esse marco estratégico, então serão incapazes de superar a limitação de serem políticas de compensação social. Essa formulação não é somente uma formulação teórica, pois, como se verá mais adiante, leva consigo conseqüências práticas.

Em segundo lugar, deve-se efetuar o trânsito das políticas de juventude, pensadas como políticas estatais, para um conceito de *políticas públicas de juventude.*

Quando se fala de impulsionar políticas públicas de juventude, faz-se referência às políticas que são constituídas e implementadas desde o espaço público, para onde convergem o Estado e os atores da sociedade civil.

Em terceiro lugar, nos enfoques resenhados na seção destinada ao balanço, deve-se passar a um enfoque das políticas de juventude centrado no fato de que *os jovens são sujeitos de direito*.

Assim, o eixo orientador das políticas de juventude deve ser a geração de condições para que o jovem possa exercer plenamente sua condição de cidadão.

As políticas sociais não podem limitar-se exclusivamente a uma dimensão de prestação de serviços. Devem incluir, ainda, a promoção da participação dos atores sociais, sua definição, de modo que estas últimas se mobilizem e se adaptem não somente às necessidades, mas também aos projetos vitais.

Fomentar o exercício da cidadania dos jovens supõe gerar condições para que eles *protagonizem a sociedade* e não somente para que protagonizem as políticas de juventude.

O desafio é reorientar as políticas de juventude na direção de um modelo de jovens cidadãos e sujeitos de direito, que deixe paulatinamente para trás enfoques como o do jovem-problema que ameaça a segurança pública. E isso requer um esforço a mais no plano simbólico. Supõe que deve haver uma estratégia clara a ser implementada, fundamentalmente através dos meios de comunicação de massa, para o qual deve existir uma aliança estratégica com o setor.

b) O plano institucional

Embora não se deva confundir a política com a institucionalidade da juventude, isso não impede que se insista numa institucionalidade própria da juventude, como necessária para dar sustentabilidade ao desenvolvimento das políticas.

Torna-se necessário definir claramente os papéis que devem estar associados ao objetivo de começar a romper com a setorialidade das políticas.

Os organismos da juventude, então, deveriam centrar-se num papel de mando e coordenação. Existe nesse ponto um importante consenso no continente.

Por outro lado, a implementação desse papel apresenta alguns requisitos: a criação de planos estratégicos gerados conjuntamente com os organismos setoriais de políticas sociais é uma condição para a eficiência no cumprimento de tal papel.

Parece necessário desenhar um plano estratégico da institucionalização da juventude, para então ser negociado com os organismos setoriais, para passar a um desenho conjunto que seja coerente com as definições gerais tomadas em matéria de políticas sociais.

Entende-se que essa lógica de construção deve ser a mesma para os níveis nacional e municipal, já que não se compartilha a visão em que os organismos nacionais sejam os dirigentes e os locais os executores.

Deve sim existir um desenho estratégico geral, adequado em escala local.

Outro ponto a ressaltar nesse plano institucional é a necessidade de contar com novas modalidades de gestão, pois é imprescindível a construção de uma política de formação de recursos humanos permanente.

Assim, é necessário repensar a relação entre o componente técnico e o componente político.

Durante muito tempo, os encarregados em levar adiante as políticas sociais eram políticos que chegavam a essas responsabilidades como produto de acordos intra ou extrapartidários, mas que pouco sabiam que se tratava de uma política social. E o que é pior: não davam importância ao elemento técnico e aos inestimáveis recursos existentes nesse campo.

Eram tempos de dilapidação de recursos e de clientelismo político, em que a política social posta em prática pelo Estado era uma ferramenta potente de criação e manutenção de base eleitoral.

Frente a essa realidade, nos últimos anos, tem-se fortalecido um discurso que põe um forte acento na revalorização do elemento técnico como fator "despolitizante", que é contemporâneo da crise de legitimidade dos partidos políticos em relação à sua capacidade de resolver problemas.

Tanta força tem esse discurso frente à experiência passada que em muitos casos a questão política corre o risco de ser deixada de lado.

A decisão de implementação de uma política deve estar sempre respaldada por elementos técnicos, mas não pode ser substituída por uma perspectiva técnica. Do contrário, bastaria a aquisição de um *know-how* técnico para implementar uma política adequada, independentemente de quem a levasse adiante, o que eliminaria as razões que determinam suas diferenças e, portanto, a sua existência.

Superar os riscos do clientelismo político requer a consolidação de equipes técnicas capacitadas. Superar o risco do manejo tecnocrático das políticas requer a existência de uma direcionalidade explícita da política.

c) O plano programático

Nesse ponto há como sugerir orientações programáticas em relação à educação, ao emprego ou à saúde.

Interessa mais perguntar sobre os modos de implantação de planos e programas, partindo do pressuposto de que, além dos conteúdos das ações, a eficiência no modo de implementação, é também uma condição de êxito da aplicação de uma política.

Como já foi relatado, na última década, deu-se um salto muito positivo e de qualidade, no que se refere à acumulação do conhecimento dos jovens, em termos de variáveis estruturais ou de construção de índices de terceira geração. Conseguiu-se qualificar e identificar melhor as populações com as quais trabalhar.

Entretanto, uma vez conhecida a informação requerida, o êxito de uma política de juventude está na forma de sua implementação. A possibilidade de mudar esses problemas de segmentação social, da perda da integração democrática dos jovens, está em poder superar, pela via da extensão, os critérios de focalização tradicionais. Estes últimos são condição necessária, porém não suficiente, para o êxito.

Em geral os critérios de focalização das populações beneficiadas se baseiam na identificação de variáveis/atributo (NBI, clima educacional do lar, cobertura de saúde, etc.).

Aos critérios de focalização em torno das variáveis/atributos deve-se adicionar outro critério que poderia chamar-se *focalização em torno das identidades*, isto é, que entre os critérios de seleção de uma população deve incluir-se a pergunta: como se correlacionam as provisões de serviços com os *projetos vitais*, nesse caso dos jovens?

Isso supõe ampliar o instrumental metodológico com que se gera o conhecimento e, ainda, incluir o conhecimento e as vivências dos destinatários/protagonistas da ação.

Outro aspecto a considerar é que, em muitas sociedades, a implementação de programas que promovam o desenvolvimento de comunidades e de jovens encontra-se hoje em paralelo com a necessidade simultânea de atender a situações de emergência social.

Surge então a pergunta de como compatibilizar o desenvolvimento de políticas de assistência com a emergência de não as transformar em políticas assistencialistas ou paternalistas, que venham somar-se às políticas e programas orientados à construção de cidadãos.

Dessa maneira, a promoção da construção e fortalecimento de redes nacionais de solidariedade é um objetivo programático de primeira ordem.

Parte-se da convicção de que a ação no nível local e os processos de descentralização são instrumentos idôneos para incluir o próprio conhecimento gerado, assim como as necessidades não materiais dos "destinatários" da política, como assim também para o desenvolvimento das redes sociais.

E quando se fala de fortalecer redes, não se trata somente das redes de atores comunitários, mas também das redes de serviços no território.

Em termos estratégicos, o trabalho que há por vir é um trabalho integral que supõe o fortalecimento das redes comunitárias (reconstruir as pontes de integração), das redes de serviços no território e, por último, a articulação das redes sociais e de serviços.

d) O plano da geração de conhecimento

A implementação de políticas de juventude eficazes e eficientes requer a disponibilidade de uma massa crítica e de um acúmulo de conhecimentos sistemáticos.

Nesse sentido, é de importância estratégica pender à articulação dos organismos de juventude, em nível diferente daquele dos centros de produção de conhecimento, como é o caso das universidades.

E, também, desde uma concepção de política pública, torna-se necessário apelar à acumulação de conhecimento e de modalidades de gestão existente nas organizações da sociedade civil, que durante anos têm ensaiado formas inovadoras de gestão social.

Por outro lado, uma política de articulação com as instituições que geram conhecimento poderia estender-se à geração de acordos para gerar pesquisas e cursos de formação que, além de constituir-se em novas linhas de desenvolvimento de tais instituições, possam contribuir a curto e médio prazos com recursos humanos qualificados por meio da criação de programas de extensão universitária.

Nesse sentido, a política sistemática de geração de conhecimento que se vem realizando de forma sustentável no México, por meio do Departamento de Estudos sobre a Juventude, sob os auspícios do Instituto Mexicano da Juventude, é um caso paradigmático, cuja experiência vale a pena conhecer.

CONCLUSÃO

Considerações sobre o caso do Brasil: uma conjuntura de oportunidades.

O Brasil vive um momento de transição política e de afirmação do processo democrático, como demonstraram as eleições de outubro de 2002.

O momento é de tomada de definições, parte das quais tem a ver com a prioridade que será dada às políticas sociais. É um momento excelente para colocar em pauta a questão do futuro das políticas de juventude.

Numa primeira leitura, poder-se-ia dizer que o Brasil incorporou-se tardiamente à questão das políticas de juventude. Mas isso é uma meia verdade. Pode-se dizer que existe um atraso do Brasil, no que diz respeito à constituição de uma institucionalidade própria da juventude. Também o posicionamento da juventude na agenda pública seja talvez tardio, na medida em que a construção de um estatuto da criança e do adolescente centrou o debate e o esforço nas gerações mais jovens.

Não obstante, existe uma prática muito rica e interessante efetuada pela sociedade civil na construção de programas enfocados nos jovens.

A inexistência de uma institucionalidade da juventude no plano nacional e estadual pode representar uma vantagem, pois é possível aproveitar conhecimentos, enganos e fracassos observados pelas políticas desenvolvidas no restante do continente.

O fato de os esforços em colocar a juventude na agenda pública, constituindo uma institucionalidade da juventude quando se delineia o novo governo, faz pensar que se trata de uma oportunidade ímpar e que não deveria se perder. O desenho estratégico das políticas sociais de juventude precisaria seguir alguns parâmetros:

- Identificar de qual enfoque estratégico de política de juventude se quer partir.
- Realizar um exame dos requisitos em matéria de recursos técnicos e humanos minimamente imprescindíveis.
- Definir orientações sobre como acontecerão as relações com a sociedade civil organizada e, dentro dela, com os jovens organizados e não organizados.
- Definir quais são as alianças estratégicas a serem feitas para tornar o empreendimento sustentável.
- Delinear políticas em relação aos meios de comunicação, no sentido de romper com a visão fortemente arraigada de que os jovens são um problema.

Seria interessante também avaliar os impactos gerados pelo Estatuto da Criança e do Adolescente, tanto em seus artigos como na sua formulação institucional, na medida em que parte da população definida como sujeito das ações é formada por adolescentes e jovens.

REFERÊNCIAS BIBLIOGRÁFICAS

GIDDENS, Anthony. *Modernidade e identidade*. Rio de Janeiro, Jorge Zahar, 2002.

HOPPENHAYN, Martin. *Culturas e identidades juveniles*. Chile, Cepal, 1997.

3
TRAJETÓRIAS NA CONSTITUIÇÃO DE POLÍTICAS PÚBLICAS DE JUVENTUDE NO BRASIL

Marilia Sposito

O exame das políticas públicas de juventude no Brasil é uma tarefa ainda a ser realizada na amplitude posta pelos desafios das práticas observadas, nos últimos dez anos, em nossa sociedade. As análises a serem empreendidas estão, por essas razões, revestidas de certa provisoriedade, sobretudo nesse momento de transição política expresso pela eleição de novo governo, que congregou um amplo leque de forças políticas até então oposicionistas e um conjunto de expectativas de profundas mudanças no modelo econômico e nas orientações de cunho social.

O Brasil compartilha com o conjunto dos países latino-americanos os dilemas das grandes desigualdades sociais e de uma tênue e instável experiência democrática, mas carrega especificidades históricas que exigem um denso esforço de compreensão de alguns de nossos dilemas. Nas últimas décadas o país experimentou mudanças modernizadoras, muitas vezes induzidas, que convivem com o arcaísmo de práticas e de instituições que alimentam relações de poder e valores enraizados em estruturas oligárquicas ainda não superadas, o que nos configura como uma "sociedade de história lenta" (Martins, 1994). Por essas razões, somos portadores de relações sociais que, no presente, traduzem datas e processos históricos diversos.

Se de um lado ainda não foi erradicado o trabalho escravo, de outro convivemos com relações sociais e formas de sociabilidade típicas de sociedades complexas, em que predominam estruturas de dominação calcadas na disseminação de campos simbólicos moldados pelo controle da informação e do conhecimento. O clientelismo e a política de favor coexistem com uma tradição de lutas sociais que conquistaram, por exemplo, uma das mais avançadas legislações no campo dos direitos de crianças e adolescentes.

Sob esse ponto de vista, vivemos, no campo das políticas de juventude, tempos sociais simultâneos. Não usufruímos de políticas sociais de caráter universal, assegurando direitos básicos trazidos pela modernidade, e já vivemos, contraditoriamente, os dilemas das novas formas de sociabilidade e de constituição da subjetividade no interior do movimento de globalização que constitui as sociedades atuais[1]. Ainda não foi garantido aos jovens brasileiros um patamar satisfatório de acesso ao sistema educativo, o que situa o Brasil em franca desvantagem diante de alguns países latino-americanos que ampliaram e praticamente universalizaram o acesso ao ensino médio, contemplando os maiores índices de matrículas no ensino superior[2]. Por outro lado, apesar da redução, o trabalho infanto-juvenil ainda exprime uma outra feição de nossos arcaísmos, ao lado de um conjunto não desprezível de adolescentes pobres, analfabetos e com atraso escolar[3] (Grupo Técnico, 2002). Os índices crescentes de desemprego na última década atingiram sobretudo os jovens, pois cerca de 52% dos desempregados em 1996 tinham entre 10 e 24 anos de idade (Pochmann, 2000).

No entanto, também pode ser observado um campo de iniciativas emergentes e de formas inovadoras de proposição de ações que têm os jovens como alvo. Ao traçarem caminhos democráticos e participativos relevantes, reiteram uma importante tradição de lutas sociais e de organização da sociedade, desenhando um quadro diverso e rico de práticas.

---

1. De acordo com o IBGE, em 2000, a população compreendida entre 15 e 24 anos atingia 33 milhões, exprimindo um intervalo de variação histórica do país que oscila entre 19 e 21% da população total. Desse conjunto, 80% vivia na área urbana (IBGE, 2000).

2. Apesar do número de matrículas no ensino médio ter crescido muito nos anos 90 (em um período de 10 anos o número de matrículas dobrou), 55,5% dos jovens na idade de 14 a 17 anos ainda estavam foram desse nível de ensino em 2000 (Unesco, 2003).

3. Cerca de 7,8% dos homens e 4,4% das mulheres na faixa etária de 10 a 14 anos eram analfabetos no ano 2000, e 20,4% do total tinha menos de quatro anos de escolaridade (Grupo Técnico, 2002).

Em sua acepção mais genérica, a idéia de políticas públicas está associada a um conjunto de ações articuladas com recursos próprios (financeiros e humanos), envolve uma dimensão temporal (duração) e alguma capacidade de impacto. Essa noção, do mesmo modo, não reduz a política à implantação de serviços e nem ao eixo da articulação de programas e ações, embora esses dois aspectos possam estar nela contidos. Desse modo, o termo compreende a dimensão ético-política dos fins da ação, e deve se aliar, necessariamente, a um projeto de desenvolvimento econômico-social e implicar formas de relação do Estado com a sociedade. Rua opta por uma definição de políticas públicas bastante sugestiva: "proponho o entendimento das políticas públicas como conjunto de decisões e ações destinadas à resolução de problemas políticos" (1998: 731). Contrapõe à idéia de "problemas políticos" a expressão "estado de coisas". Somente quando alcançam a condição de problemas de natureza política ao ocupar a agenda pública, algumas demandas sociais abandonam o "estado de coisas".

Essa acepção nos remete, assim, à constituição dos atores da sociedade civil[4] e à sua capacidade de propor ações na esfera pública que respondam ao seu campo de necessidades transformadas em direitos. Por essas razões, quando se trata de políticas públicas de juventude, é preciso analisar quais são os atores que as demandam, não só a partir dos recortes mais comuns em torno de sua origem de classe ou do tipo de associação ou movimento dos quais são representantes, mas considerar, também, os recortes geracionais: seriam os próprios jovens demandatários dessas políticas ou apenas o mundo de adultos articulado no campo das instituições?

Nessa perspectiva, a análise das políticas públicas de juventude compreende, por sua vez, o exame dos modos a partir dos quais se dá a interação entre o Estado e a sociedade civil na sua constituição, implantação e avaliação. Inscreve-se, também, sob uma perspectiva democrática, no campo de conflitos entre atores que disputam na esfera pública orientações, negociam ações e os recur-

---

4. Não se trata aqui de recuperar toda discussão sobre o conceito de sociedade civil, observada nas Ciências Sociais no Brasil, mas de reconhecer que esse conceito adquire maior visibilidade sobretudo com o processo de democratização (Avritzer,1993; Dagnino, 2002; Reis, 1995; Costa, 1994 e 1997). Lourdes Sola considera que, não obstante a diversidade de modos de abordagem, há pontos de forte convergência entre os autores quando examinam a cultura política, os valores e os desenhos institucionais como elementos importantes a conformar a sociedade civil em uma perspectiva democrática (Sola, 1998: 767).

sos destinados à sua implantação[5]. A fonte limitada de recursos públicos, para a implantação de serviços, programas e políticas, e o próprio Estado — um aparato de poder que tende a orientar sua ação a partir dos interesses dominantes da sociedade — afastam qualquer idéia de uma pretensa racionalidade inerente à intervenção estatal. As formas de oferta de bens públicos e os desenhos da ação política de cunho social são decorrência, em grande parte, do campo de conflitos que se instala na esfera pública e que passam a imprimir no âmbito do Estado sua presença. O reconhecimento desse campo de conflitos, e da diversidade de interesses, torna-se fator relevante de constituição de políticas públicas democráticas[6].

Mas o exame das políticas públicas de juventude requer uma outra dimensão, expressa no modo como os grupos que disputam sua formulação concebem os sujeitos destinatários dessas ações — os jovens.

Não é objetivo deste artigo percorrer todos os temas subjacentes à discussão desse momento da fase de vida. Tem sido recorrente a importância de se tomar a idéia de juventude em seu plural — juventudes —, em virtude da diversidade de situações existenciais que afetam os sujeitos. No entanto, parte dessa imprecisão parece decorrer da superposição indevida entre fase de vida e sujeitos concretos, aspectos que, por exemplo, para os estudiosos da infância não se superpõem, como afirma Attias-Donfut (1996). Infância e crianças são noções que exprimem estatutos teóricos diferentes, operação ainda não delimitada claramente pelos estudiosos, profissionais e demais agentes sociais que tratam da juventude, pois superpõem jovens — sujeitos — e fase de vida — juventude — como categorias semelhantes.

---

5. Embora possamos considerar que as políticas públicas compreendam modos diversos de presença de atores coletivos da sociedade civil, em sua formulação, execução e avaliação, é preciso admitir que a natureza da presença do Estado é ingrediente fundamental para qualificar o caráter público de sua orientação. O Estado, nesse caso, é concebido a partir de uma noção mais ampla do que aquela referente ao poder Executivo — os governos. Admite-se, assim, que políticas públicas podem ser desenhadas pelos poderes Legislativo e Judiciário. Neste artigo, no entanto, serão privilegiadas as orientações do Executivo, ou seja, as políticas governamentais e suas formas diversas de estabelecimento de interações com a sociedade civil. Não obstante o eventual caráter público das ações empreendidas pelas ONGs, fundações empresariais e demais associações da sociedade civil, não é possível considerar a existência de políticas públicas sem algum tipo de presença do Estado, em suas várias instâncias, e de formas explícitas de controle público das intervenções desses organismos na sociedade.

6. Importante lembrar com Alain Touraine que a democracia significa, também, a possibilidade de múltiplos interesses estarem representados na esfera pública (Touraine, 1994).

Para efeitos de análise das políticas de juventude, Abad (2002) propõe também uma distinção importante entre a condição (modo como uma sociedade constitui e significa esse momento do ciclo de vida) e a situação juvenil, que traduz os diferentes percursos experimentados pela condição juvenil a partir dos mais diversos recortes: classe, gênero, etnia, origem rural ou urbana. Em seu primeiro eixo — o conjunto de concepções sobre a juventude — estariam radicadas as orientações dominantes que alicerçam as práticas políticas. Embora seja possível considerar que as orientações e imagens socialmente construídas sobre a juventude refletem relações de poder estabelecidas — a partir de hierarquias econômicas, culturais e de idade — e tendem a negar a diversidade de situações, trata-se de um campo de disputa não só em torno das modalidades de ações mas em torno dos significados atribuídos à condição juvenil[7].

Assim, é preciso reter a existência de conflitos em torno dessas representações sobre os segmentos juvenis na sociedade, tanto no âmbito dos atores coletivos adultos como entre os próprios jovens, também protagonistas ativos dessa diversidade. Por outro lado, as políticas voltadas para os momentos do ciclo de vida — velhice, infância e juventude — sustentam-se no pressuposto de que cada um desses momentos encerra singularidades que demandam modos diversos de intervenção do Estado e de constituição de suas ações[8].

---

7. É importante recorrer a Durkheim (1970) quando este afirma que as representações sociais não são a simples soma das representações dos indivíduos. Mas, neste artigo, o sentido dado à noção de representação apóia-se, sobretudo, em Henri Lefebvre, que recusa a dicotomia entre o que está fora e exterior (como coisa) e as representações que também vêm de dentro e são contemporâneas à constituição do sujeito, tanto na história de cada indivíduo quanto na gênese do individual na escala social. Desse modo, as representações "não são nem falsas nem verdadeiras mas, ao mesmo tempo, falsas e verdadeiras: verdadeiras como respostas a problemas 'reais' e falsas na medida em que dissimulam objetivos 'reais'" (Lefebvre, 1980, p. 55).

8. Mais do que uma tipologia abstrata das características desse momento, é preciso reconhecer, como afirma Melucci, que a juventude significa, no término da infância, o primeiro contato com os dilemas que constituem a vida adulta, sendo esta entrada traduzida por uma experiência carregada de maior intensidade do que aquela vivida em momentos posteriores (Melucci, 1997). Por essas razões não só a construção das identidades se afigura como eixo relevante para a compreensão desse momento, como, na contemporaneidade, a idéia de experimentação implica o aparecimento de um campo de escolhas e caminhos possíveis mais aberto e diversificado do que em momentos históricos anteriores (Galland, 1996).

No Brasil, coexistem percepções que se situam em campos distintos e muitas vezes opostos[9]. É inegável que, de modo geral, os jovens na sociedade brasileira ainda são tematizados como problemas sociais — os problemas da violência, do consumo de drogas e do desemprego aparecem como focos privilegiados nessas imagens (Abramo, 1997). Mas orientações dominantes em períodos anteriores ainda permanecem. Constata-se, com freqüência, a defesa de uma integração dos jovens nos moldes da modernização, observada nos anos 1950, tanto pela idéia do acesso à escolaridade, como fator de mobilidade social, quanto pela necessidade de ocupação do seu tempo livre com atividades ligadas ao esporte, entre outras.

Algumas propostas apóiam-se em mecanismos estritos de controle social, na esteira do período autoritário, mas com destino diverso quanto ao público. Não mais seriam os estudantes, oriundos das classes médias, potenciais ameaças pelo caráter contestador de sua ação. Nesse momento, o interesse se desloca para os jovens pobres, marginalizados e moradores das periferias das grandes cidades. Muitos dos programas sociais a eles destinados encerram nítidas dimensões de contenção de um possível comportamento violento e disruptivo. Encontramos, ainda, proposições que consideram os segmentos jovens como um capital humano que deve ser cada vez mais rentável, mediante alguns investimentos que os habilitem a uma melhor qualificação — dentre eles o educacional —, tal como foi observado a partir dos anos 1970 no Brasil, com as denominadas teorias do capital humano. Há, também, percepções que defendem mecanismos de inclusão de jovens marginalizados, mediante políticas compensatórias ou de ampliação das possibilidades de integração no mercado de trabalho. Por outro lado, nesse campo conflitivo há um conjunto de atores — jovens e de instituições da sociedade civil —, mesmo que ainda não hegemônicos, voltados para uma ação das políticas concebidas como expressão de um amplo conjunto de direitos de juventude, dentre eles, o próprio direito à fase de vida[10].

---

9. Esses campos de significados não podem ser concebidos apenas a partir do recorte etário, como se os jovens necessariamente construíssem percepções homogêneas sobre si mesmos, em antagonismo com o mundo adulto. Examinar a constituição de percepções requer um cuidadoso esforço analítico que evite naturalizar a condição juvenil e busque adentrar no universo jovem para compreender o que eles mesmos têm a dizer, a partir de sua diversidade, sobre a condição juvenil na sociedade e o modo como a vivem.

10. De acordo com Balardini (2002) e Abad (2002), as políticas públicas de juventude na América Latina percorreram um caminho que se inicia na década de 1950, com o eixo da integração substituído

Enfim, se as políticas de juventude espelham, mas não exclusivamente, o conjunto de percepções dominantes sobre o que é ser jovem, suas demandas, necessidades e relações com o mundo adulto e com as instituições, é preciso admitir que tais percepções são objeto de disputa no interior da sociedade pelos diversos grupos sociais que falam em nome desses atores ou por meio dos próprios coletivos juvenis, também heterogêneos. Mas não é possível desconhecer que orientações no campo da política pública podem conformar novas percepções e criar impacto sobre a sociedade, o que abre margem para o caráter ativo dessas ações na ruptura com as visões que apelam para imagens estereotipadas sobre os jovens (Lagree, 1999).

Um dos exemplos históricos mais importantes da sociedade brasileira reside nas lutas em torno dos direitos da infância e da adolescência e está expresso na conquista de um novo ordenamento jurídico-legal — o Estatuto da Criança e do Adolescente (ECA). O movimento em torno dos direitos desses segmentos constituiu um novo significado para a fase de vida — a infância e a adolescência —, ancorado em uma concepção plena de direitos e em contraposição às imagens dominantes que atribuíam às crianças pobres uma condição de existência inferior, pois a elas a atribuição depreciativa incidia sobre a sua condição de "menor", "infrator" ou "delinqüente".

Mesmo consagradas em legislação específica, as novas orientações continuam situadas em um campo conflitivo intenso, pois concepções anteriormente firmadas continuam a existir e sempre podem estabelecer limites às conquistas e impor retrocessos até de natureza legal. Nos últimos meses dois exemplos evidenciam essa possibilidade de recusa das conquistas anteriores: o primeiro incide sobre as propostas em andamento que buscam alterar a idade mínima para imputar responsabilidade legal aos adolescentes; o segundo é expresso pela defesa de um sistema prisional para os adolescentes semelhantes aos dos adultos[11].

---

no período autoritário pela necessidade de controle social dos jovens mobilizados. Na década de 1980 seriam o enfrentamento da pobreza e a prevenção do delito os eixos predominantes nas orientações, que se voltam na década seguinte — os anos 1990 — para a inserção de jovens excluídos no mercado de trabalho. Recentemente, os autores consideraram a emergência de novas orientações que conceberiam os jovens como sujeitos integrais de direito.

11. Os episódios de rebeliões nas unidades da Febem no estado de São Paulo criam cada vez mais um clima que apela por medidas enérgicas e punitivas desses jovens, sem de fato alterar as orientações e práticas dominantes de trabalho educativo com os adolescentes em conflito com a lei, apesar da flagrante ilegalidade. A defesa de tais medidas exprime uma recusa às imagens construídas sobre a infância e adolescência no amplo movimento social que resultou na legislação atual.

A dupla natureza conflitiva das políticas de juventude incide, assim, sobre a arena pública no campo das orientações — percepções sobre a condição juvenil — e sobre o modo de interação entre o poder público e a sociedade civil, mais ou menos aberto à participação democrática e não tutelada dos segmentos juvenis. A possibilidade de uma qualificação da política freqüentemente utilizada — se é "para", "por meio de" ou "com" os jovens — não pode ser examinada de modo ingênuo.

Essa qualificação do agir político não decorre apenas das concepções dominantes sobre a condição juvenil, mas dos padrões de interação entre governo e sociedade. Nesse duplo eixo as combinações podem ser variadas: percepções avançadas sobre direitos de juventude permanecem socavadas quando o modo dominante de formulação da política e de interação com a sociedade civil não constitui espaços de interlocução democrática. No espectro oposto, pode ocorrer que, não obstante o caráter democrático de algumas administrações, os segmentos juvenis ainda sejam concebidos como ameaças, foco de problemas, necessitando ações de tutela ou proteção, sem constituir espaços para sua autonomia enquanto atores coletivos da sociedade.

A DIVERSIDADE DE CENÁRIOS (1995/2002)

A fragmentação e a cidadania sob tutela

Qualquer balanço das ações dos vários organismos que compõem o aparelho público evidencia que elas não exprimem orientações homogêneas, mesmo que sejam decorrentes de um único governo.

Embora possamos considerar que, nos últimos cinco anos, o tema da juventude no Brasil já se insere em uma agenda pública, mobilizando percepções e algumas propostas — abandonando a condição de "estado de coisas" —, é preciso reconhecer que essas ações nem sempre encontram correspondência, na prática, com a intensidade do debate que começa a se estabelecer.

Do ponto de vista de uma alteração relevante no campo das percepções e da formulação de políticas específicas para a juventude, é importante considerar o início dos anos 1990, tendo como antecedente a mobilização da sociedade em torno dos direitos da infância e da adolescência, consagrada em um novo estatuto jurídico com o ECA, em 1990. Por outro lado, além das conquistas já enunciadas pelo Estatuto, o foco das atenções, ao se voltar para os adolescentes, deixou na sombra como sujeitos de direitos os jovens que atingem a maioridade legal.

No conjunto de ações desenvolvidas pelo Executivo federal, a partir dessa década, começa a emergir o reconhecimento de problemas que afetam os jovens: saúde, violência e desemprego. As ações iniciais, na área de saúde, tentam responder ao avanço da epidemia de AIDs, que passa a atingir a população jovem, ao crescimento do consumo de substâncias psicoativas — lícitas e ilícitas — e aos índices crescentes de gravidez precoce. De certa forma, os programas de prevenção na área de saúde do adolescente e do jovem, não obstante a diversidade e o antagonismo de algumas das perspectivas que os alicerçam, constituem um foco importante de ações. Em geral evoluem, durante a década de 1990, para uma orientação que dá lugar a uma presença um pouco mais ativa do próprio jovem, sobretudo na implementação de programas, considerado "protagonista" dessas atividades[12]. Mesmo assim, parte das orientações decorre muito mais dos "problemas" de saúde, e suas expressões no segmento juvenil, do que das necessidades e demandas dos jovens concebidos como sujeitos integrais dessas ações (Calazans, 2000; Cunha, 2003; Almeida, 2001).

Em meados da década de 1990, sobretudo a partir de 1997, com o assassinato do índio Galdino por jovens oriundos de camadas médias da cidade de Brasília e o crescimento das mortes juvenis por homicídios, alguns programas são empreendidos pelo Ministério da Justiça, especialmente destinados aos jovens. Em geral, são projetos de redução e prevenção da violência mediante ação nas escolas ou nos bairros, atingindo sobretudo os jovens moradores das periferias das grandes cidades[13]. No final da década, o reconhecimento do desemprego e a acentuação dos processos de exclusão provocam o aparecimento de um novo tipo de ação — os programas de inclusão —

---

12. O termo protagonismo, no Brasil, tem sido utilizado de diversas formas por agentes públicos e ONGs, mas, como afirma Castro (2002), integra um vocabulário usado de forma pouco crítica. Sob o meu ponto de vista, muitas vezes o protagonismo não espelha, de fato, uma relação com os sujeitos jovens pautada pela idéia de sua autonomia e capacidade de participação. Parece tratar-se mais de uma metodologia de ação com o trabalho dos jovens do que um princípio ético-político que pressupõe o reconhecimento dos jovens como atores coletivos relevantes e, por isso mesmo, com direito à autonomia.

13. O programa "Paz nas escolas" e o Cenafoco, realizados pelo governo federal em parceria com algumas ONGs, constituem exemplos dessas orientações, consagrando as ações nas escolas ou em comunidades da periferia das grandes cidades.

que constitui os jovens pobres como um de seus focos, em uma crise da ação do Estado com o predomínio das políticas neoliberais[14].

Não obstante a diversidade de programas — em 2002, último ano do governo Fernando Henrique, existiam 33 programas federais atingindo os jovens — e sem negar que um volume significativo de recursos esteve envolvido, as práticas empreendidas apresentaram características recorrentes da cultura política brasileira. Rua considera cinco regularidades no modo de execução das políticas públicas no Brasil: fragmentação, competição interburocrática, descontinuidade administrativa, ações a partir da oferta e não da demanda e, finalmente, a existência de uma clara clivagem entre a formulação/decisão e a implantação (Rua, 1998)[15].

Grande parte das propostas foi executada sob a forma de transferência de recursos ao executivo municipal ou estadual, ONGs ou fundações empresariais. Mas o traço comum dessas ações revelou, sobretudo, a ausência de uma proposta clara do governo federal para a população juvenil do país e seu lugar no modelo de desenvolvimento pretendido. Além da expansão das possibilidades de acesso ao sistema escolar e os projetos voltados para segmentos específicos (jovens excluídos ou em "risco social"), torna-se evidente a ausência de canais de interlocução com os próprios jovens, destinatários de algumas das propostas, mas jamais tidos como parceiros relevantes no seu desenho, implementação e avaliação[16]. Assim, o incipiente campo das políticas juvenis foi muito mais voltado para alguns grupos dentre os jovens, sem constituir qualquer forma de interação com os atores juvenis na sua formulação[17].

---

14. O Programa Alvorada articulou ações nos estados brasileiros de pior condição social, ou seja, aqueles com baixo índice de desenvolvimento humano — IDH. Dentre as várias ações, no âmbito da educação, optou-se por um aporte de recursos financeiros para que os estados envolvidos ampliassem a oferta de vagas no ensino médio. Esse programa se encerrou recentemente, em 2003, com o novo governo. Se considerarmos o volume de recursos e a amplidão das ações, seria importante a criação urgente de mecanismos avaliadores para verificar o possível impacto nas regiões atingidas pelos projetos.

15. Para uma análise mais minuciosa, consultar Sposito & Carrano, 2003.

16. Alguns projetos de natureza mais inovadora foram de responsabilidade da "Comunidade Solidária", que, sob a coordenação de Ruth Cardoso, esposa do Presidente da República, não pretendeu ser organismo de governo, mas implementou projetos em parceria com instituições da sociedade civil mediante o uso de recursos públicos federais obtidos nos diversos ministérios.

17. Se o governo federal não constituiu o jovem como interlocutor relevante na formulação do programa, o modo de sua execução, no âmbito local, foi extremamente diversificado, dependendo do tipo de orientação dos organismos envolvidos.

Traçadas sobretudo a partir da associação jovens e problemas, as ações operaram campos de significados que permitem duplo deslizamento semântico possível e, portanto, práticas políticas diversas: os problemas que atingem os jovens expõem uma série de necessidades e demandas não atendidas que resultariam no reconhecimento do campo de direitos e de formulação de políticas globais para a juventude; ou, de forma mais recorrente, os problemas que atingem os jovens transformam-se nos problemas da juventude e, portanto, é o sujeito jovem que se transforma no problema para a sociedade. Nesse caso, os programas buscariam, de certa forma, minimizar a potencial ameaça que os jovens trazem para a vida social, alguns deles considerados a "nova classe perigosa" que precisa estar sob um campo forte de controle (Dubet, 1987).

Um novo desenho das políticas: o poder local

No Brasil, nos últimos 15 anos uma nova experiência democrática se desenha a partir do poder executivo municipal ou, com menor intensidade, no nível estadual, propondo a construção de uma nova interação entre sociedade civil e Estado, para a conformação de uma esfera pública democrática. Se considerarmos os atores coletivos e o embate travado entre o valor de uso — a fruição e lógica não mercantil —, em oposição à lógica mercantil de apropriação do espaço urbano, a cidade se constitui em importante território de confrontos e movimentos, já analisados na produção sociológica sobre os movimentos sociais observados no Brasil a partir do final da década de 1970 (Castells, 1980 e 1983; Kowarick, 1988). Na experiência de democratização, a partir dos anos 1980, o poder executivo municipal e as denominadas "prefeituras democráticas e populares" têm constituído um conjunto rico e diversificado de práticas inovadoras na relação cidadão e Estado[18]. É nesse âmbito que também começa, no final dos anos 1990, a ocorrer uma preocupação mais sistemática com a formulação e implantação de algumas ações específicas voltadas para a juventude[19].

---

18. O orçamento participativo tem sido uma das práticas mais divulgadas a partir da experiência de Porto Alegre. Embora com maior visibilidade, essa experiência não constitui, certamente, o único exemplo de inovação democrática dessa interação. Sobre o orçamento participativo, consultar (Avritzer, 2002 e Santos, 2002).

19. Contudo não é possível desconhecer a permanência de alguns núcleos duros (Lechner, 1990) da cultura política nacional, onde o poder local aparece como foco privilegiado para o estabelecimento do clientelismo. Por essas razões, alguns autores como Abad (2002) tratam também do surgimento do

Observa-se, nesse período, no plano local e regional, o aparecimento de organismos públicos destinados a articular ações no âmbito do poder executivo e estabelecer parcerias com a sociedade civil tendo em vista a implantação de projetos ou programas, alguns financiados pela esfera federal, para jovens[20]. Esse fato é bastante recente e decorre sobretudo de compromissos eleitorais de partidos, principalmente de esquerda e de centro-esquerda, que, por meio de pressões de sua militância juvenil ou de setores organizados do movimento estudantil, incluíram na sua plataforma política as demandas que aspiravam pela formulação de ações específicas destinadas aos jovens.

No entanto, diante da fragilidade dos modos de ação ainda emergentes de outros coletivos juvenis e, sobretudo, diante da ausência de mecanismos públicos e participativos que possibilitem sua afirmação enquanto sujeitos coletivos, as formas tradicionais de agregação juvenil (movimento estudantil e partidos) tendem a ser dominantes no momento da implantação de tais organismos.

Constata-se que debates e programas desenvolvidos por ONGs foram importantes como fomentadores de novas idéias para a ação do poder público. Tudo leva a crer que, antes de serem incorporados pela esfera governamental, os programas e eventuais políticas destinados aos jovens já vinham sendo experimentados pela sociedade civil por meio das ONGs e fundações empresariais, recobertos de extrema diversidade quanto às orientações (Rua, 1998)[21].

Em 2001 observa-se uma inflexão importante no processo de constituição das políticas públicas destinadas aos jovens. Trata-se do primeiro ano de novas gestões no âmbito municipal — período que marca uma ampliação

---

neolocalismo como uma das práticas que afetam negativamente a constituição dos espaços democráticos e de políticas públicas de juventude.

20. Durante o ano de 2000, a Ação Educativa — organização não-governamental voltada para o trabalho com os segmentos juvenis —, por meio de sua rede de parceiros e colaboradores, empenhou-se em identificar os organismos públicos, em nível municipal e estadual, especialmente destinados à implantação, coordenação e execução de ações para a juventude. Nesse esforço, que não pretendeu ser exaustivo e nem ter o caráter de amostragem estatística, foi possível identificar, ao todo, 24 instâncias governamentais. Os comentários a serem estabelecidos têm por base algumas das informações obtidas no levantamento realizado por Bruna Mantese de Souza.

21. Em 1995, já havia um claro cenário de programas, na área cultural, desenvolvidos por ONGs (a esse respeito consultar Rua, 1998).

significativa desses novos organismos. No entanto, essa incipiente institucionalidade no nível local pode sofrer descontinuidade séria na medida em que depende, em grande parte, de programas de partidos e da correlação de forças no nível local e do grau de articulação dos jovens e seus eventuais parceiros. Por outro lado, se houver, no âmbito federal, claras diretrizes em torno das políticas de juventude e do seu lugar próprio no modelo de desenvolvimento, as iniciativas locais terão melhores condições de prosperar[22].

Os novos organismos assumem, predominantemente, o caráter de assessorias, embora em algumas situações sejam criadas secretarias de estado ou coordenadorias, e são definidos pela sua vocação maior: articular e assegurar uma certa transversalidade nas suas ações sob o ponto de vista do aparato público e, ao mesmo tempo, assegurar uma interlocução com os segmentos juvenis[23]. No elenco desse novo desenho institucional estão localizados, também e em menor número, os Conselhos de Juventude, tanto municipais como estaduais, com formatos e funções diversas. Uma ação bastante inovadora constitui a abertura institucional para a presença jovem nas várias etapas que marcam a discussão e implantação do Orçamento Participativo em alguns municípios. A experiência do OP, iniciada em Porto Alegre na gestão do Partido dos Trabalhadores (consultar Santos, 2002), constitui uma referência importante de proposta de uma nova modalidade de relação, entre governo e sociedade, que tende a se disseminar em vários municípios do país. Do conjunto de informações disponíveis, foram identificados alguns municípios onde a presença e participação da juventude da cidade foi intencionalmente defendida pelos gestores públicos e traduzida em mecanismos específicos que a assegurassem[24].

---

22. Foram identificados, dentre os inscritos para participar do seminário Políticas Públicas: Juventude em Pauta, quatro organismos em nível estadual e 22 em nível municipal, voltados para ações específicas em torno de políticas de juventude. Nesse encontro de novembro de 2002 houve um primeiro esforço de constituição de um fórum de gestores de juventude, destinado a avaliar a experiência e aumentar sua capacidade de ação.

23. Uma das expressões da inexistência de legitimidade consolidada decorre da ausência de orçamento próprio para a maioria desses organismos.

24. Há uma diversidade de situações e de resultados dessa forma inovadora que merece ainda uma investigação. Nem todas as experiências vingaram e conseguiram imprimir certa continuidade, como é o caso da cidade de Santo André, na região metropolitana de São Paulo, outras mostraram sua potencialidade organizativa, como é o caso de Betim e Itabira em Minas Gerais. A cidade de Belém, no norte do país, construiu uma experiência pioneira bem-sucedida que evoluiu para uma organização da presença do jovem na formulação das políticas para a cidade e tem se constituído como referência para outros municípios.

Quando se analisa o conjunto de motivações que propõem as ações, observa-se que, mesmo conformadas por gestões municipais de caráter progressista, as representações normativas correntes exprimem ainda a idéia básica de superação dos problemas vividos pelos jovens, sua situação de vulnerabilidade, e portanto a meta fixada incide sobre o combate a esses problemas (desemprego, violência, drogas). Verifica-se que nas percepções há, também, um conjunto de referências ligadas às novas desigualdades e processos de exclusão decorrentes das conjunturas neoliberais que atingem sobretudo o segmento juvenil e que, por essa razão, são demandadas ações específicas para esses segmentos. Muitas dessas propostas constituem o campo da inclusão ou da possibilidade de integração do jovem acenando para uma melhoria das condições de transição para a vida adulta, como diz Abad, voltadas para o futuro (Abad, 2002). Convivem com essas orientações, às vezes no interior de uma única administração, algumas práticas que exprimem o reconhecimento de necessidades a serem satisfeitas por políticas afirmativas de direitos cuja temporalidade é o presente envolvendo demandas estabelecidas pelos jovens enquanto sujeitos considerados capazes de propor alternativas para si mesmos. Além dos mecanismos presentes no Orçamento Participativo, verifica-se também ações voltadas para os processos de construção de auto-estima e de identidade juvenis a partir do diálogo com as formas coletivas pelas quais os jovens se organizam, particularmente no campo da cultura.

Torna-se importante considerar que desenhos institucionais novos, no âmbito da máquina estatal — as assessorias e coordenadorias de juventude — lutam por espaços de reconhecimento, de interferência e de poder diante de estruturas pesadas, burocráticas e já enraizadas na máquina pública. Por essas razões, resta o tema de como tornar efetiva a capacidade de articular ações, parcerias e evitar que aos organismos reste apenas uma função decorativa e de certa forma apaziguadora de pressões propostas por jovens organizados e demais setores da sociedade civil, quando essa incipiente institucionalidade de forma geral, é marcada pela ausência de poder nas relações de governabilidade no interior do poder executivo[25].

---

25. Como há o problema da ausência de recursos orçamentários próprios, de um *status* definido desse gestor nessa inter-relação, parte do trabalho permanece no plano das intenções e decorre mais do voluntarismo político, de alguns, do que de um esforço coletivo da gestão em conviver com novos e emergentes desenhos institucionais.

Uma das práticas mais inovadoras dessa incipiente institucionalidade no nível local tem sido caracterizada pela presença de jovens na função de gestores dos organismos específicos para a juventude. Em geral, são jovens oriundos de setores militantes, sobretudo do movimento estudantil (ME) e de partidos políticos. Essa situação conforma um conjunto de desafios que poderão proporcionar caminhos diversos na constituição das políticas de juventude.

O primeiro incide sobre os eventuais problemas derivados de um eventual privilégio das ações e de interação com grupos juvenis com maior grau de institucionalidade, pois, em geral, esses quadros são provenientes de grupos organizados do ME ou dos partidos que são responsáveis pela administração. As formas menos orgânicas dos coletivos juvenis que se originam na cidade — sobretudo aquelas derivadas do mundo da cultura, lazer e da ação voluntária — têm, em geral, ocupado menos espaço, não só enquanto público destinatário das ações ou equipamentos, mas sobretudo enquanto atores relevantes na formulação das ações. Isso remete a uma questão de natureza mais complexa do que até então tem sido pautada nas análises e estudos sobre políticas de juventude. Trata-se, de um lado, do reconhecimento, hoje consensual, de novos agenciamentos capazes de fomentar a ação coletiva juvenil, para além dos espaços consagrados da política institucional partidária ou do ME. Mas, de outro lado, quando o campo é relativo à disputa de posições de poder ou de capacidade de interferência, a arena pública ainda privilegia essas formas organizativas tradicionais como âmbito específico de ação no interior do Estado e, sob esse ponto de vista, os novos agrupamentos exercem fraca capacidade de interferência.

Mais uma vez percebe-se que a presença de atores coletivos juvenis diversificados asseguraria, em tese, o caráter plural e democrático da participação. O caráter emergente dessa nova agregação dos interesses e da sociabilidade juvenil no âmbito da cidade, muito mais ligada a formas expressivas, resistentes a certa racionalidade instrumental inerente ao mundo da política institucional, abre para um novo campo de conflitos e de ações que poderão, de certo modo, contribuir para uma reinvenção da esfera pública, na esteira dos movimentos sociais observados a partir dos anos 1970 na sociedade brasileira.

Por outro lado, o caráter ainda precário de inserção administrativa no organismo, no aparelho público, faz com que os gestores jovens devam despender um esforço adicional. Além da busca de reconhecimento da necessidade das políticas de juventude e do organismo do qual participa — muitas vezes um setor estranho em estruturas pesadas —, é preciso percorrer um caminho de legitimidade que decorre de sua condição juvenil. No interior da burocracia, as hierarquias entre as idades também se fazem presentes, com as inevitáveis fontes de tensão no cotidiano das interações. Resta sempre a possível permanência de formas de dominação do mundo adulto sobre o jovem, não importando a fonte que eventualmente recobriria sua legitimidade: autoridade, maior experiência, melhor qualificação técnica, entre outras. Se as relações entre as idades são recobertas de hierarquias e formas de exercício de poder, é importante que elas não sejam obscurecidas, pois podem encobrir processos de confinamento e isolamento dos gestores que exprimiriam perdas consideráveis para a implantação de políticas democráticas que tenham como foco os jovens.

Finalmente, é preciso considerar que a existência do gestor jovem não significa, *a priori*, a condição para a formulação de políticas mais adequadas, sob pena de uma certa naturalização e homogeneização da condição juvenil, intensamente criticada no debate público. Por essas razões, outra questão importante diz respeito ao perfil técnico e formas de qualificação dos gestores, tendo em vista, ainda, o caráter inovador das políticas. Há um longo caminho a ser percorrido que permitirá definir melhor qual seria o conjunto de competências mínimas para o exercício do cargo, para além de um claro horizonte de premissas sobre o caráter das políticas a serem construídas.

NOVOS CAMINHOS

Em um momento de transição as expectativas de novas propostas para as políticas de juventude se acentuam, sobretudo porque, na tradição cultural brasileira, o poder federal, mesmo não sendo o executor das políticas, aparece como indutor importante quando estabelece diretrizes gerais e assegura recursos. Superar a fragmentação anterior não é, no entanto, o único desafio. Trata-se de romper com dois aspectos das orientações que têm marcado as ações federais nos últimos anos: o primeiro diz respeito à total ausência dos jovens na formulação das políticas; o segundo incide sobre a capacidade do governo federal de fomentar uma concepção abrangente dos jovens como sujeitos de direitos, de modo a desconstruir arraigadas formulações que reiteram o tema do controle dos jovens e de sua identificação como problemas sociais.

A ausência de atores coletivos articulados ou de redes, em nível nacional, estabelecidas a partir da temática da juventude, envolvendo não só os jovens como também outras presenças, dentre elas pesquisadores da universidade e organizações da sociedade civil, indica que um longo caminho ainda deve ser percorrido em torno da formulação de alguns consensos sobre as orientações e programas que desenhariam as políticas. Trata-se, assim, de fortalecer o campo democrático e emancipador na relação entre sociedade e Estado, de modo que possa compor novos desenhos que constituam, de fato, os jovens como sujeitos capazes de expressar as ações, e participar dessas ações, que, antes de tudo, dizem respeito a eles mesmos.

Se assumirmos que a condição juvenil recobre uma pluralidade de situações e de sujeitos, que vivem a fase de vida percorrendo trajetos diferentes, reconheceremos que as políticas de juventude percorrerão necessariamente caminhos diversificados. Poderão ser de inclusão, afirmativas de identidades e de formas de expressão voltadas para o presente, ou de integração na vida adulta, mas o que as unifica deve ser a sua inserção no campo de luta pelos direitos e de construção da democracia.

REFERÊNCIAS BIBLIOGRÁFICAS

ABAD, Miguel. Las políticas de juventud desde la perspectiva de la relación entre convivencia, ciudadania y nueva condición juvenil. *Última Década*, Viña del Mar, CIDPA, março, 2002.

ABRAMO, Helena. Considerações sobre a tematização social da juventude no Brasil. *Revista Brasileira de Educação*, São Paulo, n. 5-6, 1997.

ABRAMOVAY, M. & CASTRO, M. (coords.). *Ensino médio: múltiplas vozes*. Brasília: MEC-Unesco, 2003.

ALMEIDA, Elmir. *Políticas públicas para a juventude: proposta para uma moderna condição juvenil de Santo André*. Tese de doutorado. FEUSP, 2001.

ATTIAS-DONFUT, Claudine. Jeunesse et conjugaison des temps. *Sociologie et Sociétés*, v. 28, n. 1, 1996.

AVRITZER, Leonardo. Além da dicotomia Estado-mercado: Habermas, Cohen e Arato. *Novos Estudos Cebrap*, São Paulo, n. 36, 1993.

_____. Modelos de deliberação democrática: uma análise do orçamento participativo no Brasil. In: SANTOS, Boaventura Sousa (org.). *Democratizar a democracia. Os caminhos da democracia participativa*. Rio de Janeiro, Civilização Brasileira, 2002.

BALARDINI, Sérgio. *Políticas de Juventud en América Latina*. Curso de Formación de Lideres Juveniles en América Latina, 2002, (mimeo.).

CALAZANS, Gabriela. *O discurso acadêmico sobre gravidez na adolescência: uma produção ideológica*. Dissertação de mestrado. PUC-SP, 2000.

CASTELLS, Manuel. *Cidade, democracia e socialismo*. Rio de Janeiro, Paz e Terra, 1980.

_____. *The city and the grass roots*. Berkeley, University of California Press, 1983.

CASTRO, Mary Garcia. O que dizem as pesquisas da Unesco sobre juventude no Brasil: leituras singulares. In: NOVAES, Regina; PORTO, Marta e HENRIQUES, Ricardo (orgs.). *Juventude, cultura e cidadania*. Rio de Janeiro, Comunicações do ISER, Edição Especial, 2002.

COSTA, Sérgio. Esfera pública redescoberta da sociedade civil e movimentos sociais no Brasil: uma abordagem tentativa. *Novos Estudos Cebrap*, São Paulo, n. 38, 1994.

_____. Categoria Analítica ou Passe-Partou Político-Normativo: notas bibliográficas sobre o conceito de sociedade civil. *BIB — Revista Brasileira de Informação Bibliográfica em Ciências Sociais*. São Paulo, n. 43, 1997.

CUNHA, Teresa Cristina. *Jovens multiplicadores no trabalho de prevenção de DTS/Aids em Santo André*. Dissertação de mestrado, FEUSP, 2003.

DAGNINO, Evelina. *Sociedade civil e espaços públicos no Brasil*. Rio de Janeiro, Paz e Terra, 2002.

DUBET, François. *La galère: jeunes en survie*. Paris, Seuil, 1987.

DURKHEIM, E. *Sociologia e filosofia*. Rio de Janeiro, Forense, 1970.

GALLAND, Olivier. L'entrée dans la vie adulte en France. *Sociologie et sociétés*, v. 28, n. 1, 1996.

GRUPO TÉCNICO PARA ELABORAÇÃO DE PROPOSTAS DE POLÍTICAS PARA ADOLESCENTE DE BAIXA ESCOLARIDADE E BAIXA RENDA. *Adolescência, Escolaridade, profissionalização e renda*, 2002.

KOWARICK, Lúcio. *As lutas sociais na cidade*. Rio de Janeiro, Paz e Terra, 1988.

LAGREE, Jean Charles. *Âge, jeunesse et politiques publiques*. Paris, 1999, (mimeo.).

LECHNER, Norberto. *Los patios interiores de la democracia — Subjetividad y política*. Santiago, Fondo de Cultura Económica, 1990.

LEFEBVRE, Henri. *La présence et l'absence: contribution à la théorie des représentations*. Paris, Casterman, 1980.

MARTINS, José de Souza. *O poder do atraso. Ensaios de sociologia da história lenta*. São Paulo, Hucitec, 1994.

MELUCCI, Alberto. Juventude, tempo e movimentos sociais. *Revista Brasileira de Educação*, São Paulo, n. 5/6, 1997.

POCHMANN, Márcio. Emprego e desemprego juvenil no Brasil: as transformações dos anos 1990. *Movimento*. Revista da Faculdade de Educação da UFF, Niterói, UFF-DP&A n. 1, maio de 2000.

REIS, Elisa. Desigualdade e solidariedade: uma releitura do "familismo amoral" de Banfield. *Revista Brasileira de Ciências Sociais*, São Paulo, n. 29, 1995.

RUA, Maria das Graças. As políticas públicas e a juventude dos anos 90. In: CNPD. *Jovens acontecendo na trilha das políticas públicas*. Brasília, 1998. 2 v.

SANTOS, Boaventura Sousa. Orçamento participativo em Porto Alegre: para uma democracia redistributiva. In: Santos, Boaventura Sousa (org.). *Democratizar a democracia. Os caminhos da democracia participativa*. Rio de Janeiro, Civilização Brasileira, 2002.

SOLA, Lourdes. Juventude, comunidade política e sociedade civil. In: CNPD. *Jovens acontecendo na trilha das políticas públicas*. Brasília, 1998, 2 v.

SPOSITO, Marilia P. & CARRANO, Paulo César R. Juventude e políticas públicas no Brasil. In: DÁVILA, Léon, Oscar (ed.). *Políticas públicas de juventud en América Latina. Políticas Nacionales*. Santiago, CIDPA, 2003.

TOURAINE, Alain. *Quést-ce que la démocratie?* Paris, Fayard, 1994.

4
DA AGREGAÇÃO PROGRAMÁTICA À VISÃO CONSTRUTIVA DE POLÍTICAS DE JUVENTUDE

Oscar Dávila León

APRESENTAÇÃO

Na discussão sobre políticas públicas de juventude, ainda se mantêm certas perguntas e perspectivas no que diz respeito à concepção desses tipos de políticas. Um dos principais pontos está centrado no caráter das políticas de juventude e sua pertinência, para que sejam constituídas como um campo específico e diferenciado das políticas exclusivamente governamentais e das políticas sociais setoriais que se destinam ao mundo juvenil.

Serão expostas aqui algumas opções, presentes na atualidade, sobre políticas públicas de juventude. Em seguida, serão analisadas as políticas de juventude no sentido específico e a necessária institucionalidade, em matérias de juventude, como suporte dessas políticas. Numa forma de síntese, serão apresentados dez aspectos relevantes à construção de políticas de juventude enunciando-se, finalmente, algumas tensões e interrogações a respeito do tema.

OPÇÕES NAS POLÍTICAS PÚBLICAS DE JUVENTUDE

Ao enfrentar a discussão sobre a política pública dirigida aos jovens, vê-se que, geralmente, uma maior ênfase é dada no plano da articulação, coordenação e unificação da oferta pública programática para os jovens, ênfase esta colocada no nível dos programas sociais setoriais, e, menos, de caráter intersetorial, mas radicada na discussão, no desenho, na implementação e na avaliação (no melhor dos casos) de um acúmulo de ofertas programáticas, que, desde diferentes pontos de vista, tenha a pretensão de chegar a um conjunto focalizado de jovens que compartilham determinada condição. Por isso, não é de se estranhar a ausência de um olhar mais global sobre política pública de juventude, que ultrapasse uma visão particularizada, que avance no processo de passar da geração de programas sociais juvenis à construção de uma política. Já se repetiu em demasiado: a soma de programas sociais não faz uma política.

Em duas palavras: a discussão sobre política pública de juventude pode ser catalogada como "técnica" e "programática", radicada nos organismos técnicos sobre juventude instalados nas diversas repartições; deixando clara a premissa básica de que as políticas públicas são decisões e opções do tipo político ou ético-político em sua gênese, o que deveria, numa sorte de seqüencialidade, ser o ponto de partida para o desenho, geração e implementação programática. Esse é o nível em que os maiores *déficits* existem no atual estado de coisas, no processo de construção de uma política pública de juventude. Por isso as políticas públicas podem ser entendidas como

> Conjuntos de decisões e ações destinadas à resolução de problemas políticos. Essas decisões e ações envolvem a atividade política compreendida como um conjunto de procedimentos formais e informais que expressam relações de poder e se destinam à solução pacífica de conflitos relacionados com bens públicos (Rua, 1998: 731).

De forma que as políticas públicas são dirigidas e focadas no sentido de solucionar problemas políticos, demandas de determinados setores sociais relevantes, com visibilidade pública e capacidade de pressão, e que podem ter a capacidade de influir na instalação de suas demandas na agenda pública, seja pela via discursiva, de mobilização ou de opinião pública. Ou seja, trata-se de um conjunto de atores, fatores, vontades e práticas sociais e políticas, o que possibilitaria aumentar a capacidade de influência na agenda pública, num sentido amplo, sem entender esta unicamente como uma acepção restritiva homologável da agenda governamental. Então surge a pergunta sobre quem, como e com o que se conforma a agenda política e social, para ser processada pelo sistema político e governamental.

Para que um estado de coisas se transforme num problema político e passe a figurar como item prioritário na agenda governamental, faz-se necessário que apresente pelo menos uma das seguintes características: mobilize uma ação política de grandes ou pequenos grupos ou de atores individuais estrategicamente situados; constitua uma situação de crise, calamidade ou catástrofe e constitua uma situação de oportunidade para atores politicamente relevantes. Essas são as condições que levam ao primeiro momento ou fase das políticas públicas: a *formação de agenda* (Ibid., p. 733).

Se seguíssemos essa seqüência, tentando não cair num mecanicismo, não seria qualquer questão que finalmente conseguiria transformar-se em problema político como janela de entrada ao sistema político e social, devendo deixar de ser unicamente "um estado de coisas" e transformar-se num problema político, que pode dar passagem ao delineamento de um futuro *desenho* e à *formulação* de política pública, onde serão vistas as melhores alternativas e a viabilidade. As fases seguintes do processo serão a *implementação* e a *avaliação* (Rua, 1998: 731-733). Por sua vez, Ortiz & Salamanca, pensando numa política pública dirigida aos jovens, assinalam que esta:

Deve satisfazer três funções básicas: identificar, priorizar e recomendar as ações e programas sociais, para satisfazer as demandas e necessidades da população jovem. Para isso, torna-se necessário desenvolver, além disso, funções de coordenação técnica e assessoria no nível executivo, como trabalhos de gestão político-programática com os diferentes setores do governo, e o monitoramento de iniciativas programáticas destinadas aos jovens (2000: 3).

Com essas premissas prévias, no plano do juvenil, as perguntas podem seguir dois âmbitos diferentes, mas complementares entre si: i) até que ponto estão incluídas as temáticas e problemáticas juvenis nas agendas públicas; e ii) que função devem e podem cumprir os próprios jovens e suas expressões coletivas no processo de construção de políticas, sendo eles os beneficiários como setor social; ou seja, o que são ou podem ser os jovens: atores ou sujeitos beneficiários das políticas públicas. Sobre a primeira pergunta, Rodríguez raciocina:

Acredito que o tema dos jovens já está instalado na "agenda" de quase todos os governos da região, mas isso ocorre sem que existam nem argumentos únicos nem acordos sólidos com respeito ao que fazer e como fazê-lo. De fato, o tema está na "agenda" desde o momento em que os principais programas sociais e econômicos, em quase todos os nossos países, estão sendo dedicados ao setor juvenil. Isto é assim, obviamente, no caso dos programas de reforma educativa e de seguridade cidadã, apenas para citar dois exemplos bem diferentes (2000: 48).

Colocados assim, podemos compartilhar o assinalado por Rodríguez; no que diz respeito à experiência comparada na região latino-americana, em muitos países, a política social juvenil vai pelos mesmos rumos, a diferentes ritmos e com diferentes níveis de resultados. Isso pode parecer um tanto paradoxal ou desejável, sobretudo, à hora de ver "o estado do juvenil" na agenda pública, pelo qual se requerem maiores precisões na matéria.

> Mas o problema é que os fundamentos de dita hierarquização são muito diferentes. Em certos casos, a prioridade se fundamenta no papel dos jovens, na sua qualidade de capital humano, nos processos de reestruturação econômica e modernização sociopolítica, enquanto que, em outros, a hierarquização se fundamenta na necessidade de terminar com os "flagelos" que angustiam o mundo adulto e a sociedade integrada (a delinqüência, as drogas, a Aids, etc.) (Ibid., p. 48).

De modo que para ver o verdadeiro alcance que possuem as temáticas juvenis na agenda pública, não bastaria apenas recorrer ao nível dos discursos e de certos programas, se não se tiver em conta as perspectivas e os ângulos com que se inserem nelas. Pois atrás de toda política encontra-se uma noção determinada do ou dos sujeitos a quem se destina e suas problemáticas concretas, e dependerá dessa noção o tipo de política e programas produzidos como resposta. Então, além da visibilidade do sujeito ou dos coletivos sociais e suas temáticas, os fundamentos para a sua hierarquização adquirem uma enorme relevância. Se nos for permitido utilizar a lógica *maniqueísta* para classificar o sujeito jovem entre "jovem são" e "jovem estragado" com toda a carga subjetiva, no sentido forte da expressão, parece ser que o discurso hegemônico, em boa parte da política social juvenil, tem se inclinado majoritariamente na direção da segunda acepção de jovem (cf. Oyarzún et al.: 2001: 191-223).

O resultado dessa operação pode ser encontrado, se bem é certo, não numa política de corte global, mas sim num conjunto de programas juvenis, geralmente desconexos entre si, que tendem a operacionalizar e programatizar esse discurso com respeito aos sujeitos jovens. Basta pensar na oferta pública governamental orientada às "temáticas juvenis", como o consumo abusivo de drogas ilícitas, a seguridade cidadã e seu correlato na delinqüência, relações de convivência violenta entre pares, gravidez precoce, contágios de doenças de transmissão sexual, a vivência um tanto *desfraldada* da sexualidade juvenil, entre outros estigmas da condição juvenil. Mais exatamente ainda: na direção dos sujeitos jovens populares.

Essa é apenas uma face da moeda, pois a outra tenta abordar, subsidiar ou compensar as desvantagens sociais, geradas nos jovens populares, pelo modelo de crescimento e concentração, e que guardam relação com as variáveis duras de ordem socioestrutural que dificultam ou impossibilitam a integração funcional desses jovens, devido basicamente às desvantagens em matéria de educação e emprego.

Retomando o assunto da situação do juvenil na agenda pública, pode se dizer que está presente, mas desde uma ótica e um prisma complexo: desagregado, no negativo, desarticulado e sem uma perspectiva que parta de um marco político ou, se assim se preferir, de um marco ético-político que dê apoio e sentido ao conjunto da oferta programática.

É nesse segundo âmbito que apresentávamos — sobre o papel dos jovens na construção de políticas — que a questão se torna mais complexa, levando-se em conta o fato de poder se afirmar que, no contexto mencionado acima, não cabem muitas dúvidas sobre o catalogar dos jovens e suas expressões coletivas como beneficiários de certas políticas e programas dirigidos a eles. Nesse aspecto, a discussão é grande, adquirindo validade não apenas no tocante ao setor juvenil, mas também como dimensão que atravessa o conjunto dos setores sociais que se relacionam com o Estado em torno de políticas públicas ou sociais dirigidas a esses setores.

Em síntese, no tocante às opções em política pública de juventude e ao fato de esta última requerer dotar-se de certas precisões, acreditamos que elas podem ser definidas no nível de paradigmas sobre a juventude, iluminando o processo de construção de um marco político onde seja possível basear-se e dar sentido e coerência aos marcos conceituais, discursivos e programáticos, pelos quais transitam opções em matéria de política de juventude, posto que se percebe uma dispersão de lógicas e olhares que tentam compreender os jovens e suas realidades contemporâneas, especialmente os jovens populares. Se revisarmos os fundamentos paradigmáticos da oferta pública dirigida aos jovens, encontrar-nos-emos de maneira simultânea com os cinco paradigmas da juventude, modelos e orientações de política de juventude implementados nas últimas cinco décadas no contexto latino-americano. Começando pelo modelo dos jovens, na sua incorporação à modernização da década de 1950, passando pelo modelo de controle social dos anos 60 e 70, o modelo de "jovem problema" dos anos 80, em seguida pelo modelo dos jovens como capital humano dos anos 1990, e alguns lampejos do modelo de jovens como sujeitos de direito e atores estratégicos do desenvolvimento, centrado na promoção da cidadania juvenil e entendido como um paradigma discursivo e a ser construído (cf. Bango, 1996b e Bango, 1999; Bendit, 1998: 323-325; Rodríguez, 2002). Resumindo, trata-se de uma interpelação na direção da política pública da juventude, obedecendo a uma escolha de determinadas opções e sua explicitação.

POLÍTICA DE JUVENTUDE NO SENTIDO ESTRITO

No plano de certas discussões teóricas, conceituais e/ou programáticas sobre política de juventude, elas não têm apresentado como contrapartida a sua incorporação a um estado de discussão das mesmas, permanecendo apenas como antecedentes e experiências isoladas que não conseguem passar desse estado. Nesse contexto e no caso chileno, Cortés colocava, há alguns anos, alguns temas a serem levados em conta: i) a presença de uma leitura teórico-conceitual da etapa juvenil; ii) o estabelecimento de instrumentos sistemáticos de indagação em matéria de juventude; e iii) a continuação da clássica discussão sobre política social com relação à sua universalidade ou seletividade (Cortés, 1994: 162-164). Quanto à abordagem de uma definição operacional sobre política de juventude, Balardini diz que:

> Política de juventude é toda a ação orientada tanto à conquista e realização de valores e objetivos sociais referentes ao período vital juvenil, como também aquelas ações orientadas no sentido de influir nos processos de socialização envolvidos. Trata-se tanto de políticas reparatórias ou compensatórias, de promoção e orientadas ao desenvolvimento e/ou à construção da cidadania (1999a: 25-26).

Acrescentando outra definição de forma participativa, "a política de juventude procura gerar condições nas quais os jovens possam realizar-se como tais e, ao mesmo tempo, participar na configuração da sociedade onde vivem" (Balardini, 1999a: 26). Touraine, falando sobre a finalidade de uma política de juventude, diz que "o principal objetivo de uma política de juventude é o de incrementar nos jovens a capacidade de comportar-se como atores sociais, ou seja, de modificar seu entorno social para realizar projetos pessoais" (Touraine, 1998: 78-79). O autor, centrando a sua análise na noção de ator social, neste caso o jovem ou a jovem, diz que esse ator seria: "o homem ou a mulher que tenta realizar objetivos pessoais num entorno constituído por outros atores, entorno que constitui uma coletividade à qual ele sente pertencer e de cuja cultura e regras de funcionamento institucional se apropria, ainda que apenas parcialmente" (Ibid., p. 79), reafirmando que o objetivo principal da política da juventude há de ser "o fortalecimento do espírito de cidadania que compreende, por sua vez, a confiança nas instituições e a consciência de poder fazer-se ouvir nelas" (Ibid., p. 87).

Por outro lado, no nível da política de juventude para a década de 90, segundo Bango, esta deve ser considerada como sendo "a política de juventude no sentido estrito, isto é, na sua dimensão programática; a política de juventude como política de legitimação; a política de juventude como promotora da construção da cidadania" (Bango, 1999: 60). Em outras palavras, a perspectiva implícita dessas considerações sobre política juvenil é a revalorização de outras dimensões dessa política, mais além do único desenho de ações desde um ponto de vista programático, no nível do desenho e execução de "programas juvenis ou para os jovens", em que se tende a pensar que uma política de juventude é a somatória da maior oferta possível daqueles (programas) dirigidos a certos sujeitos jovens com determinadas características, deixando muitas vezes de lado o componente do político que se submete às definições programáticas e à dimensão da participação dos mesmos jovens na perspectiva de construção da cidadania.

Bendit, por seu lado, se pergunta se a política de juventude deve ser compreendida como instrumento socializante ou como política social, por entender que a política de juventude estatal tem por objeto:

> Gerar estruturas e instituições que permitam recolher, integrar e canalizar as necessidades, expectativas, problemas e interesses dos jovens como indivíduos e como coletividades, ao mesmo tempo em que contribui para o estabelecimento de uma relação crítica, mas construtiva, dos jovens com a sociedade e o Estado. Para isso deve colaborar com o diálogo das diferentes coletividades juvenis entre si e com a sociedade adulta.
>
> Nesse enfoque, a política de juventude estatal tem, além disso, a missão de desenvolver estruturas "ponte" que permitam conseguir um equilíbrio entre as exigências de estabilidade e integração propostas pelo Estado e a sociedade adulta

e os desejos de desenvolvimento individual, de participação social e de mudança manifestados pelos jovens como indivíduos ou como coletividades articuladas (1998: 330).

Como corolário da política de juventude, esta, ao menos, deveria compreender alguns elementos centrais: i) partir de uma noção precisa e explicitada do sujeito social ao qual se destina, e suas características; ii) especificar o marco ético-político no qual se insere, e seus fundamentos; iii) assinalar os seus objetivos primordiais a serem cumpridos a curto, médio e longo prazos; iv) fazer as suas "opções preferenciais" dentro do conjunto social dos destinatários; v) estabelecer os mecanismos e procedimentos de participação dos próprios sujeitos e/ou atores destinatários da política; vi) considerar o desenvolvimento institucional (político, jurídico, financeiro, organizacional, de recursos humanos) adequado às demandas e requisitos surgidos da política; vii) conceber os alinhamentos base de um plano de ação que opere nos âmbitos contemplados. Consideramos que estes podem ser alguns dos aspectos básicos e, ao mesmo tempo, requisitos, no momento de avançar na construção de uma política (ou políticas) pública(s) de juventude.

A INSTITUCIONALIDADE EM MATÉRIA DE JUVENTUDE

Aparentemente, há uma espécie de acordo no sentido de aceitar que a existência de uma política pública de juventude sem uma necessária institucionalidade pública, em matéria de juventude, não é algo sustentável por muito tempo (Contreras, 1999: 137). A institucionalidade é quem pode aportar as bases de permanência e continuidade de determinadas políticas públicas. Mas isso se transforma num processo intimamente relacionado entre ambas as dimensões ou metas a alcançar, pois aí surge perfeitamente a pergunta de como e a partir de onde se constrói a institucionalidade pública da juventude. Sem dúvida que a resposta pode resultar num lugar comum: cabe ao Estado tratar do "público", este último entendido num sentido limitado, deixando à sociedade civil organizada e aos demais setores com responsabilidade pública em matéria de juventude, como podem ser as instituições privadas com finalidades públicas e demais setores sociais, a responsabilidade de contar e de articular como interlocutores frente ao Estado.

Porém, da mesma forma, o processo de avançar na definição de uma política pública de juventude, obrigatoriamente deve ser realizado a partir de uma instância institucional com responsabilidade para tal, num sentido abrangente e integral, capaz de superar as visões parciais e setorializadas (como costumam chamar-se dentro do Estado), para propender a uma visão global, integral e intersetorial da dimensão juvenil. O que faz a diferença de passar do programático exclusivamente ao nível das políticas.

Faz alguns anos que esse tema da institucionalidade pública em juventude vem sendo revisto e discutido, em diferentes graus de concreção e precisão, e em diversas ocasiões têm existido mais visões propiciadoras de instâncias governamentais dedicadas ao tema juvenil.

Se fosse no nível do enunciado, as perguntas sobre como e por onde avançar na construção de uma institucionalidade pública em juventude, incluindo quais são os requisitos necessários para poder-se falar com propriedade da existência de tal institucionalidade, aparentemente essas dimensões não mudaram, continuando a ser mais ou menos as mesmas de algum tempo atrás. O que resta é começar a cumprir certas etapas, mas sempre com o requisito de contar com uma visão estratégica do juvenil a médio e longo prazos nas suas diferentes expressões de políticas de juventude e os suportes institucionais, programáticos e técnicos. Como, por outro lado, o gerar a capacidade de interlocução e diálogo com atores sociais preocupados com os temas de juventude.

Foi exatamente no momento de identificar os atores envolvidos e necessários ao avanço no plano da institucionalidade em juventude, que estes foram colocados em cena e revelados como agentes chamados a contribuir com o processo. Tem-se a impressão de que as deficiências e limitações seguiram o caminho da articulação como tais, tendendo à conformação de um ponto referencial na hora de fazer frente ao juvenil. Os projetos institucionais têm sido frágeis e inconstantes em termos de tempo e trajetória. Permanentemente, tem-se feito referência aos chamados atores institucionais no nível dos organismos nacionais de juventude, os organismos locais de juventude, as comissões parlamentares de juventude, os conselhos nacionais de juventude e os organismos não-governamentais especializados na juventude. Entretanto, é sobre os primeiros que mais ênfase tem se dado para o seu desenvolvimento, por serem os órgãos governamentais e de responsabilidade estatal, somado às vontades políticas que tornaram possível a sua existência em praticamente toda a América Latina, tendo sido dedicada a década de 90 à criação e à colocação em prática destes Institutos de Juventude (Rodríguez, 2000: 50).

Sem dúvida, a criação e a existência dos organismos nacionais de juventude é uma conquista que merece ser destacada, inclusive com todas as deficiências e debilidades permanentes que ela tem apresentado. O seu fortalecimento deve ser tarefa permanente e sistemática, não sendo uma situação estática que alcança um nível de desenvolvimento ótimo e difícil de superar.

> Um desafio tem a ver com a necessidade de impulsionar um processo decidido de fortalecimento da institucionalidade pública competente em matéria de juventude. Efetivamente, o desafio da cidadania necessita de Organismos Oficiais de Juventude, cuja função seja dar coerência interna ao conjunto de ações estatais na perspectiva de promover a *cidadania integral* dos jovens (OIJ, 2000: 7).

A Organização Ibero-Americana de Juventude (OIJ) encarregou-se desse tema, expondo-o como um dos desafios a serem encarados no futuro, na perspectiva de se constituírem numa dimensão fundamental como parte do acionamento estatal dirigido à juventude, devendo, além disso, esses organismos procurarem formar instâncias ou órgãos com papel de reitoria da política pública, validados e legitimados.

> Aspiramos a transformá-los [os organismos nacionais de juventude] em entidades capazes de assumir o desafio de incidir realmente no sentido das ações que o Estado implementa, em benefício dos jovens e na sua capacidade de atuação coordenada. Buscamos contar com instituições especializadas, capazes de exercer efetivamente um papel de reitoria da política pública de juventude, legitimadas, prestigiadas e reconhecidas pelas demais instituições e sociedade em geral, pela sua competência técnica e gestão eficiente (Ibid., p. 7).

Advertimos, por outro lado, que esse papel e essa missão, encomendados aos organismos nacionais de juventude, não são obtidos unicamente pela via das decisões administrativas ou orçamentárias que possam adotar os Estados para com suas instituições governamentais de juventude, mas que o processo é mais complexo, trazendo consigo um conjunto coordenado de ações a exercer e a alcançar. Sua aposta e proposta são dirigidas à *construção do capital institucional na juventude*.

> Estamos conscientes de que esse objetivo não se resolve necessariamente por meio de medidas de recolocação institucional ou hierárquica, nem de uma elevada disponibilidade financeira. Seu fortalecimento está ligado, principalmente, à cons-

trução de capital institucional; ou seja: pela dignidade de sua função; pela qualidade de seu capital humano; pela sua capacidade em prover conhecimentos e informação; e pela sua competência para a gestão de processos de coordenação de ações próprias e do resto do Estado (Ibid., p. 8).

Sobre a natureza, a missão e os objetivos e funções dos organismos nacionais de juventude, existe na atualidade uma discussão e experiências de aproximadamente dez anos; tendo atravessado diversos planos. Existem as que têm privilegiado a consolidação institucional pelo lado da legalidade e juridicidade que esses organismos têm alcançado, tanto nas estruturações organizativas e suas dotações orçamentárias, como também as que são encaminhadas à criação e/ou à ditação de normativas jurídicas que sustentem e avalizem as mesmas estruturas institucionais. Por sua vez, um outro conjunto de experiências e discussões tem seguido a definição da natureza e dos papéis a cumprir, onde se exibem configurações e resultados díspares, tanto nas definições como no nível dos resultados (cf. Rodríguez, 2000: 38-42; e 2002).

Produto dessas indefinições, e em variadas ocasiões a utilização do princípio "ensaio e erro", tampouco se conseguiu manter uma política permanente no sentido de favorecer, apoiar e impulsionar outras expressões organizacionais que pudessem ir no sentido do fortalecimento da institucionalidade juvenil. Nesse plano faltou uma visão mais estratégica, a médio e a longo prazos, e uma programática, no curto prazo, no tocante ao como e com quem é possível se avançar nesse fortalecimento.

Dentre os atores enunciados aparecem, com uma certa visibilidade pública maior, mas com uma tremenda fragilidade, os organismos locais e/ou municipais de juventude com ritmos de desenvolvimento e instalação no interior dos municípios caracterizados pela instabilidade. A sua viabilidade está nas mãos dos governos locais, o que parece ser um aspecto positivo num contexto em que se busca a descentralização e a aproximação da política de juventude com os próprios jovens, de um lado, e do outro, que os governos locais assumissem essas tarefas como parte integrante de suas funções e responsabilidades sociais para com os sujeitos jovens de seus municípios.

> Os organismos municipais de juventude poderiam aportar inestimáveis subsídios à implementação de políticas juvenis participativas. O âmbito do local é, ademais, um âmbito inestimável para pôr em jogo as energias e conhecimento existentes na comunidade (Bango, 1996b: 41).

Por enquanto, esses processos em nível local têm sido construídos à sua própria sorte, sem um correlato com nenhuma das referências de natureza mais global que pudessem contribuir com essas construções, seja no plano da política ou do programático (cf. Dávila León & Silva, 1999).

DECÁLOGO DE DESAFIOS PARA UMA POLÍTICA DE JUVENTUDE

No contexto de enfrentar certos desafios e na perspectiva de avançar na construção e desenho de uma política de juventude, desejamos sugerir alguns elementos que possam aportar a essa discussão, ainda pendente, aqueles que agrupam delineamentos dos tipos discursivo ou de enfoques e alguns, ainda, de caráter programático, os quais se expressam unicamente a modo de enunciação.

Primeiro: *Sobre a noção de juventude*. Deixar de conceber os jovens sob a noção de "jovem problema e carente", visão que tende à geração de um determinado tipo de política de juventude de natureza compensatória, para avançar na compreensão do mundo juvenil como ator estratégico do desenvolvimento do país, ao qual devem brindar-se oportunidades para aceder a esse *status* de maneira universal e para todos os jovens.

Segundo: *Os jovens como sujeitos de direito*. Intimamente ligado ao precedente, necessitando considerar-se os jovens como sujeitos de pleno direito, não apenas como "beneficiários" de certos serviços da política pública, situação que requer basear-se em algum marco e/ou instrumento jurídico/político que garanta o fomento e respeito dos direitos dos jovens. Que possa ser uma Lei da Juventude (como a Lei da Juventude na Colômbia, em 1997), um Estatuto (como o Estatuto de Criança e do Adolescente no Brasil, em 1990), ou as Leis da Juventude da Nicarágua ou da República Dominicana, ou qualquer outro instrumento semelhante. A título de exemplo, o caso da Lei da Juventude Colombiana, que diz em seu artigo 26:

> Artigo 26. *Da política nacional de juventude*. O Estado, os jovens, organismos, organizações, e movimentos da sociedade civil que trabalhem em prol da juventude, concertarão as políticas e o plano nacional, departamental, municipal e distrital de juventude, que contribua à promoção social, econômica, cultural e política dos jovens por meio das seguintes estratégias, entre outras:
> i) Desenvolvimento participativo de planos de desenvolvimento juvenil nas diferentes entidades territoriais.

ii) Incorporação dos planos de desenvolvimento juvenil nos planos de desenvolvimento territoriais, de acordo com a oportunidade e os procedimentos que a lei estabelece.
iii) Fomentar a informação e a formação para o exercício da cidadania por parte dos jovens.
iv) Ampliar e garantir as oportunidades de vinculação trabalhista dos jovens e o desenvolvimento de programas de geração de renda, principalmente por meio da formação e capacitação para o trabalho e a implementação de projetos produtivos.
v) Consolidar os sistemas nacionais, departamentais, municipais e distritais de atenção interinstitucional à juventude.
vi) Promover a ampliação do acesso dos jovens a bens e serviços (Governo da Colômbia: 1997: 13-14).

Terceiro: *Características de uma política de juventude*. Acreditamos ser pertinente o assinalado no documento da Organização Ibero-americana de Juventude. "Políticas de Juventude na América Latina na ante-sala do ano 2000: conquistas, oportunidades e desafios", em que se lê:

> As políticas de juventude deveriam ser, então, *integrais*, no sentido de procurar encarar a problemática juvenil em todos os seus componentes e com uma perspectiva de conjunto, no marco de estratégias globais de desenvolvimento; *específicas*, no sentido de responder com precisão às múltiplas arestas de tal problemática, sem esquemas preconcebidos; *concertadas*, envolvendo todos aqueles setores e atores relevantes no domínio da juventude; *descentralizadas*, brindando uma forte prioridade aos esforços no plano local; *participativas*, critério que implica necessariamente num grande protagonismo juvenil; e *seletivas*, priorizando fortemente os jovens do estrato popular urbano e rural e as mulheres jovens, em particular (Rodríguez, 1998. 31).

Quarto: O *capital institucional necessário*. Para viabilizar uma política de juventude, é imprescindível dispor de um apoio institucional. Uma política pública sem uma institucionalidade consistente torna-se algo não sustentável no tempo. É necessário avançar na construção de "capital institucional" em matéria de juventude, em todos os níveis da institucionalidade pública e privada. Sejam os organismos nacionais de juventude, os organismos regionais ou estaduais de juventude, os organismos locais de juventude a nível municipal, os conselhos de juventude nos diferentes níveis ou os organismos não-governamentais dedicados a questões de juventude. No seu conjunto, esses organismos podem gerar uma certa "massa crítica" que permita avançar na construção e implementação de uma política genérica, como as específicas, que são necessárias à abordagem da dimensão juvenil.

Quinto: A *geração de instrumentos*. Encontramo-nos na necessidade de gerar instrumentos no nível de planos de ação, sejam estes de natureza nacional, regional e/ou municipal, que permitam viabilizar uma política de alcance territorial e setorial.

Sexto: O *financiamento necessário*. O orçamentário não pode estar ausente no momento de implementar uma política de juventude, qualquer que seja o alcance pretendido. Não é novidade que os financiamentos para planos e programas de juventude apresentem lógicas desencontradas, pois, por um lado, existe uma boa quantidade de recursos envolvidos, direta ou indiretamente na juventude, para certas áreas da política pública, e, por outro, existem áreas ou âmbitos de intervenção em matéria de juventude que se encontram debilmente financiadas ou, simplesmente, não contam com financiamentos adequados.

Sétimo: *Um órgão reitor e coordenador da política*. O tema da reitoria na coordenação de uma política pública de juventude; papel e função que, no nível formal, deveria corresponder ao respectivo organismo nacional de juventude, mas que, na prática, esse papel de reitoria, na política, se encontra um tanto disperso entre as diversas repartições públicas.

Oitavo: A *profissionalização do tema juventude*. Surge a questão da profissionalização do tema e das pessoas que trabalham nas matérias da juventude, seja aqueles que o fazem diretamente com os jovens, na sua qualidade profissional e/ou técnica, ou aqueles que se ocupam da pesquisa sobre a juventude e suas políticas (Bendit, 1998: 351). Urge, da parte do Estado e de outros organismos, dar "sinais claros e precisos" que possam incentivar e orientar as pessoas que trabalham nessas matérias.

Nono: A *participação dos jovens*. Potencializar os processos juvenis que tendam ao desenvolvimento e à legitimidade de suas expressões de participação, de geração de iniciativas, de agrupamento, de representação formal e informal dos jovens, que os torne visíveis, que lhes permita contar com espaços para exercer as suas demandas e, assim, elevar a sua capacidade de interlocução com os atores e sobre as temáticas que lhes sejam específicas.

Décimo: Uma *agenda pública e temática priorizada*. Perguntar-se sobre quais seriam os eixos e prioridades de uma agenda pública e qual a temática em matéria de juventude para os próximos anos. René Bendit coloca algumas prioridades temáticas como:

i) A melhora das condições de vida socioestruturais (educação, trabalho e saúde) e culturais dos jovens, em situação de menos privilégio ou com maiores desvantagens sociais.

ii) O avanço naqueles "temas" de grande importância subjetiva, desde a ótica dos diferentes coletivos juvenis.

iii) O potencial do tema da participação social e política dos jovens na sua qualidade de cidadãos.

iv) O apoio ao desenvolvimento das culturas juvenis populares, ou seja, dos coletivos juvenis com menos oportunidades.

v) No nível de coletividades ou segmentos específicos, uma prioridade reside nas realidades que vivenciam os jovens rurais populares e as mulheres jovens dos segmentos esquecidos e ausentes na agenda programática com relação à juventude.

vi) E de maneira transversal, a potencialização da participação juvenil na prevenção e no enfrentamento dos "riscos na sociedade atual", em que se destaca o consumo abusivo de certas drogas (legais ou ilegais), o risco de optar por práticas conflitantes com a ética e a legalidade como via de mobilidade social ascendente, os riscos na prática sexual sem os cuidados necessários e responsáveis na prevenção de doenças de transmissão sexual e gravidezes não desejadas, os riscos de certo modo associados ao "estilo de vida juvenil", sendo um deles as altas taxas de "acidentabilidade" juvenil (por exemplo, os acidentes automobilísticos) (1998:349-351).

ALGUMAS TENSÕES DAS POLÍTICAS DE JUVENTUDE E QUESTÕES PARA SUA ANÁLISE

a) Entre as políticas públicas e as políticas governamentais de juventude. Parece necessário especificar o campo de análise e o posicionamento a partir de onde se olha o tema das políticas de juventude, pois as premissas, objetivos, propósitos e desempenhos dessas políticas variam, segundo sejam elas tratadas a partir de coordenada supranacional, nacional e/ou regional e local. Da mesma forma, nessas coordenadas também é necessário definir a partir de onde se situam os atores envolvidos no desenho e na definição das políticas de juventude, entendendo que nesse processo concorrem ou deveriam concorrer diferentes atores: agentes institucionais públicos dos diversos níveis da administração estatal, centralizados e descentralizados; setores juvenis articulados em expressões múltiplas, setores da sociedade civil e política, entre outros.

Por isso, um dos pontos de conflito, no momento de estabelecer os diagnósticos a partir de certos tipos de sujeitos jovens e suas realidades e o desenho de políticas de juventude tem sido os percebidos pelas esferas governamentais e suas instituições designadas para tal, motivo pelo qual mais políticas públicas ou sociais de juventude têm sido concebidas como políticas governamentais dirigidas ao setor dos jovens. Melhor dizendo, tem-se feito um uso limitado da noção de políticas públicas de juventude, homologando estas às políticas governamentais, sem utilizar num sentido amplo o conceito do "público", entendido como o espaço onde convergem o Estado, a sociedade civil e os setores sociais com responsabilidade pública.

Sem dúvida que nesse sentido constata-se a ausência dos jovens e suas expressões coletivas no processo ou ciclo de vida das políticas da juventude. O governamental tem inundado, apostado e hegemonizado o público, o que fez com que parecesse que no atual estado de coisas não haveria outra forma de entender o público. Pelo que se faz necessário indagar se se reconhece essa tensão e sua possível diferenciação.

b) *Entre os beneficiários e os sujeitos jovens*. Intimamente vinculado ao ponto anterior, parece relevante perguntar-se e problematizar, uma vez mais, sobre o papel e a função que possam e devam cumprir os jovens e suas coletividades no desenho, acompanhamento, execução e avaliação das políticas de juventude, partindo da interrogação sobre o participativo ou não que têm sido esses processos de desenho. Em outras palavras, até que ponto têm sido os jovens os protagonistas dessas políticas ou se apenas participaram na qualidade de seus beneficiários. É a velha disjunção entre beneficiários/usuários x sujeitos com capacidade e possibilidade de participar nos assuntos de política pública de juventude. A questão aqui é como o jovem, individual ou coletivamente, e por meio de que procedimentos e ações, adquire a categoria de sujeito participante no contexto das políticas de juventude.

c) *Entre a técnica da atuação e a política de atuação dos atores*. Considerar que uma política pública se dirige e procura solucionar problemas políticos e demandas de determinados setores sociais relevantes. Isso inclui um conjunto de atores, fatores, vontades e práticas sociais e políticas que possibilitariam o aumento da capacidade de influência desse setor em particular. Se perguntarmos sobre o acionamento do setor juvenil nesses termos, veremos que, no âmbito das políticas públicas, se tem privilegiado a participação de atores altamente institucionalizados e com capacidade de interlocução com a esfera pública, situação que não está diretamente relacionada às novas ou emergentes formas de participação e/ou expressão do mundo juvenil organizado, que, melhor dizendo, está transitando por atuações debilmente institucionalizadas (cf. Serna, 1997).

d) *Entre a oferta programática e a construção de políticas de juventude*. No plano das perspectivas e desafios por onde possam transitar as políticas de juventude, interessa colocar alguns elementos que vão nessa direção: i) Se conviermos que boa parte do que foi concebido como políticas de juventude durante os anos 1990 correspondeu, na sua maioria, ao que podemos englobar como políticas de adolescência e/ou minoridade, em que normalmente se contrapõem ambas as dimensões. Não conseguindo delimitar como um campo específico e potente o da juventude, o que nos leva a considerar essa dimensão como um tema pendente no tocante a uma precisão e desenvolvimento do campo de políticas de juventude. ii) É necessário aprofundar na discussão sobre os propósitos que hão de ter as políticas de juventude, em que, a partir de uma determinada noção de juventude, estas têm, ao menos discursivamente, transitado principalmente no sentido de tentar articular uma oferta programática, o mais ampla possível, dirigida aos jovens numa perspectiva *agregadora*, sem acionar processos mais consistentes que vão na linha *construtiva* de políticas de juventude.

REFERÊNCIAS BIBLIOGRÁFICAS

BALARDINI, Sergio (1999a). "Políticas de juventud: conceptos y la experiencia argentina". *Última Década*, n. 10. Viña del Mar, Ed. CIDPA.

_____ (1999b). "La juventud como una noción relacional". Palestra apresentada no Primeiro Seminário sobre Políticas Locais de Juventude nas Mercocidades. Municipalidade de Rosario (Argentina) e Prefeitura Municipal de Montevideo (Uruguai). Rosario (Argentina), julio.

_____ (2000). "De los jóvenes, la juventud y las políticas de juventud". *Última Década*, n. 13. Viña del Mar, Ed. CIDPA.

BANGO, Julio (1996a). "Participación juvenil e institucionalidad pública de juventud: Al rescate de la diversidad". *Revista Iberoamericana de Juventud*, n. 1. Madrid, Organización Iberoamericana de la Juventud. Também em *Última Década*, n. 10 (1999). Viña del Mar, Ed. CIDPA.

_____ (1996b). *Políticas de juventud en América Latina en la antesala del año 2000: logros, oportunidades y desafíos.* Madrid: OIJ/CIID.

_____ (1999). "Políticas públicas de juventud". Palestra apresentada no Primeiro Seminário sobre Políticas Locais de Juventude nas Mercocidades. Municipalidade de Rosario (Argentina) e Prefeitura Municipal de Montevideo (Uruguai). Rosario (Argentina), julio.

BENDIT, René (1998). "Juventud y políticas de juventud entre la sociedad civil y el Estado: la problemática de las estructuras adecuadas". In: HÜNERMANN, Peter e ECKHOLT, Margit (eds.). *La juventud latinoamericana en los procesos de globalización. Opción por los jóvenes.* Buenos Aires: ICALA, FLACSO e EUDEBA.

CAJÍAS, Huáscar (1996). "Estigma e identidad. Una aproximación a la cuestión juvenil". *Revista Iberoamericana de Juventud,* n. 1. Madrid, Organización Iberoamericana da Juventude. Também em *Última Década,* n. 10 (1999). Viña del Mar, Ed. CIDPA

CONTRERAS, Daniel (1999): "Políticas de juventud". *Última Década* N°10. Viña del Mar: Ed. CIDPA.

CORTÉS, Flavio (1994): "Fundamentos, características e institucionalidad de la política social juvenil en Chile". *Primer informe nacional de juventud.* Santiago, Instituto Nacional da Juventude.

DÁVILA León, Oscar (1999). "Políticas sociales, jóvenes y Estado: o el síndrome del padre ausente". *Última Década,* n. 11. Viña del Mar, Ed. CIDPA.

_____ (2000). "Política pública e institucionalidad en juventud". *Última Década,* n. 12. Viña del Mar, Ed. CIDPA.

_____ (2001). "La década perdida en política de juventud en Chile; o la década del aprendizaje doloroso? Hacia una política pública de juventud". *Última Década* N°14. Viña del Mar, Ed. CIDPA.

_____ (2002): "Biografías y trayectorias juveniles". *Última Década,* n. 17. Viña del Mar, Ed. CIDPA.

DÁVILA León, Oscar; SILVA, J. Claudio (1999). "Políticas de juventud y su expresión en lo local". *Última Década,* n. 11. Viña del Mar, Ed. CIDPA.

DEL PICÓ, Jorge (1994). "Perspectiva histórica de las políticas de juventud". *Primer informe nacional de juventud.* Santiago: Instituto Nacional da Juventude.

DURSTON, John (1996). "Limitantes de ciudadanía entre la juventud latinoamericana". *Revista Iberoamericana de Juventud,* n. 1. Madrid, Organização Iberoamericana da Juventude. Também em *Última Década,* n. 10 (1999). Viña del Mar, Ed. CIDPA.

GOBIERNO DE COLOMBIA (1997). "Ley de la juventud. Ley 375 del 4 de julio de 1997".

GÓMEZ, Antonio Carlos (1999). "La juventud como tarea". Palestra apresentada no Primeiro Seminário sobre Políticas Locais de Juventude nas Mercocidades. Municipalidade de Rosario (Argentina) e Prefeitura Municipal de Montevideo (Uruguai). Rosario (Argentina), julio.

GTI (1999). *Caracterización y análisis de la política social dirigida a los jóvenes*. Santiago, Grupo de Trabalho Interministerial da Juventude.

INSTITUTO NACIONAL DE LA JUVENTUD (1996). "Ejes de análisis para la construcción de una política integral de juventud". *Documento de Trabajo*, n. 1. Santiago, INJ.

OIJ (1997). "Plan operativo regional (1996-1999) del programa regional de acciones para el desarrollo de la juventud en América Latina". *Revista Iberoamericana de Juventud*, n. 2. Madrid, Organización Iberoamericana da Juventude.

_____ (2000). "Declaración final de la X Conferencia Iberoamericana de Ministros de Juventud". Cidade do Panamá, 21 de julio.

_____ (2002) "Libro Blanco sobre Políticas de Juventud en Iberoamérica". Mim.

ORTIZ, Laura; SALAMANCA, Fernando (2000). "Ciudadanía juvenil y el diseño y evaluación de políticas". Santiago (mim.).

PÉREZ ISLAS, José Antonio (2002). "Integrados, movilizados, excluidos. Políticas de juventud en América Latina". In: FEIXA, Carles MOLINA, Fidel e ALSINET, Carles (eds.). *Movimientos juveniles en América Latina: pachucos, malandros, punketas*. Barcelona. Ariel.

RODRÍGUEZ, Ernesto (1994). *Propuesta de plan integral de juventud: políticas de juventud y estrategias de desarrollo en la antesala del año 2000*. Montevideo, inju/opp/bid.

_____ (1998): "Los jóvenes latinoamericanos: heterogeneidades y diversidades en materia de riesgos, oportunidades y desafíos en la antesala de un nuevo milenio". In: HÜNERMANN, Peter e ECKHOLT, Margit (eds.). *La juventud latinoamericana en los procesos de globalización. Opción por los jóvenes*, Buenos Aires, ICALA, FLACSO e EUDEBA.

_____ (2000). "Juventud y políticas públicas en América Latina: experiencias y desafíos desde la gestión institucional". *Última Década*, n. 13. Viña del Mar, Ed. CIDPA.

_____ (2002). *Actores estratégicos para el desarrollo. Políticas de juventud para el siglo XXI*. México, Instituto Mexicano de la Juventude.

ROSENTHAL, Gert (1996). "El rol de los jóvenes en la reforma de las políticas públicas en América Latina". *Revista Iberoamericana de Juventud*, n. 1. Madrid, Organização Iberoamericana de la Juventude.

RUA, Maria das Graças (1998): "As políticas públicas e a juventude dos anos 90". In: CNPD. *Jovens acontecendo na trilha das políticas públicas*, v. 2. Brasília, Comissão Nacional de População e Desenvolvimento.

SERNA, Leslie (1997). "Globalización y participación juvenil". *Revista Jóvenes*, n. 5. México, CIEJ, Instituto Mexicano de la Juventude.

TOHÁ MORALES, Carolina (2000). "Jóvenes y exclusión social en Chile". In: GACITÚA, Estanislao e SOJO, (eds.). *Exclusión social y reducción de la pobreza en América Latina y Caribe*. San José, FLACSO e Banco Mundial.

TOURAINE, Alain (1988). "Un mundo que ha perdido su futuro". In VV. AA.: *¿Qué empleo para los jóvenes?* Madrid, Tecnos Unesco.

_____ (1996). "Juventud y democracia en Chile". *Revista Iberoamericana de Juventud*, n 1. Madrid, Organización Iberoamericana de la Juventud. También en *Última Década*, n. 8 (1998). Viña del Mar, Ed. CIDPA.

TRUNÓ LAGARES, Enric (1988). "Política integral de juventud". *Las casas de juventud en España*. Barcelona, Fundação Francisco Ferrer.

VALLS BARRERA, Gabriela (1999): "Análisis del funcionamiento de las Oficinas Municipales de Juventud. Elaboración de tipologías". Santiago, Interjoven.

5

JUVENTUDE E PODER PÚBLICO:
diálogo e participação

Pedro Pontual

A parte inicial deste artigo traz dois relatos de experiências, apresentadas durante o seminário que deu origem a este livro: uma da cidade de Belém-PA, e a outra do estado do Tocantins.

A juventude chegou ao poder: a experiência de Belém

*Leopoldo Vieira**

Em 1996, uma frente liderada pelo Partido dos Trabalhadores venceu as eleições em Belém, numa aliança com os principais movimentos sociais da cidade. Isso aconteceu em uma cidade marcada por uma forte presença das oligarquias, pela corrupção e pelo desprezo ao povo. No primeiro governo, foi implantado o Orçamento Participativo — OP, que tinha um diferencial em relação às outras experiências semelhantes: todo

---

* Representante da juventude no Congresso da Cidade, Belém-PA.

o Orçamento Municipal entrava na discussão. O espaço aberto, junto com a enorme dívida social que o governo municipal tinha, mobilizou amplamente a população, principalmente as comunidades mais pobres.

A partir de 2001, houve a implantação do Congresso da Cidade, que tinha uma relação dialética com o Orçamento Participativo, no sentido em que representava superação e continuidade.

Quais as principais diferenças? O Orçamento Participativo se limitava a discutir obras. Por existirem enormes necessidades materiais, e muitas delas — ou a maioria — não poderem ser atendidas pelo governo municipal, havia uma enorme difusão de interesses corporativistas. A população discutia e competia para aprovar suas demandas e, muitas vezes, acabava não havendo uma definição a partir do que era prioritário para a cidade em geral. O Congresso da Cidade tentou inverter essa lógica, fazendo um planejamento anterior das diretrizes das ações de governo. Ele passou a captar as demandas para que se pudesse pensar a cidade globalmente, a médio e longo prazos.

Com o Congresso da Cidade, abriu-se outro segmento de participação para algumas comunidades menos organizadas. Foram integrados, com poder de decisão, homossexuais, mulheres, portadores de necessidades especiais e jovens do Orçamento Participativo da Juventude (OPJ). Essa integração se deu no sentido da definição não só de obras, mas de políticas públicas gerais para a cidade. O objetivo também foi caminhar para a construção de uma esfera política pública, não estatal, auto-organizada e auto-sustentada.

O Congresso da Cidade tirou a Prefeitura de Belém do foco exclusivo da pressão das comunidades organizadas pelo atendimento das demandas. E tentou também apontar outras instituições que tivessem responsabilidades com o atendimento das necessidades materiais e culturais da população.

O ORÇAMENTO PARTICIPATIVO DA JUVENTUDE

Inicialmente havia um Orçamento Participativo geral, até que nasceu o OPJ, para que os jovens pudessem discutir exclusivamente as demandas da juventude de Belém. Isso foi feito por cinco motivos:

1. Para inserir a juventude na vida política da cidade, trazendo-a para dialogar, participar, tomar decisões e influenciar a atuação do poder público.

2. Para incentivar a busca por um projeto democrático-popular e socialista, pois a juventude é uma força política sem intermediários e que pode transformar a realidade. A história prova isso, pelas diversas posições de vanguarda que os jovens assumiram, principalmente a partir do século 20, em questões como os direitos individuais, políticos e sociais e também em relação ao questionamento de valores arcaicos, dentre outros fatores.

3. Para discutir com a juventude uma perspectiva contrária aos valores inculcados por uma parte reacionária da sociedade civil, através dos meios de comunicação, pela política tradicional e pelos processos de produção em que a sociedade está inserida nesse momento histórico, e que semeia valores como o individualismo, a competição, o preconceito ao diferente, o consumismo e assim por diante. O que se quer é semear valores de partilha, solidariedade, igualdade, respeito às diferenças. Esses valores têm que estar ligados à realidade, para que se tenha uma aplicabilidade prática, sem ficar pensando no mundo sem fazer nada para mudá-lo.

4. Para formar e organizar a juventude, enquanto força política transformadora, com o objetivo de desenvolver valores humanistas e de direitos humanos que se concretizem na realidade brasileira, no estado do Pará e na cidade de Belém.

5. Pelo reconhecimento de que a juventude tem suas demandas específicas e comporta demandas de outros segmentos que se somam às carências materiais e culturais relacionadas à condição de "ser jovem".

É importante que a juventude possa discutir e refletir criticamente, contribuindo para alterar qualitativamente a estrutura da sociedade em favor dos "de baixo", para realizar a reforma agrária, ter um estado verdadeiramente democrático, distribuir a renda etc.

A JUVENTUDE E SUAS DEMANDAS ESPECÍFICAS

Nessa grande mobilização da sociedade que foi o OP, a juventude também se mobilizou. Mas ela não conseguiu bancar ou ter um peso mais forte na definição das obras. A representatividade da juventude dentro das delegações do OP era de mais ou menos 14% e isso não permitia que ela aprovasse demandas que eram necessidades concretas suas. Foi então que percebeu-se a necessidade de dar a esse segmento um espaço próprio.

Os homossexuais têm suas demandas específicas, assim como as mulheres e os idosos. Além do que define a juventude — uma fase de formação política, religiosa, artística, psicológica, privilegiada para a formação de valores —, além dela ser uma força política transformadora, ela é algo transversal. Dentro dela existem os problemas gerais da identidade comum de ser jovem e vários outros problemas — dos homossexuais, negros, mulheres, portadores de necessidades especiais etc. Todos os problemas que atingem esses setores na sociedade atingem também a juventude, porque nela todos se encontram. Somam-se a esses problemas setoriais a opressão e a marginalização, que afetam especificamente a juventude.

Vários exemplos podem ser citados, e um deles é o problema dos homossexuais jovens. Como já dizia um sábio alemão, o modo de produção em que vivemos transformou a família em mais uma relação econômica, na qual o poder familiar é determinado por quem a sustenta. Imagine, então, uma família que tem um filho ou filha com problemas em casa ou que sofre opressões colocadas por mecanismos externos. Imagine um jovem que disputa a mesma vaga de trabalho com um adulto numa crise de emprego — um problema que é típico da juventude — e que, além disso, é homossexual. Ele não encontra emprego, não consegue se sustentar em casa, sustentar sua posição e, ainda por cima, é uma "vergonha" para seu pai, já que, principalmente nas famílias mais pobres, o filho homem costuma ser o mais querido, o que consegue estimular sonhos dentro de uma tradição machista.

Já a mulher sofre opressão pelo simples fato de ser mulher. Existem os problemas gerais, comuns a todos os jovens, que são gravíssimos, como o do primeiro emprego, do jovem disputando o mesmo mercado de trabalho com um adulto, da falta de experiência. Uma questão trabalhista é que os jovens que estão empregados, e trabalham o mesmo período de horas de um adulto, acabam ganhando menos. Além do fato de o jovem receber um salário menor, a mulher ganha menos ainda. Para os jovens negros, o salário é ainda menor, restando-lhes dentro das empresas aqueles cargos mais subordinados.

Fora isso, há o problema relacionado à saúde, como as doenças sexualmente transmissíveis e a gravidez precoce, as quais atingem a juventude diretamente, sobretudo os mais pobres, que estão na fase de descoberta da sexualidade e sofrem a falta de informação, de educação formal e de acesso aos bens culturais. As drogas também fazem parte da fase da descoberta. Dos jovens que se tornam dependentes, o mais pobre acaba sendo mais atingido, convertendo-se em "aviãozinho" do narcotráfico ou assumindo posições hierárquicas maiores dentro do crime organizado.

Essas demandas específicas, para nós, são justificativas suficientes para a proposta de um espaço para a juventude, onde ela possa discutir e ter parte de suas necessidades atendidas pelo poder público. Além disso, é preciso disputar as concepções das políticas públicas desenvolvidas.

Um caso que merece consideração é o das drogas e do aborto relacionado à gravidez precoce. Quanto às drogas, as opções que existem não se apresentam como solução. Uma delas é continuar deixando que milhares e milhares de jovens, que já são dependentes, continuem desamparados e morrendo, em especial por sua condição social. Ou que, mesmo sendo de uma classe social razoavelmente privilegiada, continue esfaqueando a avó em casa para poder roubar a cadeira de rodas e trocá-la por cocaína (como um caso recente que a mídia mostrou). Outra opção é prosseguir fazendo propaganda contra as drogas, que não surtem muito efeito por não dialogarem com o verdadeiro público-alvo — as estatísticas provam isso —, e continuar incrementando o aparato policialesco.

Para reverter esse quadro, a única perspectiva para assegurar os direitos fundamentais é optar por descriminalizar o uso das drogas, tratar essa questão como de saúde pública e criar condições para que o Estado possa fiscalizar a qualidade do que é produzido e controlar os níveis e os locais de consumo, desconstruindo a estrutura do narcotráfico e convertendo a produção das drogas em arrecadação para o Estado, para que este possa investir na elevação da qualidade de vida.

O caso da gravidez, que está relacionada ao aborto, é uma questão de opção pela vida — o bem maior da humanidade, protegido pela Constituição brasileira. Há na sociedade, objetivamente, garotas de 12, 13, 14 anos que estão grávidas, pela primeira, segunda, ou até terceira vez. São duas as opções: uma é tratá-las com qualidade e resolver os problemas de fundo que levam a isso, como o educacional e o econômico, para que a interrupção não natural da gravidez não seja necessária. A outra é continuar deixando-as morrer nas mãos dos "açougueiros". A melhor opção é a primeira: salvar uma jovem, com suas relações culturais, afetivas e outras, e com todo um futuro pela frente.

DA INTENÇÃO À ORGANIZAÇÃO

Partiu-se da idéia de que o OPJ deveria ser uma esfera pública não estatal. E por que não estatal? Por que não o legalizar, transformando todo aquele processo de participação popular em alguma coisa que o Estado tivesse que garantir, mesmo em caso de mudança de governo? Porque isso, teoricamente, funciona; mas, na prática, não.

Primeiro, porque o OPJ era uma experiência em construção, em que estavam sendo testados os níveis de participação e de engajamento da juventude. Era um espaço para as experiências organizativas que pudessem fazer com que houvesse um fluxo maior de jovens participando dessa esfera política pública, de forma que isso tivesse resultados mais significativos tanto para o poder público quanto para a organização e conscientização desses jovens que participavam.

Segundo, porque surgiria um problema que é a relação com os parlamentares. Entre os parlamentares — estaduais, municipais ou federais —, as forças políticas conservadoras e reacionárias são predominantes. Para uma postura mais progressista, não existe contradição entre criar um espaço onde o povo vá decidir e o papel de um vereador, por exemplo. No final das contas, ele continua legislando e ainda se aproxima mais do povo que representa. O parlamentar vai ouvir o que o povo realmente quer, para votar no Parlamento; e isso é um aperfeiçoamento da democracia representativa.

Mas as emendas parlamentares do próprio mandato são utilizadas, na maioria das vezes, numa perspectiva assistencialista e clientelista do poder Legislativo, de troca de favores. Muitos parlamentares não têm interesse em desmantelar seus "currais eleitorais" de graça ou por uma utopia democrática de trazer os jovens para participar da política e da decisão da direção da cidade. Evidentemente, eles vão procurar todos os meios possíveis de atravancar e impedir que o processo se desenvolva, de modo a torná-lo um fetiche pseudodemocrático.

Por fim, são os próprios sujeitos históricos, a própria juventude, que por meio do seu auto-reconhecimento devem identificar suas necessidades e transformá-las em demandas. A juventude deve se organizar e dizer diretamente o que quer.

O OPJ NA PRÁTICA

O funcionamento do OPJ era mais ou menos assim: havia um teto, uma parte do orçamento estipulada para a juventude (seiscentos mil reais), para obras nas áreas de esporte, cultura e lazer. Em reuniões preparatórias com as comunidades, lideranças, entidades e movimentos de juventude, era explicado o funcionamento do processo e discutidas as necessidades. Depois, havia uma grande plenária, a Assembléia Municipal da Juventude, para a qual os jovens vinham organizados por demandas a serem apresentadas. Ali eram eleitos os representantes, na proporção de um delegado por demanda, para cada dez presentes. Os delegados, assim, mantinham uma relação de representatividade com a necessidade material ou cultural reivindicada.

Depois, com esses delegados eleitos, era realizada a primeira rodada de reuniões, nos quais a Prefeitura de Belém apresentava as suas propostas. Por existir uma enorme influência do corporativismo — o que é natural num processo desses —, a prefeitura tinha que cumprir um papel de qualificador da discussão, para que ela não se perdesse nas questões específicas e nem deixasse de pensar na cidade em geral. Então, o poder municipal podia propor obras. O governo também promovia uma discussão sobre a receita, financiamentos e arrecadação. Em uma segunda rodada, eram hierarquizadas as propostas a serem apresentadas na assembléia final da juventude, sendo aprovadas dentro do teto de seiscentos mil reais. Também era eleita uma coordenação de jovens, composta de 20 pessoas, com a função de organizar e planejar o processo do outro ano e de fomentar atividades alternativas como seminários, informações etc.

A assembléia da juventude não era subordinada à assembléia geral do Orçamento Participativo. Foram aprovadas 32 obras. Surgiram também alguns problemas, como os ataques permanentes do governo estadual, porque, infelizmente, a política na Amazônia ainda é muito atrasada. O governo estadual se colocou como inimigo do governo municipal e resolveu cortar o repasse do ICMS para a Prefeitura de Belém. Isso gerou uma redução muito grande do orçamento e fez com que aparecessem dificuldades para a execução de algumas obras da prefeitura, tanto do OP quanto do OPJ.

UM BALANÇO PARA NOVOS HORIZONTES

Fazendo um balanço, alguns itens são fundamentais, no que diz respeito ao Orçamento Participativo da Juventude:

- Possibilitou à juventude, historicamente excluída, integrar-se à cidade, com base na sua ótica, no reconhecimento de suas necessidades de participação na reconstrução da cidade.

- Fortaleceu as organizações já existentes da juventude, no sentido de consolidá-las e de fazer com que tivessem que pensar e formular políticas públicas, aumentando seu grau de discussão e entendimento das necessidades do seu corpo social.

O OPJ semeou, com esses dois elementos, a idéia de que só com a organização é possível conquistar direitos e materializar desejos, seja no Orçamento Participativo da Juventude, seja na luta geral da sociedade.

- Conseguiu reunir a juventude que não estava atrelada às organizações tradicionais (movimento estudantil, entidades, grêmios), trazendo jovens desarticulados, os quais, pela primeira vez, se organizavam para discutir obras e outras questões.

É um tipo de processo que mostra muito bem os limites da institucionalidade dentro de um modo de produção capitalista. O orçamento é montado em cima de relações econômicas contraditórias que geram desemprego, queda de consumo, baixa na arrecadação do Estado. Isso causa uma situação crítica, tanto por parte das empresas — que passam a sonegar — quanto do próprio povo, em geral, que não pode pagar os impostos. Por outro lado, existe a realidade social excludente, que é criada por essa dinâmica do capitalismo e que vai bater nas portas do governo pressionando por atendimento.

Se essa questão for trabalhada satisfatoriamente, é possível fazer com que surja uma identificação. Não se conseguiu, em parte, fazer com que os produtores dessas contradições sociais fossem atingidos, que eram o governo estadual e as políticas neoliberais desenvolvidas pelo governo federal. Outro problema foi a competição corporativista e que acabava trazendo, como no OP, toda a pressão de suas demandas para cima do governo municipal.

O Congresso da Juventude, realizado na perspectiva do Congresso da Cidade, veio contribuir para superar alguns problemas do Orçamento Participativo da Juventude. Antes eram discutidas somente as obras na área de esportes, cultura e lazer. Depois passou-se também a discutir a política pública geral, com ações e projetos. Dessa forma, no Congresso da Juventude, faz-se o planejamento geral, são definidas as diretrizes e depois captadas as demandas. Além dos limites dos distritos das comunidades de bairro, foram incorporados também os Congressos Distritais. No OPJ existia a Assembléia Municipal da Juventude; agora, a assembléia vai até o distrito e faz lá o Congresso Distrital.

Criou-se também o Congresso Setorial, para jovens de toda a cidade com identidades comuns: skatistas, participantes de movimento reggae, rock, participantes do movimento estudantil de uma escola, de um curso, uma universidade etc. Também tentou-se tirar do município a exclusividade das pressões, fazendo com que, nesse espaço legitimado pela participação, o jovem discutisse sobre política e pudesse reivindicar junto a qualquer setor o atendimento de suas necessidades, sobretudo dos produtores sociais dos problemas.

Sobre o funcionamento: há os Congressos Distritais e Setoriais, que são abertos e elegem alguns delegados para o Congresso Geral da Juventude, na proporção de um para cada dez participantes. A segunda rodada é feita só pelos delegados, que hierarquizam as demandas e discutem com a prefeitura as questões fiscais. Depois, é realizado o Congresso da Juventude, que aprova os planos de investimentos para serem levados para o Congresso da Cidade. Não se tem mais uma cota só para a juventude, porque a perspectiva do congresso geral é discutir a cidade como um todo. São eleitos três conselheiros da juventude para o Conselho da Cidade e uma coordenação geral de 20 membros.

Vale o destaque de que foram mantidas as políticas afirmativas da juventude que existiam no OPJ, dentro do Congresso da Cidade, como, por exemplo, o Congresso dos Homossexuais. Neste, para cada dez participantes é eleito um delegado. Os da juventude são eleitos nos distritos e setores, onde todos são delegados do Congresso da Juventude e, automaticamente, do Congresso da Cidade. A juventude é o único setor que tem três representantes no Conselho da Cidade, além de mais três suplentes. O governo se relacionava tanto com o OPJ como agora, com o Congresso da Juventude, por meio da Coordenação de Relações com a Comunidade, que tem o papel de centralizar informações, de contribuir com a mobilização, organização e divulgação do evento, exercendo o papel de Coordenação Geral, compartilhando o poder com a Coordenação da Juventude.

Esse é o processo de participação popular em Belém, de participação juvenil. Não é interessante centralizar e dar exclusividade para a formulação de políticas públicas para a juventude aos órgãos institucionais como as Assessorias de Juventude, Secretarias de Juventude etc. Assim se substitui o sujeito histórico concreto, a juventude, na formulação de suas próprias necessidades. É preciso acabar com a concentração. Senão, acaba-se tornando a juventude um bonito aprendiz do poder público, mas sem voz ativa. Isso não garante a continuidade das políticas públicas. Se for trocado o governo ali na frente, acabou.

Um novo governo pode acabar com o espaço da juventude e suas políticas públicas, ou, ainda, pode mudar toda a sua natureza para uma perspectiva assistencialista, visando a cooptação da juventude. Por isso, esses órgãos cumprem funções complementares, organizando e acumulando institucionalmente as políticas públicas, sendo um centro de estudo e pesquisa sobre a juventude, e podem ajudar na coordenação geral do processo de participação. Mas não devem ter o papel exclusivo, o papel de vanguarda nessa formulação.

Por último, mesmo ao se trabalhar com esferas políticas públicas não estatais, deve-se criar mecanismos legais. Como diz o jurista Paulo de Bessa Antunes, "a legalidade ainda é o meio mais eficaz para os excluídos demarcarem suas conquistas". É necessária uma garantia legal que faça com que haja autonomia na organização e execução das políticas públicas pela própria juventude, e não a deixar refém dos humores do governo. Existe um governo democrático hoje, mas podia não ser assim. Podia ser um governo que transformasse todo o projeto de participação juvenil numa grande farsa.

Por isso, para se organizar essas políticas públicas formuladas pelas esferas estatais, pode-se ter, por exemplo, um Conselho de Juventude que seja autônomo de verdade e que seja realmente representativo, tendo em sua direção a vanguarda, as principais lideranças dos segmentos de juventude participantes da esfera pública política não estatal. Assim, quando o governo quiser "puxar o tapete" ou tiver divergências, esse Conselho vai poder ter autonomia para dizer "não", "não é isso", "não concordo". E o governo terá que dialogar, pois não terá jeito de se impor, de "bater o martelo" e dizer: "aqui quem manda sou eu".

A questão do poder público para a juventude é fazer com que ela participe do processo político. E que os governos municipal e estadual, o poder público, enfim, transfira o poder de fato para a juventude. Porém, não entendendo a juventude só como entidade, como o que se tem em organizações jurídicas legais, mas sim compreendendo-a como movimento dinâmico, de massas e que deve ser incorporado à direção do Estado.

A juventude do Tocantins ocupa o seu lugar no estado

*Rogério Ramos**

Hoje se fala da juventude com uma ênfase maior na questão da onda jovem, do alargamento da faixa etária e de uma série de fatores que justificam essa discussão. A política de juventude passa a ser o remédio, uma forma de se poder ouvir as questões que hoje afligem a juventude. Tendo um maior número de pessoas numa mesma faixa etária, é óbvio que aí deve se concentrar um volume maior de problemas; o que justifica a adoção de políticas específicas, no sentido de atender esse segmento. No entanto, não se deve confundir políticas públicas de juventude, que visam desenvolver ações de proteção e promoção da juventude, com políticas para a juventude, que quase sempre se resumem em programas assistencialistas, de controle social.

Na Alemanha, mesmo existindo um universo muito pequeno de jovens — com a juventude sofrendo uma drástica redução — e mesmo sendo uma das menores populações jovens do mundo —, há uma preocupação por parte do governo em implantar projetos específicos, para que os jovens permaneçam nas suas cidades e para que tenham atividades. Daí pode-se dizer que não é apenas por ter um grande número de jovens que o Brasil tem que discutir política de juventude. Essa discussão é importante, também, por ser a juventude um momento de transição, um momento de engajamento na vida, em que há vários caminhos a serem percorridos, e no qual o jovem precisa ser tratado de uma forma mais especial.

Para que as políticas de juventude tenham sucesso, existe uma questão básica: elas devem ser discutidas com os próprios jovens. No Tocantins, foi criado o Fórum de Juventude, que percorreu 16 microrregiões do estado. Em cada microrregião foi eleita uma cidade, sempre a de maior população, em que as cidades menores se reuniam em Fóruns Regionais.

---

* Secretário Estadual da Juventude do Tocantins e membro da direção da OBJ — Organização Brasileira da Juventude.

Assim, os representantes de todos os municípios participaram diretamente da elaboração de novas políticas públicas para a juventude tocantinense.

As políticas públicas para juventude são deliberadas pelo Conselho Estadual da Juventude e a partir daí vão resultar em ações ou programas para atender questões prioritárias, temáticas, ou questões mais complexas. Nesse processo, o governo também pode intervir. Em Palmas, reuniram-se oito mil jovens, de 81 dos 139 municípios do estado, quando foi entregue ao governador um documento denominado Manifesto Jovem, que contemplava todas as necessidades do jovem tocantinense e que foi encaminhado ao setor de planejamento do estado.

Hoje, as demandas apontadas pela juventude já estão inseridas no planejamento anual de 2003, e servindo para a construção do planejamento de 2004 a 2007. A empregabilidade jovem e a geração de renda são algumas das questões prioritárias que vêm sendo trabalhadas, ao lado de outros aspectos, em vários projetos e em parceria com várias secretarias de governo.

ACESSO AO ENSINO SUPERIOR

No Tocantins, em todas as cidades existe uma telessala, um canal fechado, um sistema telepresencial de ensino. Nesse sistema, 90 municípios instituíram parcerias com o cursinho pré-vestibular telepresencial, ministrado pelo Cursinho Expoente (considerado um dos melhores do Brasil). Mesmo no menor dos municípios existem, pelo menos, 45 vagas à disposição de jovens, totalmente sem custo para eles. Não se trata apenas de facilitar o acesso ao ensino superior, uma vez que é sabido que os que conseguem obter as melhores vagas nas universidades públicas são os estudantes melhor preparados.

Trata-se de proporcionar aos jovens tocantinenses condições de disputar em pé de igualdade com os de grandes centros, como São Paulo, Rio de Janeiro e Goiânia; e há aqueles que não conseguem vagas em seus estados, onde a concorrência é mais forte, e acabam indo disputar um lugar no Tocantins. Para que houvesse um nivelamento nessa questão, foi criado um programa que hoje está atendendo cinco mil jovens em todo o estado, com capacidade de ser ampliado. As telessalas possibilitam que os melhores professores do país estejam presentes em localidades muito carentes e pequenas.

PROJETO INTERAÇÃO

Dentro da seqüência dessa questão do acesso ao ensino superior, foi criado o Projeto Interação, um financiamento estudantil em que o jovem universitário estaria contribuindo também com a sociedade, dando sua parcela. O objetivo é permitir que muitos universitários de baixo poder aquisitivo possam prosseguir os estudos com o benefício de bolsas, ao mesmo tempo em que promovem a melhoria de vida das comunidades carentes por meio de serviços sociais. Essa é a iniciativa massiva de extensão da ação universitária no estado de Tocantins, onde 11 instituições de mais de 60 municípios se fazem presentes.

O sistema de capacitação de universitários é o único no país que usa a tecnologia telepresencial, para que haja uma comunicação com o mesmo padrão de qualidade entre os universitários de todo o estado. Os jovens contemplados com bolsas são os mais excluídos, os mais carentes e, automaticamente, vão para a sala de aula telepresencial, uma vez que ela está presente em todos os municípios. Lá, eles conseguem ter uma capacitação nas áreas de empreendimento social e expansão pessoal, depois vão para a comunidade onde têm horas de aulas e de atividades. O projeto que mais absorveu os jovens foi o Projeto ABC da Cidadania, da Secretaria de Estado da Educação, de combate ao analfabetismo.

MOVIMENTO JOVEM

Usa-se uma estratégia diferente para se chegar aos jovens: por meio do *Projeto Movimento Jovem/Entidade Estudantil e Associativismo Jovem*, incentiva-se a formação de agremiações estudantis e associações de jovens. Para democratizar a informação fazendo com que ela chegue aos alunos e, até mesmo, para quebrar alguns paradigmas entre professores e alunos, foi feita uma parceria com a Secretaria de Estado da Educação, que assumiu a responsabilidade de utilizar o material do projeto em sala de aula, como tema transversal. Para tanto, foi confeccionado um kit composto de fita de vídeo (com um documentário de 18 minutos, em formato de novela, que conta a história do movimento estudantil e mostra como organizar uma entidade) e uma cartilha e disquetes com modelo de Livro Ata e outros modelos básicos para se formar uma entidade estudantil.

A Secretaria de Estado da Educação baixou uma portaria estabelecendo que esse material deve ser trabalhado nos temas transversais. Os alunos vão ao cartório, reúnem um grupo de forma totalmente independente, discutem a relação com a escola, a participação no Plano de Desenvolvimento Escolar (PDE), discutem a questão da merenda escolar, do grêmio, o envolvimento com atividades culturais e uma série de outros fatores.

GERAÇÃO DE RENDA

Alguns projetos realizados em nível municipal são voltados para a geração de renda, como o Projeto Pão Nosso. São padarias comunitárias, nas quais os adolescentes aprendem o ofício de panificador. Esses pães são revertidos aos alunos e aos programas sociais. No estado existem também 41 mil crianças e adolescentes, de 7 a 14 anos, em um projeto chamado Pioneiros Mirins. Eles recebem uma bolsa de quarenta e cinco reais e complementação escolar, no período em que não estão em aula, com atividades extracurriculares nas áreas de cultura, esporte, lazer, entre outras.

FORÇA JOVEM

Este projeto atende 18 mil jovens de 15 a 18 anos incompletos. Eles têm uma bolsa de sessenta e cinco reais, atividades junto à comunidade e de complementaridade escolar.

JUVENTUDE E GOVERNO

Cabe fazer algumas considerações em relação a essa presença de um órgão de juventude dentro das estruturas de governo:

1º) Não se faz política de juventude sem discussão com a própria juventude.

2º) Mesmo que essas políticas sejam discutidas pela própria juventude, se não houver um acompanhamento e se essa juventude não imprimir as ações, na grande maioria, as políticas acabam sendo incompreendidas pelas pessoas que as executam. Isso acontece, de um modo geral, até na legislação brasileira. Em muitos lugares a prioridade é a criança, o idoso e o deficiente. Não tem nada para a juventude. O Estatuto da Criança e do Adolescente, por exemplo, vai até os 18 anos incompletos. Mas onde estão os mais de 50% de desempregados deste país, que são os jovens de 16 a 24 anos? Onde está a faixa etária que mais contrai o vírus da Aids? E a questão da Aids também foi proposta para ser abordada entre a juventude, assim como uma série de outras questões que também foram amplamente discutidas aqui.

Evidentemente, existe uma grande barreira, um grande paradoxo, porque a juventude precisa abrir um espaço dentro do governo e para isso ela precisa estar mais politizada, mais interessada nas políticas públicas. Ela precisa estar mais firme no propósito de ocupar o governo e o governo precisa dar essa abertura.

Quando se fala em órgãos de juventude aqui, um problema apontado com freqüência é que essas estruturas costumam ser deixadas à margem no governo, não têm orçamento próprio, não são reconhecidas, não são consideradas. A juventude precisa, sim, estar dentro do governo, mas o que é necessário é que ela tenha seu espaço delimitado, o seu orçamento definido e, sobretudo, tenha jovens ocupando esse espaço, para poderem estar em contato com outros jovens, executando políticas públicas com sucesso.

Uma entidade importante é a Organização Brasileira da Juventude (OBJ). É uma organização não-governamental que trabalha com alguns produtos, como o Curso de Formação de Gestores (financiado pelo FAT

— Fundo de Amparo ao Trabalhador). Um dos cursos, de fortalecimento da ação parlamentar, já formou 103 vereadores no Nordeste. Existe uma Rede Nacional de Vereadores Jovens e a Rede de Gestores Jovens. Gestores e vereadores estão ligados e trocando experiências, permanentemente, sobre a temática da juventude. Essa entidade está preparada — com mais ou menos 30 consultores que trabalham exclusivamente com política de juventude — para dar assessoria a prefeituras, governos e entidades que se interessarem ou tiverem alguma parceria com a Agenda Jovem, que reúne 43 entidades do Terceiro Setor.

Essas entidades estão formando o Observatório da Juventude, para acompanhar as ações que vêm sendo desenvolvidas — principalmente, aquelas que vêm obtendo sucesso — nos municípios, estados e outras localidades.

Inclusão, diversidade, participação e cidadania ativa: a juventude conquista espaços

Atualmente, muito se tem discutido sobre políticas públicas e juventude. É uma discussão sobre a dimensão pública das políticas públicas — o que se chama, geralmente, de sua dimensão de busca pela universalidade e por assegurar a garantia de direitos. Em um país desigual como o Brasil, que sequer chegou a fazer a experiência de um Estado de bem-estar social, isso é bastante insuficiente. Por isso, na perspectiva de construir uma sociedade substantivamente democrática, ou radicalmente democrática, precisa-se, necessariamente, agregar a essa dimensão pública das políticas públicas, como um primeiro aspecto, a dimensão da inclusão.

Ao mesmo tempo que o Brasil tem a alegria de ser pentacampeão de futebol, tem uma tristeza muito grande de ser um dos campeões da desigualdade social. Então, não se pode perder de vista que a dimensão pública das políticas públicas tem que ter esse horizonte de inclusão.

O segundo aspecto está ligado à dimensão da diversidade. Ou seja: a universalidade (acesso a todos), precisa "incluir", para dar conta dessa dimensão efetivamente democrática. Ou seja, fazer com que as políticas públicas estejam sintonizadas com a realidade, com a dimensão da diversidade de gênero, etária, racial, em relação às deficiências e a tudo aquilo que constitui as questões da diferença e da diversidade.

O terceiro elemento necessário dessa dimensão pública é o da participação. Não se pode mais imaginar políticas públicas suficientes e eficazes se elas não incorporarem os atores diretamente interessados. Essa incorporação pode envolver momentos de consultas e de escuta, mas ela tem que chegar ao momento da deliberação. É muito fácil falar em participação, em discussão, mas o grande desafio é criar espaços específicos, deliberativos para as pessoas que estão envolvidas na construção dessas esferas de políticas públicas.

O quarto elemento fundamental para completar a dimensão pública das políticas públicas é o exercício efetivo de uma cidadania ativa. O que isso quer dizer é que é fundamental que o conjunto de ações conquistadas, deliberadas no plano das políticas públicas, possibilite a participação social dos interessados — nesse caso, os jovens. Essas conquistas não são concessões do poder público, são conquistas de direitos que incluem deveres e responsabilidades, conquistas no plano de direitos. Dentro desse marco, é importante retratar o significado do termo "substantivamente, radicalmente democrático", em relação ao diálogo e à participação da juventude na elaboração, definição, implantação e acompanhamento da execução das políticas públicas.

Vive-se um momento bastante rico e desafiador da criatividade. Uma parte das experiências mais inovadoras, nesse terreno da construção de canais de diálogo e participação com a juventude, ainda vem sendo construída, prioritariamente no plano dos municípios, mas já existe, hoje, o desafio de governar estados, de promover políticas e criar canais e espaços. Existe o desafio maior de construir uma proposta de participação da juventude nas políticas públicas no plano federal. Isso tudo exige criatividade e ousadia, porque não se pode imaginar que a tarefa a ser realizada é simplesmente um aumento de escala do que já está sendo feito.

Se for trabalhada a idéia de que é somente um aumento de escala, corre-se o risco de imaginar que é possível reproduzir algo, numa conjuntura e diante de um desafio, que não é só maior em escala, mas também em complexidade. Uma conjuntura que envolve outras relações, outros atores, outras atribuições. Se for imaginado que é só um crescimento de escala, surge a tentação de dizer que aquilo que se faz no município pode ser transposto para uma escala maior do plano federal, seja no formato das propostas, seja no desenho institucional.

Esse é um caminho pouco fecundo, pouco criador, porque a questão — no plano federal, assim como no plano estadual — tem níveis de complexidade bastante diferentes. É preciso recriar — obviamente tirando aquilo que é universal das experiências dos municípios, mas recriar — outras formas de pautar essa questão da presença da juventude nas políticas públicas, nos planos estadual e federal.

DESAFIOS PARA O DIÁLOGO E A PARTICIPAÇÃO

Claro que existem muitos desafios para essa questão da criação de espaços, de diálogos e de participação da juventude nas políticas públicas, mas seis deles podem ser considerados os mais importantes. São desafios que têm conteúdos e contornos específicos em relação à juventude, mas que podem ser transpostos para o trabalho, também, com outros segmentos.

O primeiro é a questão do reconhecimento das especificidades do segmento da juventude e das suas necessidades. Isso tem a ver com o primeiro pressuposto da dimensão pública, que é articular a questão da universalidade com a diversidade. Precisa-se reconhecer, quando se vai elaborar uma política pública de saúde, de trabalho, de meio ambiente, que existe um segmento específico, chamado juventude, que tem necessidades específicas, que tem sonhos específicos, anseios específicos em relação a essas políticas. No reconhecimento dessas especificidades, cabe a criação de espaços específicos.

Quando se fala em diálogo e participação da juventude nas políticas públicas, é importante distinguir as necessidades, por um lado, da mais ampla organização da juventude no terreno da sociedade civil. Ou seja, a sua participação na elaboração das definições de políticas públicas é tão mais qualitativa e tão mais forte quanto maior é a organização autônoma da juventude na sociedade civil. Por outro lado, esta se complementa com a criação do que se chama de espaços e canais institucionais de participação em que a juventude está presente.

Aqui há um terreno de debate importante.

O que são esses canais de participação?

São canais representativos, canais que dialogam com o poder público. Então, a presença do poder público é um elemento importante, afinal, como se constroem canais institucionais quando só está presente o segmento, mas não está o interlocutor que gera as políticas e que as define? Corre-se o risco de ter uma aparente autonomia.

Quanto aos canais institucionais de participação, seria importante debater sobre a distinção das organizações autônomas da sociedade civil.

O que são os canais institucionais?

Quem deve estar presente nesses canais institucionais?

Neste primeiro desafio, é preciso reconhecer a necessidade dos espaços autônomos, mas também desses canais institucionais que são específicos, no caso do segmento da juventude. O risco está no problema do corporativismo, quando ignoram-se outras demandas.

As demandas da juventude são parte do conjunto das demandas da sociedade, que envolvem outros segmentos e outros atores. O que é necessário é criar espaços específicos que, ao mesmo tempo, não se tornem espaços corporativos, nesse sentido de esquecer o conjunto da sociedade. Este é, principalmente, um desafio de ordem política, cultural, pedagógica, que é a afirmação de um segmento específico. No caso da juventude, sua afirmação e constituição de identidade precisa ter interlocução com o outro. Um tema interessante para o debate é a questão da importância da participação da juventude em espaços e canais de participação nos quais todos os atores estão presentes, nos quais se obtém o diálogo, a interlocução com o outro.

Um segundo desafio colocado no campo da diversidade é o reconhecimento de que existe uma diversidade na própria juventude. Quando se elabora uma política pública, fala-se de política pública para a juventude, da juventude, com a juventude. Só que a juventude é diversa. Existem jovens negros, mulheres, homens, portadores de deficiências, jovens com diferenças econômicas, de acesso diferenciado a direitos. Portanto, é importante que a política pública reconheça essa diversidade e crie programas e ações que levem isso em conta.

Um terceiro desafio é como transformar a temática da juventude num tema transversal às políticas públicas, ao mesmo tempo em que ela requer — o que se chama de ponto de vista e da linguagem do poder público — uma abordagem matricial. No município e estado em que se trabalha, nos quais a juventude integra o poder público, ela pode estar presente em vários programas de saúde, educação, meio ambiente etc. Só que, muitas vezes, esta presença se dá de maneira fragmentada, em programas separados.

O grande desafio é que, diante dos problemas que são colocados, por exemplo, na constituição de um programa na área de trabalho para a juventude, na área da saúde, isso não seja desenvolvido de modo fragmentado e separado, mas sim de maneira matricial, olhando para o território onde está esse jovem, olhando para o conjunto de ações das várias políticas de maneira integrada. É uma questão fundamental para o diálogo, para que ele não fique muito fragmentado, tanto do ponto de vista da juventude, que corre de secretaria em secretaria para poder obter um espaço, como do ponto de vista do poder público. É essencial trabalhar a dimensão da transversalidade com olhar no território, com olhar de construção de várias políticas.

Um quarto desafio tem a ver com a importância dos canais de participação e dos espaços de diálogos. É preciso pensar a mais ampla diversidade de instrumentos para isso. Fica bastante complicado quando se reduz essa idéia de diálogo e participação, de relação da juventude com poder público, apenas aos canais mais formatados, mais institucionalizados, como são os conselhos, as coordenadorias ou assessorias. Esses são apenas uma parte dessas possibilidades de canais de diálogo e de participação. A política de diálogo e participação tem que ser a mais ampla para chegar no cotidiano, da relação do jovem com o poder público e com a cidade, o que, muitas vezes, não se expressa nos canais mais formatados e mais institucionalizados. É claro que se deve procurar aperfeiçoar esses canais, para que a representatividade dê conta dessa diversidade. Mas, primeiro, precisam ser criados muitos instrumentos, muitas formas, no sentido da diversidade.

A questão do diálogo e participação da juventude, assim como para outros segmentos, conta como um outro desafio. A sociedade tem a tradição de alijamento da população do direito de participar. Como parte dessa tradição histórica de alijamento, existe uma absoluta iniqüidade e falta de igualdade em relação ao nível de informação. As pessoas vêm para um canal como o Orçamento Participativo, para o planejamento da cidade, com um nível de informação a respeito de como funciona o orçamento, de como funciona a dinâmica da cidade, muito diferenciado, do poder público.

Também o desafio da formação dos atores sociais é fundamental, cabendo tanto às organizações não governamentais, às organizações da própria juventude e ao poder público, o papel de formar e informar as pessoas, se quiserem, de fato, construir canais substantivamente democráticos. Não vale criar um canal de participação só para dizer que ele existe e não capacitar os atores para terem a possibilidade efetiva de propor e decidir juntos.

O sexto desafio é aquele de trabalhar diferentes formas de linguagem na dimensão do diálogo e da participação. Romper com a idéia que prevaleceu em décadas passadas — felizmente se está superando isso — de que o espaço de diálogo e participação tem que ser um espaço discursivo, "sério", ou como dizia, ironicamente, o mestre Paulo Freire, "sisudo", aonde se vai, se volta, se delibera. É preciso, propositadamente, arrebentar essa concepção de espaço de participação quando se quer ter a juventude nele — e isso não vale só para a juventude, obviamente. No caso da juventude, é fundamental abrir muitas formas possíveis de linguagem e de expressão. Esse elemento é também importante para que esses espaços de participação não se constituam apenas em espaços racionais, nos quais as pessoas exerçam a conquista de direitos, mas em espaços que conquistem o que se chama legitimidade subjetiva do ato de participar. O ato de participação tem que ser prazeroso, tem que ser gostoso, tem que ser um ato alegre. Para isso, a questão da linguagem é fundamental.

QUESTÕES PARA REFLEXÃO E AVALIAÇÃO DAS EXPERIÊNCIAS

Algumas questões ficam em aberto para a reflexão, e suas respostas podem ser buscadas no esforço de avaliação crítica e sistematização das diversas experiências em curso no nosso país:

- Qual tem sido e como tem se dado a participação dos jovens nos diversos canais abertos pelo poder público para interlocução e participação da sociedade civil?
- Que indicadores têm sido utilizados para avaliar a participação nesses canais?
- Como tem se dado a interação dos jovens com outros atores da sociedade civil e com o poder público?
- Existem outros canais por meio dos quais a juventude pode estabelecer relações com o poder público, para além dos conselhos e coordenadorias?
- Qual o balanço do papel e do funcionamento efetivo desses espaços e da capacidade de incidência dos jovens nas políticas públicas?
- No âmbito das práticas de Orçamento Participativo, de Planejamento Participativo e Congresso da Cidade, por exemplo, como têm se dado

a participação e o diálogo com a juventude? Quais os canais criados para isso e qual a avaliação que se faz da participação do jovem nesses espaços?

- Quais têm sido os instrumentos e as linguagens mais efetivas, no sentido de promover o diálogo e a participação dos jovens nas ações do poder público?

Estão aí algumas das principais indagações e os principais desafios a serem respondidos quando se discute juventude e poder público, e diálogo e participação.

6
JUVENTUDE, EXCLUSÃO E INCLUSÃO SOCIAL:
aspectos e controvérsias de um debate em curso

Regina Novaes

JUVENTUDE BRASILEIRA: DIFERENÇAS E DESIGUALDADES SOCIAIS

"*Nós somos sempre os jovens ou os velhos de alguém*", lembra o sociólogo francês Pierre Bourdieu. Já é lugar-comum começar a falar de "juventude" lembrando que esse é um conceito construído histórica e culturalmente. As definições sobre "o que é ser jovem?", "quem e até quando pode ser considerado jovem?" têm mudado no tempo e no espaço e refletem disputas no campo político, no campo econômico e também entre gerações.

Circunscrevendo o olhar ao nosso tempo e à cultura, observa-se que existem grupos e segmentos juvenis organizados que podem falar por parcelas da juventude, mas nenhum deles tem a delegação de falar por todos aqueles que fazem parte da mesma faixa etária. Pesquisadores, pais ou "responsáveis" também não podem falar por eles. Mas, afinal, quem são "eles"?

São brasileiros nascidos há 14 ou 24 anos, seria uma resposta. No entanto, esses limites de idades não são fixos. Para os que não têm direito à infância, a juventude começa mais cedo. E, ao mesmo tempo, o aumento de expectativas de vida e as mudanças no mercado de trabalho permitem que parte deles possa alargar o chamado tempo da juventude até 29 anos. Com efeito, qualquer que seja a "faixa etária" estabelecida, jovens da mesma idade vão sempre viver juventudes diferentes.

A desigualdade mais evidente remete à classe social. Esse recorte se explicita claramente na vivência da relação escola/trabalho. Quando e como um jovem começa a estudar ou trabalhar; e quando e como pára de estudar ou de trabalhar? A resposta a essa questão expõe as fissuras de classe presentes na sociedade. O "quando" e o "como" revelam acessos diferenciados a partir das condições econômicas dos pais. Contudo, quando o assunto é inclusão e exclusão, as diferenças de origem social e a situação de classe não esgotam o assunto.

Gênero e raça são outros dois recortes que interferem nas trajetórias dos jovens. As moças pobres se "beneficiam" do crescimento do emprego doméstico, mas moças de classes sociais diferentes ganham menos que os rapazes quando ocupam os mesmos postos de trabalho. Mas se a "boa aparência", exigida para certos postos de trabalho, exclui os jovens e as jovens mais pobres, esse "requisito" atinge particularmente jovens negros e negras. Enfim, ser pobre, mulher e negra ou pobre, homem e branco faz diferença.

Mas isso ainda não é tudo. Para a maioria da juventude brasileira que vive nas grandes cidades, há ainda um outro critério de diferenciação: o endereço. Para as gerações passadas esse critério poderia ser apenas um indicador de estratificação social, indicador de renda e mesmo de pertencimento de classe. Hoje, o endereço não é apenas um indicador de subalternidade econômica ou de estratificação social. Certos endereços também trazem consigo o estigma das áreas urbanas subjugadas pela violência e a corrupção dos traficantes e da polícia. Ao preconceito e discriminação de classe, gênero e cor, adiciona-se o preconceito e "a discriminação por endereço". Nesse cenário, para a determinação das possibilidades de inclusão/exclusão social, é diferente ser pobre, negro ou branco, homem ou mulher e viver ou não viver em uma área da cidade classificada como violenta.

No acesso ao mercado de trabalho, o "endereço" torna-se um critério de seleção. Três tipos de justificativas podem ser listadas para que um empregador não aceite um jovem morador de uma determinada área da cidade. Em primeiro lugar: "*o jovem que mora em tal lugar de bandidos é um bandido em potencial: melhor não empregar*". Segunda possibilidade: o empregador reconhece que é apenas uma parte menor dos jovens de uma favela ou de um conjunto habitacional que se envolve ou se envolverá com o tráfico de drogas, porém se o jovem que busca trabalho *"mora ali, ele não vai poder sair para trabalhar quando houver um conflito entre grupos de traficantes ou entre os traficantes e a polícia: melhor não empregar"*. Outra possibilidade: o empregador reconhece que o jovem candidato pode nunca vir a ser bandido, pode conseguir maneiras de não faltar ao trabalho no momentos de "guerra", porém só pelo fato de ter crescido no lugar, de conhecer e ser conhecido de todos dali, ele pode vir a cometer alguma falta contra o patrão ou a empresa, seja por solidariedade (por exemplo, passar alguma mercadoria em uma caixa de supermercado, para alguém "da comunidade" que está precisando), seja por medo (ser coagido a colaborar com bandidos). Então, *"melhor não arriscar"*.

Conscientes da existência da "discriminação por endereço" presente no mercado de trabalho, muitos jovens encontram estratégias para ocultar o lugar onde vivem e lançam mão de endereços de parentes, de bairros próximos ou caixas postais.

Mas isso também não é tudo. Há mais um critério de diferenciação que pode entrar nesse caleidoscópio da inclusão/exclusão. Hoje, sobretudo nas grandes cidades, faz diferença ser ou não ser *"um jovem ou uma jovem de projeto"*. Esse pertencimento, que pode atenuar algumas marcas da exclusão social citadas acima, cria outras diferenças internas entre os jovens pobres, negros e brancos, homens ou mulheres, moradores ou não de áreas consideradas violentas.

É muito interessante notar como a palavra "projeto" caiu na boca do povo. E entrou também no vocabulário dos jovens. A recorrência no uso dessa palavra entre os jovens mais pobres e seus familiares chama a atenção (e mostra a necessidade de um estudo sobre seus sentidos). É interessante notar que não há traduções perfeitas no inglês ou no francês para a expressão "projetos sociais" com a conotação usada no Brasil. Quando aparecem algumas visitas de fora, é preciso explicar muito para que os interlocutores entendam do que se trata. Pode-se falar sobre os projetos do Instituto Ayrton Senna e da Prefeitura de São Paulo. Pode-se ter ouvido falar de uma ONG como o Afro-Reggae do Rio de Janeiro ou do Projeto Paz nas Escolas, resultado de uma parceria entre a Unesco e o governo estadual do Estado do Rio de Janeiro. Todos são "projetos sociais".

Para um interlocutor externo seria preciso explicar sobre as responsabilidades públicas, privadas e governamentais presentes na palavra "projeto". Critérios de definição de público-alvo e processos de avaliação também entrariam na discussão, o que, conseqüentemente, exigiria uma reflexão maior sobre o que a palavra "parceria" revela e o que ela permite silenciar.

Para aqueles que têm acesso, os projetos podem contribuir para a supressão de certas marcas da exclusão por meio do aumento da escolaridade, da capacitação profissional, da consciência étnica, de gênero, de pertencimento local comunitário. Por meio deles, uma parcela dos jovens pode inventar novas maneiras de sociabilidade e integração societária que resultem em determinadas modalidades de inclusão. Em nível local, mesmo para os jovens que, por diferentes motivos, não têm acesso aos "projetos", pode-se dizer que sua mera existência amplia o campo de negociação com a realidade. Afinal, quem já não ouviu falar do caso de algum jovem envolvido com o tráfico que "dá força" para que seu irmão freqüente este ou aquele projeto?

Projetos sociais dirigidos aos jovens tornam-se pontes para um determinado tipo de inclusão social, para jovens moradores de certas áreas marcadas pela pobreza e pela violência das cidades. Contudo, é preciso refletir sobre os efeitos sociais que nem sempre são analisados.

Em primeiro lugar, é preciso pensar que a existência de projetos não cria apenas mais um critério de diferenciação entre os jovens (ter sido ou não, ser ou não ser de tal projeto) como também cria diferenciação entre os jovens residentes em diferentes "áreas carentes" da cidade. Ou seja, um projeto chama outro. E com as melhores intenções. Afinal, isso é coerente com a idéia de "desenvolvimento local", criar sinergias significa ter projetos variados, complementares e integrados. Mas enquanto isso os jovens de outras áreas ficam cada vez mais invisíveis.

O segundo efeito é decorrente da disseminação da linguagem dos projetos. Certos jargões provenientes desse discurso são utilizados pelos próprios jovens. Os jovens que estão ou já estiveram nos projetos sabem quando estão falando para uma pesquisa, com uma ONG, com o Instituto Ayrton Senna ou com a Secretaria do Trabalho etc... Os jovens que fazem parte do "público-alvo" dos projetos se (re)apropriam de idéias, palavras e expedientes, incluindo-os em suas estratégias de sobrevivência social.

Jovens de Acari, uma das tantas áreas pobres e violentas do Rio de Janeiro, têm suas estratégias para usar (ou não) as palavras "favela" e "comunidade" com interlocutores diferentes. Em certas ocasiões, frente ao poder público ou organismos não-governamentais, falam que são da "favela de Acari". Neste contexto chegam a acionar até a informação de que Acari é a "favela" de menor

IDH (Índice de Desenvolvimento Humano/PNUD-ONU). Em outras situações, frente a outros interlocutores, se referem ao lugar onde moram como "comunidade", denunciando o estigma da palavra "favela". Apropriando-se do que lhes é ensinado, inventando com criatividade expedientes para enfrentar dimensões da exclusão social, esses jovens estariam exercendo o chamado "protagonismo juvenil"? Sim, embora esses expedientes não estejam presentes entre os indicadores constantes nas avaliações de resultados dos projetos e programas sociais.

Contudo, todos esses aspectos citados ainda não esgotam o mosaico de inclusão e exclusão da juventude brasileira. Como é, o que pensa e o que sente o jovem de outras capitais e, sobretudo, do interior? Certamente, na elaboração de políticas públicas, torna-se muito necessário um diagnóstico mais abrangente. Há diferenças entre regiões do país, entre campo e cidade, entre cidades grandes e pequenas que devem ser levadas em conta. Certamente, há especificidades locais que podem atenuar ou acentuar algum dos vários vetores que produzem ou reproduzem desigualdades sociais. No entanto, o "local" (pensado como espaço de relações sociais) é não-resultado do isolamento. Ao contrário, ele é fruto de relações assimétricas, históricas, econômicas, políticas e culturais entre diferentes espaços sociais do país. Se forem adicionadas as diferenças entre morar em capitais e no interior, ou em diferentes regiões do Brasil, a figura do caleidoscópio de jovens certamente se alterará. Mas, de uma forma ou de outra, na dinâmica social de inclusão e exclusão social que atingem os jovens de hoje, se fazem presentes todos os elementos enumerados acima (renda, gênero, raça, local de moradia, presença ou ausência de projetos sociais, etc.).

O Instituto Ayrton Senna, que desenvolve projetos em vários estados e cidades do país, também se depara com processos geradores de exclusão social semelhantes aos que foram até aqui enumerados.

O INSTITUTO AYRTON SENNA E A CO-RESPONSABILIDADE SOCIAL

Para o Instituto Ayrton Senna *a juventude é uma causa*. O Instituto tem trabalhado em função dela e em torno dela. Opera com o conceito de co-responsabilidade social. A busca de somar esforços com o governo, com as empresas, com as ONGs, com as escolas, com os próprios jovens tem como objetivo a construção de uma "comunidade de sentido" para não só fazer parcerias para ações imediatas, mas também para compartilhar um horizonte.

Quando a instituição começou a atuar, em 1994, foram eleitas duas vias para inclusão: educação e direito. Contudo, mesmo reconhecendo que essas vias são poderosíssimas, nos últimos dois anos, o Instituto percebeu que para produzir inclusão deveria desenhar um horizonte maior, buscar "*desenvolvimento humano*". Nessa perspectiva, educação e direito são vias para se chegar ao desenvolvimento humano, e os jovens são parceiros interlocutores privilegiados para se conduzirem conosco por essas vias. Do ponto de vista do Instituto, nesse processo, é essencial dotar os jovens de poder para que eles se conduzam a uma participação efetiva nas decisões que afetam suas vidas.

O Brasil é uma das maiores potências mundiais em termos econômicos e também um dos países com maiores níveis de desigualdade social. Em termos de IDH é a 73ª nação. Nesse contexto, construir um horizonte é construir uma forma das pessoas terem uma inclusão efetiva: ou se cria efetivamente uma educação e direitos que sejam pontes entre esses dois mundos, ou ainda se falará durante muito tempo em desigualdade e exclusão. A proposta do Instituto Ayrton Senna é reduzir esse "gap", desenvolver o potencial das novas gerações, criar e ampliar oportunidades de desenvolvimento.

Existem três concepções fundantes, compartilhadas pela "comunidade de sentido" proposta pelo Instituto.

1. Esse é o momento demográfico da onda jovem. São 34 milhões de pessoas entre 15 e 24 anos e essa onda é vista no Brasil como um risco: risco de marginalidade, de violência, risco de risco. Para o Instituto, desenvolver o potencial das novas gerações significa que é possível perceber a onda jovem como uma oportunidade de ter um país com jovens em condições de oferecer muito mais do que precisam receber.

2. Os jovens estão fazendo uma transição que não é só de século ou de milênio, mas de civilização: Nasceram e foram educados no século 20, assim como os atuais adultos. Porém, irão trabalhar e constituir família dentro dos padrões e do dinamismo do século 21.

3. Os jovens podem ser vistos como parte da solução e não do problema. Ter uma grande população de jovens significa ter uma boa chance de gerar desenvolvimento humano.

Ser jovem no século 21 significa ter destinos apoiados em um cenário cada vez mais tecnologicamente globalizado e socialmente ainda excludente. Para o Instituto Ayrton Senna, a diferença está entre os jovens que se deixam conduzir passivamente pelo fluxo dos acontecimentos e os que tentam fazer diferença influenciando esse destino. O desafio da futura geração de adultos pode ser resumido em três palavras: *autonomia, solidariedade* e *competência*.

Nesse contexto, o trabalho com juventude, concebido pelo Instituto, impõe dois desafios: o primeiro é o de trabalhar um conceito de educação que de fato faça jus às complexas exigências éticas e políticas do desenvolvimento humano (educação para o desenvolvimento humano). O outro desafio é fazer isso em escala e sair da lógica dos pequenos números.

Tecnologias sociais: conhecimento a distribuir

Os programas da área do fazer operam na base do trinômio Autonomia, Solidariedade e Competência. Existe um sentido matemático na palavra trinômio: são elementos que se combinam de uma forma que uma não funciona sem a outra. Autonomia com solidariedade e com competência. Ao se trabalhar com os jovens somente a autonomia, o resultado será o aparecimento de empreendedores, mas pouco solidários. Ao se trabalhar apenas autonomia e solidariedade, o resultado será incompleto porque faltará competência para enfrentar o mundo do trabalho.

Autonomia com solidariedade e competência produtiva é do que precisam os jovens a fim de se tornarem autônomos, solidários e competentes para entrar no circuito e fazer diferença. Isto é, entrar para não se deixar conduzir pacificamente.

O Instituto trabalha com as idéias de "educação para valores" e "protagonismo juvenil", o que significa dar aos jovens subsídios para que se situem diante de si e do mundo, capacitando-os para a tomada de decisões, para a solidariedade, para a participação efetiva no enfrentamento dos problemas, na criação de soluções para sua comunidade e para sua escola. No que diz respeito à competência, o Instituto opera com o conceito de "trabalho habilidade", que implica ter uma visão do novo mundo do trabalho e das competências que precisam ser desenvolvidas para concorrer profissionalmente.

Tendo essas idéias como pano de fundo, o Instituto se propõe a gerar e distribuir tecnologias sociais, isto é, conhecimento praticado e conhecimento avaliado. Conhecimento com olhar macro é visto como o conhecimento que tenha passado pelo crivo da experiência, algo fundamental para que o Brasil possa de fato construir uma "política de juventude". O país não tem ainda uma política de juventude, tem programas de juventude, um aqui outro acolá.

A experiência do Largada 2000

Além dos programas na área do fazer, o Instituto tem outros dois programas específicos para juventude: o Largada 2000 e a Aliança com o Adolescente pelo Desenvolvimento Sustentado.

O *Largada 2000* envolve 72 mil jovens e 1.600 educadores em 45 municípios e seis estados brasileiros, mais o Distrito Federal com 15 cidades-satélites. Atua em 196 escolas e outras unidades educativas. É um laboratório de geração de tecnologias sociais para se trabalhar com a juventude. Nesse programa a comunidade de sentido está fundamentada em uma aliança com o Sesi Nacional, o Departamento Nacional do Sesi e a TCO celular. As redes de ensino já incluídas são as de Santa Catarina, Rondônia e parcialmente Distrito Federal e Ceará. Trabalha-se também com teleconferências mensais nas quais as comunidades reúnem-se virtualmente.

O *Largada* tem uma estratégia de formação continuada de educadores. Acontece um ano inteiro de formação para que eles possam ver, entender e agir em relação à juventude de uma forma diferente da que faziam antes. O primeiro efeito dentro de uma escola é muito rápido: educadores e jovens entram em uma "sintonia intergeracional diferenciada".

Os jovens passam por um jogo de cidadania: o "game do largada 2000". O jogo é um convite para que eles criem e implementem soluções para suas escolas e comunidades. Em Rondônia, por exemplo, os jovens providenciaram cortinas para as salas de aula, pois o sol era muito incômodo. Em outros lugares há grupos de jovens que se reúnem e desenvolvem ações de alfabetização para a comunidade e para os pais dos alunos. Jovens de Rondônia se mobilizam para conseguir a despoluição do riacho Pires de Sá, na cidade de Vilhena. Em outras escolas desse estado os jovens se preocuparam com o lixão existente na capital, Porto Velho.

Em 2001, 10.500 jovens fizeram 528 projetos de transformação social com mil educadores e orientadores. Eles dizem: "estou aprendendo a dar sentido para a minha vida"; "estou aprendendo dar valor para as pequenas coisas"; "estou aprendendo a gerir o trabalho coletivo"; "estou aprendendo a pesquisar e a buscar conhecimento".

Isso aponta para uma educação cuja preocupação é o desenvolvimento humano. Os jovens estão se desenvolvendo como cidadãos e como futuros profissionais. Desenvolvem também o entorno social e preparam-se de fato para viver no mundo em que vivem, com as exigências desse tempo. E isso tudo também aponta para a questão da escala.

Em Joinville o Instituto trabalha com sete mil jovens. Isso representa 10% da população de 15 a 19 anos da cidade. Então, é um projeto que trabalha com 50% dos jovens que estão em escolas públicas e com 10% da população jovem nessa faixa etária. Nesse sentido, o Instituto pode vislumbrar que Joinville daqui a alguns anos terá uma geração de adultos bastante diferente. É um indício de escala. Em Joinville, toda a rede de ensino municipal e estadual está mobilizada para incrementar o projeto em todas as escolas.

Em Santa Catarina o projeto está em sete municípios, um em cada ponto do estado para criar pólos, centros de excelência e centros de disseminação desse pensamento. É o que se chama de um "pensamento de escala", em que a partir do que se faz no micro (aqui, 71 mil jovens são considerados micro) cria-se a arquitetura para o macro. Essa arquitetura não é feita somente pelo Instituto, mas por uma comunidade de sentido, por um grupo formado por inúmeras mãos que fazem de um programa algo que possa ser de fato uma contribuição para um país e para uma política de juventude.

O foco é formar educadores e reafirmar a mensagem "*do jovem como solução*", com capacidade de criar soluções concretas para sua educação, para sua escola, para o seu entorno social.

Informações editadas pela autora a partir do relato apresentado no seminário.

POLÍTICAS PÚBLICAS NA CIDADE DE SÃO PAULO: OS JOVENS ENTRE OS BENEFICIÁRIOS

A Constituição de 1988 e, sobretudo, o Estatuto da Criança e do Adolescente foram e ainda são importantes parâmetros para a elaboração de políticas públicas no Brasil. Por outro lado, há um vazio muito grande no Brasil em termos de políticas públicas para a juventude brasileira. O país está atrasado, inclusive no conhecimento da juventude. O que não deixa de ser um contra-senso em um país formado por uma parcela expressiva e importante de jovens. O Brasil conhece pouco os seus jovens e praticamente não tem políticas públicas de grande dimensão para eles. As políticas públicas, sobretudo de garantia de renda, se encerram na faixa etária de 17 anos. A partir daí e até os 66 anos, não há política pública especificamente no Brasil.

"Pública", no sentido de governamental. É claro que há uma série de iniciativas de ONGs, de fundações e que são muito importantes. Mas o papel desempenhado pelo Estado nessa área é pequeno.

A expectativa de mobilidade social é fundamental para a juventude projetar o futuro. Poucos países, como o Brasil (talvez só os EUA), permitiram que as novas gerações conseguissem se reproduzir em condições melhores de vida e de trabalho em relação à anterior. Isso aconteceu no Brasil entre 1930 e 1980. É claro que enquanto o filho do pobre ficava menos pobre que o pai, o filho do rico ficava muito mais rico que o pai que já era rico. Ou seja, as desigualdades foram se aprofundando, mas havia mobilidade.

Hoje, os jovens, em geral, não possuem condições de trabalho e de vida melhores àquelas que seus pais tiveram. Os filhos dos pobres estão ficando mais pobres que os pais, os filhos dos ricos menos ricos que os pais. Não por acaso, a diminuição de possibilidades de mobilidade social gera pessimismo e ausência de perspectiva em relação ao futuro, o que gera pessimismo, como já constataram várias pesquisas.

Enfim, para além do fato de o capitalismo ser uma máquina de exclusão social, as duas décadas de paralisia econômica contribuíram para a exclusão social dos jovens, pois o país não cresceu, não aumentou a produção, não aumentou a riqueza já concentrada nas mãos de poucos, e muitos recursos da produção foram desviados para atividades financeiras e especulativas.

Jovens e mercado de trabalho: mitos a questionar

Existem três mitos nas explicações sobre as dificuldades de inserção dos jovens no mercado de trabalho: um mito demográfico, outro educacional e outro de inovação tecnológica.

O primeiro mito tem a ver com a "onda jovem". O problema não é demográfico, porque diminui o número de pessoas da faixa etária de 15 a 24 anos no total da população. O país já teve muito mais jovens no total da população brasileira do que em décadas anteriores. Hoje, menos de 20% da população se encontra na faixa etária entre 15 e 24 anos. Vinte anos atrás chegou a ser quase 24% da população.

A passagem da adolescência para a vida adulta é diferente hoje do que era 20 ou 30 anos atrás. Para uma sociedade que tinha uma expectativa média de vida de 40 anos, estavam delimitadas as expectativas e as formas de passagem de adolescência para a vida adulta, formação de família, independência financeira, trabalho etc. Hoje tanto as expectativas quanto as possibilidades exigem outras definições em termos de faixas etárias.

O segundo mito é o da exclusão. Pode-se dizer que o fato de o jovem viver na condição de exclusão, de estar desempregado, de ter baixo salário e de não haver emprego é um problema educacional?

Não é novidade que a educação no Brasil sempre foi para poucos. Contudo, os jovens de hoje estão muito mais escolarizados do que aqueles de há poucas décadas. Dizer que é um problema de escolaridade é fugir do problema do emprego. É como se a questão fosse procurar os postos de trabalho, como se tivesse emprego. Os jovens que estão estudando fizeram curso de capacitação e não terão emprego. E não terão emprego se não for alterado o modelo econômico.

Nos últimos 12 anos, o emprego que mais cresceu no país foi o emprego doméstico: de cada dez vagas abertas no Brasil, três são de empregos domésticos. Hoje existem seis milhões de empregos domésticos no Brasil. A segunda ocupação que mais cresceu foi a de vendedor ambulante: a cada dez vagas, duas são de vendedores ambulantes. A terceira ocupação que mais cresceu foi na área de asseio e conservação de limpeza.

Possivelmente, nos requisitos para algumas dessas ocupações, exige-se até mesmo o ensino médio. Mas não é necessariamente uma mudança no conteúdo do trabalho que exige uma pessoa mais escolarizada. Ou seja, a educação deve ter valores e objetivos muito mais nobres do que exclusivamente a questão funcional.

O terceiro mito está ligado à inovação técnica. Ela está exigindo pessoas com maior qualidade, com mais conteúdo? Ora, um dos postos que tem crescido e está vinculado à nova tecnologia é a central de atendimento telefônico, o chamado *call center*. A pessoa esta lá, com um ponto no ouvido, falando, mexendo no computador, novas linguagens etc. É um trabalho simplificado, não tem criação ou autonomia. Tem repetição, empobrecimento do trabalho, desqualificação do trabalho. Outra profissão: caixa de supermercado. A pessoa, geralmente com ensino médio, mexe com computador, trabalha com código de barra, com um sistema eletrônico *on-line*. Seria curioso comparar esse profissional com o atendente de uma mercearia que 20 anos atrás andava com um lápis na orelha e fazia listas das compras, colocava o preço, somava, se comunicava com o cliente, dizia o valor, era uma pessoa que sabia fazer contas, falar. Podia não saber escrever bem, mas no final do dia fazia o levantamento e via o que tinha vendido e informava o dono sobre o que aconteceu durante o dia e o que era preciso comprar.

Então, a questão da inovação tecnológica precisa ser avaliada em detalhes, pois poderá se pensar que o "problema do jovem" são suas "deficiências".

Exclusão e poder público: focalizar ou universalizar?

No Brasil houve uma desresponsabilização do poder público em relação à questão social. Os problemas muitas vezes são transferidos para o crescimento demográfico e, na maioria das vezes, são transferidos para a responsabilidade individual.

Ao mesmo tempo, na última década, ocorreu uma privatização das políticas públicas por meio da idéia de focalizar um país que não universalizou quase nada. Talvez esse seja um bom tema para ser discutido pelos países desenvolvidos que têm um "estado de bem-estar social". Não é o caso do Brasil. Até agora foram feitas políticas minguadas, fragmentadas e de competição entre esferas de governo (o município compete com o estado e o estado compete com a União). Não há sinergia nos programas sociais do governo federal. O custo da implementação do acompanhamento de programas varia de um terço a 50% do total. É um recurso posto fora. Para fazer qualquer ação tem que ter um cadastramento, uma fiscalização etc.

Os modelos testados se mostram incapazes de serem reproduzidos em larga escala. Na maior parte das vezes as políticas públicas aprofundam a exclusão, pois garantem para poucos e não para todos. As políticas públicas aprofundam a exclusão porque elas são limitadas e são fragmentadas.

Nesse debate é preciso levar em conta as novas formas de exclusão. Na velha exclusão, os excluídos eram os negros, as mulheres, as pessoas de baixa escolaridade, as famílias numerosas, as pessoas com mais de 40 anos, geralmente migrantes. A exclusão hoje também ganhou dimensões em famílias monoparentais, pessoas de maior escolaridade, pessoas nascidas em São Paulo e não-migrantes, jovens de diferentes graus de escolaridade. Daí também se impõe a necessidade de um padrão novo de gestão no trabalho das políticas públicas.

O modelo vigente nos últimos anos, além de competitivo e residual, é um modelo de alto custo e com baixa eficácia. É preciso construir um novo padrão de políticas e que passe necessariamente pela integração e decisão de governo: para que os programas não sejam de ministérios ou de uma secretaria, mas do governo e que todos assumam esse programa. Uma idéia seria constituir o sistema único de inclusão social, como se tem hoje o SUS; em que não há disputa entre estados, municípios e a União. Todos colocam recursos e ele representa um esforço único nacional para enfrentar o problema da saúde. Para o caso brasileiro, seria o esforço conjunto do estado, do município e do governo federal.

Nesse contexto, os problemas sociais deixariam de ser moeda de barganha política. A ação integrada é uma ação possível de fazer com que a juventude seja a solução para um país que todos merecem.

A experiência de São Paulo

Na experiência de São Paulo, talvez o ponto mais importante tenha sido a concepção de uma nova gestão de políticas, não exclusivamente para a juventude, mas para a questão da exclusão de forma generalizada.

Segundo dados da prefeitura, em São Paulo, 589 mil famílias vivem abaixo da linha de pobreza. Desse universo, atualmente os programas municipais atingem 260 mil famílias, isso equivale a 1.200.000 pessoas, ou 12% da população da cidade.

No universo desses programas, o segmento depauperado da população com até 20 anos de idade dispõe de bolsas de garantia de renda vinculada à elevação da escolaridade (programas como o Renda Mínima e o Bolsa Trabalho atendem 465 mil pessoas, entre crianças e jovens). Ainda no âmbito da educação, a Prefeitura de São Paulo faculta aos jovens carentes de 16 a 29 anos, com ensino médio completo, o acesso a uma rede de curso pré-vestibular gratuito, visando favorecer o acesso às principais universidades, que contam com subsídio fiscal municipal para dar bolsas aos estudantes pobres.

Em relação à inserção no mercado de trabalho, a prefeitura disponibiliza uma linha de estágios no setor produtivo como meio de permitir a formação ocupacional no próprio local de trabalho, mediante o financiamento de parte dos custos operacionais das empresas. Por outro lado, para os jovens que concluíram o ensino médio ou superior, a prefeitura financia o custo da qualificação e da experiência profissional no próprio local de trabalho, para as empresas contratarem com carteira assinada.

Para garantir a passagem de um momento de dependência do recurso público para uma situação de autonomia, há uma intermediação do Estado para direcionar o jovem ao mercado de trabalho: não só para as empresas como também para as cooperativas ou para a alocação do trabalho autônomo (inclusive através do sistema 0800). A idéia é que o jovem escolha se quer ser empreendedor, se quer ser assalariado, agente comunitário ou se quer atuar na comunidade. Entre os vários programas existe um para 1.400 jovens, que hoje estão sendo coordenados pelo teatrólogo Augusto Boal, voltado para a formação de "agente comunitário de lazer", despertando vocações e oportunidades na área da cultura.

O Município de São Paulo também atua por meio dos chamados Programas de Desenvolvimento Local. Visam gerar postos de trabalhos e acontece pela ação da prefeitura em conjunto com o setor privado e os trabalhadores. Enfim, isso faz parte de uma agenda de desenvolvimento local.

Os programas foram desenhados por distritos e criou-se uma hierarquia com base no grau de exclusão, combinando então os indicadores de violência, de desemprego, de pobreza, de concentração de jovens e adolescentes na população e de escolaridade. Esses cinco indicadores permitiram estabelecer uma hierarquia e a elaboração de um cadastramento único que permite atender o universo daqueles que se inscrevem nos diferentes programas.

Quando se verifica o perfil dos beneficiários dos planos sociais, percebe-se que, mediante políticas universais, acaba-se atendendo a todos os que se encontram naquela situação daquela localidade. Há concentração de mulheres: quase 80% dos beneficiários são mulheres chefes de família, grande parte são negros e assim por diante.

Em São Paulo, 12% da população é beneficiada por programas redistributivos. Parece não haver experiência no mundo nessa proporção. Contudo, o desemprego cresce na cidade ano a ano. Houve também um rebaixamento do nível de renda e uma expropriação dessas rendas em função do aumento da carga tributária do governo federal. Em 2001,

> somente o racionamento energético causou 200 mil demissões. Assim, a inclusão dos jovens não depende apenas de políticas municipais. Dependerá também da condução da política econômica e social do país.
>
> Informações editadas pela autora a partir do relato apresentado no seminário.

ESCOLA, TRABALHO E CIDADANIA: NOVAS COMBINAÇÕES PARA A INCLUSÃO

Nos países avançados, cada vez é mais tardio o ingresso do jovem no mercado de trabalho. Na França, de cada dez jovens na faixa etária de 15 a 24 anos, apenas dois estão no mercado de trabalho. Oito estão inativos, ou seja, estudam para ingressar mais tarde no mercado de trabalho e em melhores condições de competição. No Brasil, a situação é praticamente inversa. De cada dez jovens, sete estão no mercado de trabalho. Eles não precisariam estar ali se existisse um processo de transferência de renda que garantisse as condições para estudar.

É muito comum nos projetos sociais, tanto na área governamental como na área não governamental, a exigência de que o jovem candidato esteja freqüentando a escola e mostre regularmente seu boletim escolar. A intenção é das melhores: reduzir a evasão e reafirmar o valor da escola. Porém, seria importante que o jovem não fosse à escola apenas para garantir uma "bolsa" (transferência de renda) e para conseguir um certificado que favoreça sua inserção no mercado de trabalho. Afinal "qual escola" e "que trabalho" estão em jogo? A rigor, para diferentes segmentos da juventude, as relações entre escola e trabalho são múltiplas e ambivalentes.

Muitos jovens, ao serem indagados sobre as "instituições sociais" em que mais confiam, citam sempre a escola. São muitos os que se ressentem de não ter ficado mais tempo na escola, vista como um bom lugar para se fazer amigos e que faz parte da sociabilidade que caracteriza a condição juvenil. Nesse sentido, estar prematuramente fora da escola é sempre uma marca de exclusão social.

Por outro lado, várias pesquisas indicam que os jovens mais pobres também não se iludem, não embarcam no "mito da escolaridade". Para eles a escola já não é vista como garantia de empregabilidade. Jovens de classes populares que conseguem terminar o segundo grau esbarram nos concursos e demais processos de seleção com candidatos que possuem cursos universitários completos. São muitos jovens desta geração que têm consciência de que a escola é importante como passaporte que permite a viagem para o emprego, mas não o garante.

Com efeito, a questão da inserção do jovem no mercado de trabalho é um dos mais freqüentes motivos de conflitos entre pais e filhos, tanto nas famílias mais pobres quanto nas famílias de classe média. É o caso dos jovens diplomados de São Paulo que estão desempregados ou saem do país. Hoje, nas relações familiares, a incerteza quanto à inserção no mundo do trabalho tem um peso semelhante ao que a questão sexual, sobretudo para as mulheres, teve nas gerações passadas[1]. Ao que parece, os conflitos que aumentam em casa são aqueles relacionados à área do trabalho, no presente ou no futuro. Dispensas constantes, contratos de trabalho de curta duração acontecem tanto nos supermercados como nas agências de publicidade. A geração dos pais, ainda que atingida pelo fantasma do desemprego, ainda tem muito que aprender sobre o funcionamento do mundo do trabalho modificado. Os jovens que trabalham já trabalharam pouco tempo e em muitos lugares.

Por outro lado, há registros de jovens pobres que têm acesso a uma "bolsa de projeto" e que são levados a buscar estratégias para ocultar os "bicos" e outras formas precárias de trabalho que não podem ou não querem parar de fazer. Estar no mercado de trabalho, mesmo que precariamente, em certas situações é garantia de acesso a certos bens materiais e também ao respeito e apreço da família. Neste sentido, seria importante que os projetos criassem um elenco de possibilidades que pudesse contemplar diferentes situações vivenciadas pelos jovens. Seria necessário distinguir o estudante que trabalha, do trabalhador que estuda, e do jovem que se insere no mundo do trabalho para viver a "condição juvenil".

Atualmente não é possível mais acreditar que a inclusão se dará fundamentalmente pelo mercado de trabalho. Em primeiro lugar, porque o trabalho está pesando cada vez menos na vida das pessoas. Cem anos atrás, em uma comunidade agrária com média de vida de 40 anos, começava-se a trabalhar

---

1. Hoje, isto mudou e um dos indicadores de mudança é a porcentagem de jovens que leva a namorada ou o namorado para dormir em casa dos pais. Pode-se afirmar que acontece mais entre os mais ricos, mas está presente em todas as classes sociais. Com o aumento do pluralismo religioso, também parecem ter diminuído os conflitos entre pais e filhos no que diz respeito às escolhas de religião.

aos cinco ou seis anos de idade e se trabalhava até morrer. Hoje, no Brasil, o tempo de trabalho representa 40% do tempo da vida. Não é a principal parte da vida. Então, é preciso construir uma cidadania que não seja montada somente no trabalho.

Quanto à escola, se na década passada melhoraram os indicadores de escolaridade, agora deve-se avançar do ponto de vista do conteúdo e da pedagogia. Experiências inovadoras como a do Instituto Ayrton Senna poderiam servir de orientação para essa grande passagem da educação que se expandiu, mas ficou a dever muito em termos de qualidade.

A qualidade, porém, não pode ser resumida ao aspecto tecnológico. Os projetos sociais dirigidos para os jovens também buscam meios para fazer face à "exclusão digital". No entanto, nem sempre os "cursos de computador" dão conta do recado: máquinas e programas são muitos e estão sempre mudando. Parece ser mais comum não haver continuidade entre esses cursos e a inserção profissional de seus beneficiados. Contudo, há um outro lado da medalha: a inovação tecnológica pode aproximar jovens de mundos diferentes. Diferenciados por subgrupos etários, escolaridade, gênero, raça, local de moradia, acesso a projetos sociais, os jovens de hoje podem ter a mesma quantidade de informações sobre um determinado assunto, sobretudo quando fazem parte de um grupo ou movimento cultural ou esportivo. Grupos dos movimentos hip-hop que se conectam no Brasil inteiro, por exemplo. Embora sejam muitos os que não têm computador em casa, os computadores que estão nas associações, centros comunitários e ONGs são usados pelos jovens.

É preciso desfazer o mito de que são as exigências tecnológicas do mercado de trabalho os obstáculos para a inclusão dos jovens, ao mesmo tempo que é preciso compreender que a internet faz parte da experiência social desta geração. Uma ênfase maior na comunicação e na cultura poderiam render mais satisfação do que os "cursos de computador", que são pensados apenas como capacitação profissional. Esse é o sentido das teleconferências promovidas pelo Largada 2000, do Instituto Ayrton Senna.

CONCLUSÃO

Em várias pesquisas, quando se pergunta aos jovens quais são os dois maiores problemas do país, eles respondem *desemprego* e *violência*. Há alguma variação de pesquisa para pesquisa, mas, via de regra, aparecem: violência, desemprego e corrupção de políticos. As respostas permitem compreender um pouco mais sobre os jovens de hoje. Entre os medos citados por eles, aparecem em destaque o medo da morte e o medo do futuro.

O medo da morte expressa várias características da insegura vida urbana atual. No medo do futuro se expressam os sentimentos de uma geração que se defronta com um mercado de trabalho restritivo e mutante.

No Brasil dos anos de 1950 havia 70% das pessoas no campo e 30% na cidade. Hoje as proporções se inverteram. Percentualmente, a população rural de hoje é muito menor do que a população urbana de ontem. Nos grandes centros urbanos está a grande maioria dos jovens brasileiros. E, mesmo que nem sempre os jovens tenham sido atingidos diretamente pela violência urbana, o tema faz parte do imaginário socialmente construído. É um marco geracional importante. Entre os jovens de hoje há um temor da morte prematura.

É verdade que falar em juventude — na literatura e na história — é sempre falar de riscos, transgressões, aventuras, necessidade de adrenalina, violência etc. Contudo, historicamente, os limites são testados justamente porque o jovem está, em termos biológicos, mais longe da morte. No entanto, essa geração — que tem a expectativa de viver mais — é a geração que mais fala em morte. Neste sentido não deixa de ser um paradoxo: na mesma juventude alarga-se o "tempo de ser jovem" em relação às gerações anteriores e, ao mesmo tempo, amplia-se também o sentimento de vulnerabilidade frente à morte.

Não existem pesquisas anteriores que possibilitem uma comparação sobre os medos dos jovens de gerações diferentes. Hoje, metade dos jovens temem por suas vidas. Eles têm medo *"de bala perdida"*, *"da polícia"*, *"do aumento da violência"*, *"do tráfico de drogas dominar tudo"*, *"de ser preso sem motivo"*, *"de ser violentada"*, *"de tiro"*, *"de ser espancada e enterrada viva"*, *"de violência e injustiça"*.

A bala perdida está no imaginário de todos: na casa dos mais ricos, na rua, no ônibus e nas grandes vias. Não por acaso um dos temas de conversação mais freqüente entre os jovens é "a violência". Com algumas variações e pesos relativos diversos, essa é uma conversa que faz parte do cotidiano dos jovens desta geração. Em qualquer grupo todos têm algo para contar sobre a polícia. Os mais ricos vão contar que foram "achacados", como dizem: "tivemos que negociar". O que via de regra termina em "molhar a mão do policial". Os mais pobres, sobretudo se forem negros, vão dizer que foram humilhados. As jovens mulheres falam que foram paqueradas, seduzidas ou desrespeitadas. Os moradores das favelas, conjuntos habitacionais, periferias e vilas são sempre os maiores suspeitos.

Hoje, falar em "políticas públicas para a juventude" é também falar em segurança pública e direitos humanos. Há medos compartilhados pelos jovens de hoje, porém as marcas das desigualdades sociais se revelam nos medos de determinados segmentos de "jovens de hoje". Isto é, se hoje fica cada vez mais evidente que as políticas públicas para a juventude não podem se justificar apenas pelo jargão tão usado que reduz seu objetivo ao "*tirar jovens da criminalidade*", sem dúvida não se pode minimizar a violência como um aspecto que é tão marcante na experiência desta geração. Segurança pública é requisito essencial para a inclusão social.

O medo do futuro é quase um sinônimo do medo de "sobrar" e está muito relacionado à inserção no mundo do trabalho. São vários os medos nessa área: medo de não estudar e não conseguir emprego, medo de estudar e não conseguir emprego, medo de conseguir emprego e depois perder, medo de ficar desempregado. Outros são mais genéricos: o medo de virar mendigo, de ter uma casa e depois não ter mais, de ficar pior do que se está, de não colher frutos. É interessante notar que nesse caso o recorte de classe não é o único. Com todas as diferenças de expectativas, os jovens de diferentes classes sociais temem o futuro. Como disse uma jovem moradora de uma favela do Rio de Janeiro: "Com esforço cheguei ao segundo grau completo (...) nós fomos ver um estágio, chegamos lá tinha advogado, psicólogo, tudo que você possa imaginar... Aí a gente fala: Nossa! O que a gente está fazendo aqui? Me sinto perdida. Tenho medo do futuro".

Ou seja, ter estudo não garante que se vá trabalhar e ter trabalhado não garante que se continuará trabalhando. Enquanto a geração anterior pensava "eu vou me aposentar assim ou assado", esta diz palavras vagas sobre o futuro. Pode-se relacionar esse aspecto também sobre a ausência de mobilidade social no Brasil e que afeta diretamente os jovens desta geração.

É urgente, portanto, instaurar um debate intergeracional que favoreça mudanças de mentalidade. "Ouvir os jovens" é um desafio e tanto. Não basta fazer uma "dinâmica de grupo" em um projeto social, realizar um "grupo focal" no contexto de uma avaliação, ligar um gravador para uma pesquisa qualitativa ou fazer um questionário perfeito para uma pesquisa quantitativa. Tudo isto é válido e necessário. Mas os resultados conseguidos devem ser objeto de análise, comparações e, sobretudo, podem servir de motivação para começar uma escuta mais aprofundada que abra caminho para um diálogo que resulte em conhecimento novo.

Os mais velhos estão sendo desafiados a mudar concepções de trabalho, de "estar no mundo" de maneira que correspondam melhor às possibilidades de hoje. Os jovens estão sendo desafiados a dialogar com a experiência social acumulada e, a partir daí, reinventar maneiras e sentidos para fazer o futuro. Somente no curso deste diálogo, será possível desenhar políticas públicas para a juventude.

O desafio de hoje é combinar mecanismos de transferência de renda, acesso à educação de qualidade, expedientes que facilitem o ingresso no mercado de trabalho, capacitação e apoio para diversas novas ocupações de geração de renda e, ainda, atividades comunitárias que favoreçam a construção de laços identitários e afetivos. A questão é como inscrever cada um desses aspectos no horizonte dos direitos desta geração. Transformar programas e projetos em políticas públicas significaria garantir sua continuidade, tão rara nos dias de hoje.

As parcerias entre Estado e sociedade civil continuam sendo necessárias, mas necessitam ser repensadas e repactuadas no que tange à natureza das responsabilidades e aos mecanismos de avaliação e controle social.

Enfim, os recortes de classe, cor, gênero, local de moradia, acesso a projetos sociais são constitutivos da dinâmica social que produz distintas formas de desigualdades sociais geradoras de processos de exclusão social. Frente a esse cenário, são falaciosas as demandas de escolha entre o recorte de classe e os demais recortes geradores de preconceito e discriminação, entre pobreza e desigualdades sociais, entre focalização e universalização.

Escolhas de Sofia? "O ovo ou a galinha?" É preciso garantir a universalização de acessos e lidar com a diversidade sem cair na fragmentação. O primeiro passo será lembrar sempre que pobreza e desigualdades sociais se retroalimentam, mas são resultados de dinâmicas sociais específicas. O desenho de políticas públicas dirigidas para a multifacetada juventude brasileira deve ser feito de maneira a universalizar direitos e acessos sem reproduzir desigualdades.

7

ARTICULAÇÕES ENTRE O CAMPO DA POLÍTICA, DA CULTURA E DA COMUNICAÇÃO

Micael Herschmann

A comunicação desempenha hoje um papel estratégico para o desenvolvimento de discursos e ações que sejam bem-sucedidas na sociedade contemporânea.

A noção e as implicações de uma comunicação à distância, mediatizada ou espetacularizada, vêm se firmando como favoritas da crítica acadêmica para interpretar um mundo povoado por miríades de imagens, celebridades e encenações. Não obstante o uso repetido do conceito notabilizado por Debord, no final dos anos 60, ainda carecemos de reflexões mais consistentes acerca da espetacularização e de suas efetivas implicações sobre a vida social e a produção cultural atual[1].

Mesmo os intelectuais, que tendem a enaltecer apenas os impactos socioculturais e políticos "negativos" da comunicação sobre os indivíduos, reconhecem a sua importância na vida social. Entretanto, o que em geral esses intelectuais não reconhecem, mas nós precisamos identificar para uma melhor compreensão da dinâmica da vida social: é que a comunicação hoje não se resume aos meios de comunicação tradicionais (apesar de possuírem um enor-

---

1. Ver DEBORD, Guy. *A sociedade do espetáculo*. Rio de Janeiro, Contraponto, 1997.

me poder simbólico), cada vez mais ela vem se constituindo num grande *ambiente* no qual todos nós estamos inseridos, queiramos ou não.

O campo da comunicação tem, hoje, um papel-chave, constituindo-se num verdadeiro ambiente, capaz de acolher a multiplicidade de contextos, identidades, universos simbólicos, interesses ou discursos que, na sua existência plural, simultânea e imaterial, tanto caracteriza o que, na falta de expressão melhor, temos denominado como o mundo contemporâneo. A partir de um certo ponto da trajetória de nossas sociedades, então modernas, foi possível perceber que a mídia, nas suas várias versões e formatos, constituía-se num importante pólo irradiador de sentidos e representações, rivalizando em importância e força com a "vida cotidiana" de atores e personagens que, fora das telas, interagiam presencialmente. Mais recentemente, as fronteiras entre um lado e outro da "tela" diluem-se de tal maneira que somos, todos, invadidos pela dramática realidade de nossas ficções mediáticas, ficando, assim, praticamente impossível demarcar com clareza os limites entre a telerrealidade e a vida cotidiana. Pouco a pouco, vamos percebendo o quanto nossa realidade cotidiana é estrutural e fundamentalmente dependente, na sua constituição e dinâmica, da produção mediática. A mídia torna-se, então, um ambiente vital no qual sonhamos e agimos coletivamente, construindo e reconstruindo nossas realidades[2].

Em outras palavras, quando nos referimos à comunicação hoje, já não é mais possível avaliar sua relação com as diferentes sociedades contemporâneas apenas de uma perspectiva dicotômica — meio de comunicação de massa e sociedade ou emissor e receptor (ou somente dentro de uma lógica e dinâmica de *broadcast*). É necessário que sejamos muito cuidadosos, pois lidamos hoje com uma dinâmica extremamente complexa, na qual a comunicação opera crescentemente na lógica hipertexto, cada vez mais a partir de mídias interativas, em que a circulação e o agenciamento de informações e símbolos são cada vez mais velozes e intensos.

As novas tecnologias de comunicação estão cada vez mais presentes no nosso dia-a-dia, basta que avaliemos, por exemplo, o significativo tempo em que *vivemos nas telas*, o quanto ela vem mudando nosso cotidiano mais corri-

---

2. Cf. PEREIRA, Carlos Alberto M.; HERSCHMANN, Micael. "Comunicação e novas estratégias organizacionais na era da informação e do conhecimento". In: *Comunicação & Sociedade*. São Bernardo, UMESP, n. 32, 2002, p. 27-42.

queiro e banal ou, mesmo, as suas implicações sobre ações sociopolíticas atuais. Nesse contexto, e com a convergência tecnológica em curso, a comunicação vem sendo crescentemente vivenciada no cotidiano como um conjunto de fluxos multidirecionais. Assim, viveríamos em um ambiente comunicacional em expansão e essa talvez seja a principal característica do mundo contemporâneo[3].

No mundo contemporâneo, dois fatores evidenciam-se como estratégicos, especialmente para grupos excluídos, minoritários e marginais: a *espetacularização* e *alta visibilidade*[4]. É interessante notar como, nos últimos anos, esses fatores vêm deixando de ser tratados como indicativos de uma dimensão alienadora da indústria da cultura e passaram a ser crescentemente tratados como questões fundamentais na planificação de práticas sociais de grande êxito.

Poder-se-ia tomar alguns casos como, por exemplo, as ações implementadas por algumas ONGs do meio ambiente. O Greenpeace, na sua atuação, busca produzir ações e retóricas espetacularizadas enquanto uma forma de produzir uma eficácia que ocorre especialmente em um plano simbólico: ninguém imagina, por exemplo, que os ativistas do Greenpeace num bote de borracha vão efetivamente impedir que um navio de grande porte circule em determinadas águas, em função dele estar transportando petróleo ou lixo tóxico.

A eficácia que esse grupo ambiental busca não está necessariamente naquele conflito direto e palpável entre o bote e o navio, isto é, o resultado que se procura, muito provavelmente, ocorrerá, num plano simbólico, em que esses elementos auxiliarão na construção de uma retórica mediática que sensibilizará o grande público e que poderá resultar na vitória dos ambientalistas (na medida em que sua agenda ou parte dela seja incorporada pelas autoridades/população e/ou traduzida em leis de proteção ao meio ambiente). Não é à-toa que alguns autores consideram o Greenpeace como o maior "econovelista" do mundo, tal sua capacidade de espetacularização e de fazer repercutir seu discurso[5].

Assim, diferentemente do que uma perspectiva apocalíptica ou demonizadora dos mídia (e mesmo dos mídia tradicionais) poderia sugerir, há um

---

3. Mais detalhes, ver CASTELLS, Manuel. *A sociedade em rede*. Rio de Janeiro, Paz e Terra, 1999 e DIZARD, Wilson. *A nova mídia. A comunicação de massa na era da informação*. Rio de Janeiro, Jorge Zahar Editor, 1998.

4. Sobre a importância desses elementos na cultura contemporânea, cf. *Revista ECO-PÓS*. Rio de Janeiro, Pós-graduação da ECO/UFRJ, v. 6, n.1, 2003.

5. Cf. FAYARD, Pierre. *O jogo da interação*. Caxias do Sul, EDUCS, 2000.

enorme potencial de luta para os grupos minoritários na esfera mediática, desde que eles saibam se espetacularizar, realizar operações de linguagens, processos de engenharia mediática. Os grupos minoritários e excluídos devem atentar para essa possibilidades, explorando, na medida do possível, especialmente as novas mídias de caráter interativo que ainda não estão regulamentadas e abrem um novo campo para as ações participativas[6].

Evidentemente, não se está aqui ignorando a função normatizadora dos meios de comunicação sobre o social. Entretanto, é importante identificar as possibilidades de fazer emergir o *outro* no campo mediático. Possibilidades que devem ser tomadas como meta pelas ações políticas e culturais e, nesse sentido, esse campo mediático pode vir a se constituir numa arena de luta importante de construção de uma realidade social mais plural e democrática. Para isso é necessário que os grupos minoritários utilizem linguagens e estratégias adequadas. Está mais do que óbvio que, no mundo atual, o que não tem visibilidade ou não se espetaculariza dificilmente vai adquirir relevância social.

Aliás, a espetacularização, especialmente da periferia, vem ganhando relevância no mundo globalizado, com nações crescentemente empenhadas na busca de "inovação" e na valorização da identidade local/nacional. No Brasil, por exemplo, além do esforço para incrementar a visibilidade da periferia e garantir sua inserção no mercado, assistimos a um intenso investimento simbólico do Governo Lula, desde a confirmação de sua vitória nas urnas, para utilizar-se da "espetacularização da pobreza" — os programas de combate à fome e miséria são carros-chefes de sua gestão — como importante estratégia de mobilização e de engajamento da sociedade na luta pela resolução do problema. Essa nova postura diante das questões sociais nos obriga a enfrentar uma série de indagações: É possível atuar politicamente, de forma eficaz, fora do terreno do espetáculo? Existem outros meios, hoje, para chamar a atenção para o cotidiano da periferia?

Há, portanto, um campo de possibilidades aberto a essas expressões culturais, especialmente as minoritárias e periféricas. Aliás, elas vêm sabiamente, nas ultimas décadas, ocupando espaços significativos na mídia e mesmo no mercado cultural, a despeito da enorme resistência feita por segmentos das

---

6. Sobre movimentos sociais que utilizam as mídias interativas, cf. LEVY, Pierre. *Cibercultura*. São Paulo, Ed. 34, 1999 e ANTOUN, Henrique. "Comunidades virtuais, ativismo e combate pela informação". In: *Lugar Comum*. Rio de Janeiro, CNPq/NEPCOM-ECO-UFRJ, n. 15-16, 2002.

camadas mais privilegiadas da população que protestam (e tentam até censurar) contra essa forte e crescente presença.

Haja vista as campanhas que têm sido feitas na mídia contra os produtos e programas de forte apelo mediático que afirmam uma estética popular ou "popularesca". Se, por um lado, com grande freqüência o popular e a periferia são estigmatizados, por outro lado, as minorias, ao vincular sua produção na mídia (nova e na tradicional), vêm conseguindo se constituir em agentes ativos do processo de construção de cidadania. Essa situação é bastante diversa da que ocorria nos anos 60/70, quando as camadas menos privilegiadas da população (as minorias ou o "povo") foram tuteladas por uma vanguarda artística intelectual de classe média e de esquerda. A vanguarda, naquele momento, atuava dentro de uma postura que patenalizava esses grupos sociais. Agora eles são efetivamente sujeitos do discurso e da "luta".

Como interpretar a emergência e expansão de uma cultura rap na cena brasileira contemporânea? Depois da explosão do funk e hip-hop nos anos 90, sua "criminalização" e posterior incorporação pela indústria da música, essa trilha sonora se traduz em imagens de rebeldia que chegam aos cinemas, em filmes como *O invasor, O rap do pequeno príncipe contra as almas sebosas* e *Orfeu*; passam pela MTV, na voz de grupos como Rappa, Racionais MCs, Sistema Negro e Sabotage; são incorporadas pela própria teledramaturgia: a novela *As filhas da mãe*, da Globo (narrada eventualmente como um rap destituído de virulência); ou ganham visibilidade na participação do Rapper Xis no *reality show Casa dos Artistas*, do SBT. Oscilando entre a condenação e sua glamourização no mercado, na passagem da música às imagens, do baile encravado no morro ou na periferia às telas da tevê e do cinema, temos a emergência de novos sujeitos sociais portadores de um discurso: "marginais mediáticos", que vêm se afirmando na cena cultural[7].

Não se trata apenas de forjar um novo imaginário social: o de um Brasil mais fragmentário e plural. A cultura da periferia (traduzida especialmente na música, no cinema e na moda) ocupa a mídia com um novo discurso de rebeldia e potência, decisivo na mobilização e sedução das camadas juvenis, sejam elas da periferia ou não. E mais do que isso, impondo-se como novo discurso com conotações políticas, para além dos "guetos" e faixas etárias. A

---

7. Cf. HERSCHMANN, Micael e BENTES, Ivana. "O espetáculo do contradiscurso". In: *Folha de S. Paulo. Caderno Mais*. São Paulo, 18 ago. 2002, p. 10-11.

postura rapper, os gorros enterrados na cabeça, os "manos", tatuagens, a agressividade juvenil, o discurso comunitário e coletivo, tudo é passível de ser traduzido simultaneamente como moda e "legítima ira social" que canta e exige mudanças.

A conquista e negociação de espaços e visibilidade, em canais de diversão, circulação e comunicação diz respeito também a grupos minoritários e marginalizados de forma geral: favelados, desempregados, subempregados, drogados, uma marginalidade "difusa" que aparece na mídia de forma muito ambígua, pois para ganhar visibilidade e notoriedade se vêem forçados a se adaptar às regras de noticiabilidade; seus discursos e atitudes constituem os principais recursos de que dispõem para esse fim; em contrapartida, suas "atitudes" tendem a reificar a condição de marginalidade do grupo, o que, em contraste, serve para "naturalizar" a atuação repressiva das autoridades e dos órgãos de segurança pública. Como desdobramentos desse quadro, portanto, vemos emergir na mídia e no debate político-intelectual velhos espectros, como a turba e o temor quanto a um possível retorno ao "caos". Nesses enunciados quase sempre o jovem pobre é apontado como a grande ameaça ao "corpo social".

O discurso mediático, portanto, oscila entre a demonização e certa glamourização dos excluídos, à medida que a mídia os torna "visíveis" e permite-lhes, de certa forma, denunciar a condição de "proscritos" e reivindicar cidadania, trazendo à tona, para o debate na esfera pública, a discussão do *lugar do pobre*, ou melhor, o direito ao discurso, ao lazer, e de "acesso" à cidade, colocando em pauta as contradições do processo de "democratização" do país e suas tensões sociais. A cultura da periferia tem conseguido, com alguma regularidade, não só produzir um contradiscurso, como também traçar novas fronteiras socioculturais (e espaciais) que oscilam entre a exclusão e a integração: a) ao promover novas redes sociais, revitalizando velhos movimentos sociais e laços comunitários; b) ao ocupar, nem sempre de forma tranqüila, os espaços da cidade, inclusive as áreas nobres; c) ao denunciar e expor na sua produção artística-cultural o "avesso do cartão-postal" da cidade; d) ao possibilitar por meio de seus eventos o encontro entre diferentes segmentos sociais; e) ao amplificar ou conquistar visibilidade social pela articulação com a cultura institucionalizada e o mercado[8].

---

8. Mais detalhes, cf. HERSCHMANN, Micael. *O funk e o hip-hop invadem a cena*. Rio de Janeiro, Ed. UFRJ, 2000.

Certamente políticas públicas inteligentes devem necessariamente contemplar essas experiências culturais que emergem com grande força nos grandes centros e em diversas expressões artísticas como música, teatro, vídeo e programas de estações de rádio produzidos por grupos locais. Seria importante desenvolver políticas públicas que articulassem parcerias com artistas e empreendedores dessas áreas pobres, de modo a romper com a lógica meramente assistencialista e privilegiar o potencial educativo, político e estético dessas produções, incrementando iniciativas como, por exemplo, a da Cia. de Teatro Nós do Morro, a Cia. Étnica de Dança, a Rádio Favela, o Grupo Afro-Reggae, entre outros[9]. Infelizmente, não é essa a postura que, em geral, o Estado, vem adotando, em diferentes localidades. Evidentemente, há algumas exceções, experiências ricas mas infelizmente pontuais, que vêm sendo realizadas pelo país afora.

Ironicamente, o discurso espetacularizado da repressão policial nos territórios da pobreza não tem impedido que essa produção (e discurso) periférico/marginal/local seja aquela que vem sendo agenciada de forma destacada pela mídia, pelo público jovem e pelas organizações não-governamentais. Esse tipo de produção traduz-se constantemente não só em modismos (especialmente para um público de classe média são expressões de uma estética *kitsch* ou *cult*), mas também numa polifonia urbana e estilos de vida característicos de territórios urbanos marcados pela exclusão e instabilidade social. Trata-se de um discurso minoritário, que se afasta da lógica estatal e mediática de reforço das fronteiras, do enclausuramento e do *apartheid* social, discursos de "exclusão" e repressão (que clamam por mais policiamento, mais encarceramento) que promovem o medo do "outro". Em resumo, assistimos à emergência de um discurso sociopolítico forjado na própria cultura da periferia e "traficado" crescentemente pelo mercado.

Não se quer descrever aqui uma situação idílica na qual todas as ações de grupos minoritários são bem-sucedidas. Contudo, é importante ressaltar mais uma vez que os grupos periféricos têm conseguido de forma criativa utilizar-se das manifestações culturais como um instrumento para a construção ou reivindicação de cidadania. Essas ações têm, freqüentemente, conseguido ser mais exitosas que outras implementadas pelos gestores públicos, como,

---

9. As minorias ou grupos marginalizados lutam para obter o *copyright* sobre sua própria miséria e imagem, mas nem sempre são bem-sucedidos (cf. *ibid.*).

por exemplo, aqueles que desenvolvem ações junto a grupos de jovens apenas preocupados em resolver a questão da violência associada a esses grupos. É necessário desenvolver vínculos, um *saber* que possa lidar com situações extremamente complexas e que incorporem as demandas, o universo cultural desses jovens.

Como já foi assinalado anteriormente, o mercado está totalmente consciente do enorme potencial mobilizador dessa produção cultural, capaz de revelar tendências, aquilo que sensibiliza — o que entrará em moda em breve —, isto é, o que esses segmentos sociais expressivos de alguma forma estão demandando. Felizmente, várias ONGs, entidades sociais, associações de moradores e a própria ação de atores isolados vêm agenciando esse potencial da cultura periférica/popular para ações sociopolíticas, inclusive, arejando e revitalizando velhos movimentos sociais, antigas militâncias.

Um exemplo claro disso é o da cultura hip-hop: expressão cultural que gravita em torno de uma música tocada no Brasil e no mundo, poder-se-ia afirmar que ela vem ocupando de forma consistente a cena mediática, entrando em moda em várias localidades do país, mas nem por isso deixou, nas últimas décadas, de revitalizar movimentos sociais importantes como o movimento negro. Nos últimos anos, em diversas oportunidades, assistimos a grupos ligados à cultura hip-hop, como os Racionais MCs, ganharem prêmios e se destacarem na indústria fonográfica, mas nem por isso deixaram de atuar de forma intensamente crítica em relação à ordem social e à cultura hegemônica. Aliás, a sensação que se tem hoje no Brasil é a de que a periferia, a cultura da periferia, "entrou em moda" e nem por isso vem perdendo o seu poder de mobilização social, o seu conteúdo crítico.

Neste momento, em que a arena política tradicional se encontra um tanto desgastada, em que o sistema de representação política está saturado, deve-se evitar empregar apenas estratégias tradicionais de mobilização política. A articulação de ações políticas com a esfera da cultura vem se constituindo numa alternativa bastante efetiva, desde que agenciada de forma criativa. Acho que as experiências descritas pelos Srs. Almeida e Ampuero* também sinalizam nessa direção.

Em geral, só se consegue mobilizar grupos jovens — supersintonizados com a linguagem do mundo espetacularizado e globalizado contemporâneo

---

* Elmir de Almeida e Javier Ampuero foram expositores no debate que deu origem a este texto.

— na medida em que as iniciativas conseguem articular campos cada vez mais fundamentais como o da política, da cultura e o mediático[10]. Ao que tudo indica, em função de sua capacidade de mobilização (e sedução), a articulação desses campos vem se tornando essencial para o sucesso das ações sociopolítico-participativas. Em resumo, é nesse sentido que se poderia afirmar que a *comunicação* e a *cultura* se tornaram *estratégicas* e vitais para o êxito dessas ações.

REFERÊNCIAS BIBLIOGRÁFICAS

ANTOUN, H. Comunidades virtuais, ativismo e combate pela informação. In: *Lugar Comum*. Rio de Janeiro, CNPq/Nepcom-ECO-UFRJ, n. 15-16, 2002.

CASTELLS, M. *A sociedade em rede*. Rio de Janeiro, Paz e Terra, 1999.

DEBORD, Guy. *A sociedade do espetáculo*. Rio de Janeiro, Contraponto, 1997.

DIZARD, W. *A nova mídia. A comunicação de massa na era da informação*. Rio de Janeiro, Jorge Zahar, 1998.

FAYARD, P. *O jogo da interação*. Caxias do Sul, Educs, Zero.

HERSCHMANN, M. *O funk e o hip-hop invadem a cena*. Rio de Janeiro, Ed. URFJ, 2000.

HERSCHMANN, M. & BENTES, I. O espetáculo do contradiscurso. In: *Folha de S. Paulo*. Caderno Mais. São Paulo, 18 ago. 2002.

LEVY, P. *Cibercultura*. São Paulo, Ed. 34, 1999.

NOVAES, R. (org.). *Juventude, cultura e cidadania*. Rio de Janeiro, Comunicações do ISER, Edição Especial, 2002.

PEREIRA, C. A. & HERSCHMANN, M. Comunicação e novas estratégias organizacionais na era da informação e conhecimento. In: *Comunicação & Sociedade*. São Bernardo do Campo, Umesp, n. 32, 2002.

---

10. NOVAES, R. et al. (orgs.). *Juventude, cultura e cidadania*. Op. cit.

8

JUVENTUDE E TRABALHO:
criando chances, construindo cidadania

Elenice Moreira Leite

DA RETÓRICA DA PIEDADE À POLÍTICA DE DIREITOS: O JOVEM COMO ATOR SOCIAL

A juventude, convencionada como sendo a etapa de vida entre 15-24 anos de idade, é marcada por três processos essenciais à configuração da vida adulta:

a) partida da família de origem;

b) definição e início da vida profissional;

c) formação de outra família.

São processos complexos, recombinados pelos jovens em função de seu contexto histórico, social, cultural, familiar e de sua própria individualidade.

Nesse quadro, a questão do trabalho do jovem desperta particular interesse de estudiosos, formuladores e gestores de políticas públicas. No geral, é abordado a partir da questão da pobreza e da exclusão social. Mas a discussão tem avançado, levando à revisão de alguns paradigmas sobre juventude e trabalho.

As sociedades contemporâneas têm se mobilizado para reconhecer e assegurar direitos de cidadania a crianças e adolescentes, especialmente os que vivem em países menos desenvolvidos. Governos e organizações locais e internacionais — como ONU, Unicef, OIT — têm se empenhado em trazer crianças, adolescentes e jovens para a agenda das políticas públicas, como cidadãos de direito.

Essa mobilização, entretanto, intensificada nos últimos 20 anos, tem oscilado entre uma "retórica de sofrimento", que orienta "políticas de piedade", passando pelo discurso da "cidadania" e, mais recentemente, pela perspectiva da "racionalidade", que embasa políticas de direito. Todas, naturalmente, refletindo forças e interesses sociais, em diferentes contextos históricos e culturais (cf. Rosemberg, 1997).

A "retórica do sofrimento" parte no geral de torrentes de denúncias que visam, em tese, defender direitos de crianças e adolescentes pobres. Apesar de seu mérito em alertar para problemas e injustiças reais, essa corrente tem pelo menos três elos fracos: a) falta de base estatística e abuso de números sensacionalistas; b) debilidade conceitual quanto aos fenômenos que aborda (infância, juventude, pobreza), na medida em que partem de paradigmas europeus ou norte-americanas sobre o ideal de pessoa, família, trabalho, escola e sociedade; c) estigmatização de populações e famílias pobres, redundando em "políticas de piedade".

As intenções podem ser boas, mas os efeitos são duvidosos. A "retórica da piedade", combinando imprecisão conceitual e estatística, contribui para carimbar "pobreza" como "epidemia" ou "doença" que se alastra entre pessoas, famílias e países mais pobres.

Suas "vítimas" aparecem "predestinadas" a tragédias como: roubo, drogas, prostituição, gravidez precoce e outras formas de violência — que, aliás, ocorrem na maioria dos países, incluindo os chamados desenvolvidos. A imprecisão estatística, por sua vez, afeta o processo de formulação e implementação de políticas públicas[1], que exigem referências confiáveis sobre as populações e os problemas a ser atendidos.

Com a mobilização social dos trabalhadores e a abertura política, surge nos anos 1980 uma nova bandeira das questões sociais: a cidadania. O pobre passa a ser reconhecido pela sua capacidade de luta, de reivindicação e pelos

---

1. O Brasil tem assistido a diversas tentativas para estimar o número de pessoas em situação de pobreza (vivendo com menos de um dólar por dia). Em 2002, diferentes institutos chegaram a quatro cifras diferentes: 15, 22, 44 e 50 milhões, ou seja, percentuais entre 9% e 30% da população do Brasil (cf.

seus direitos e deveres como cidadão. O enfoque da pobreza é ampliado para o da exclusão social, ou seja, a pobreza como processo que se recria no tempo e no espaço, com múltiplas causas. Como definição geral, *excluídos* são os que não têm acesso ou não utilizam os mecanismos sociais e governamentais reconhecidos como direitos do cidadão.

Esse enfoque representa um avanço em relação à "retórica da piedade". Mas também contribui para estigmatizar a pobreza e o pobre, pois o trata como incapaz, material e ideologicamente, sem direito a voz ou participação nos movimentos e lutas sociais e também sem facilidade de acesso aos serviços públicos.

Nos anos 1990, começa a surgir no plano internacional e nacional uma nova tendência de análise do trabalho realizado pelo jovem. Essa tendência é marcada pela busca de sua racionalidade em dois aspectos: de um lado, focaliza o trabalho de adolescentes e jovens não como marca e tragédia do subdesenvolvimento familiar ou nacional, mas como prática generalizada ao norte e ao sul do Equador, em famílias pobres e não pobres. Por outro lado, impõe a visão do jovem trabalhador não mais como vítima passiva da miséria ou da exclusão, mas como ator social que sofre as injunções e injustiças sociais.

Nessa nova tendência, é central o reconhecimento de que os jovens são atores sociais, portadores de novas identidades coletivas. Ao assumir a visão do adolescente/jovem como ator social — e, portanto, sujeito pleno de direitos —, é preciso atentar ao modo como ele interpreta e ressignifica as identificações impostas pelos adultos, os usos que faz das instituições sociais — família, escola, trabalho, entre outras.

O SIGNIFICADO DO TRABALHO PARA O JOVEM

A sociologia vem discutindo, há décadas, o "fim do trabalho" como eixo da vida pessoal e social (Offe, 1989). A reestruturação produtiva, o avanço do desemprego, a precarização ou as novas formas de trabalho — tudo isso tem levado os teóricos à revisão da "utopia do trabalho", que se pensava mover pessoas, empresas e países, além da própria sociologia.

Folha de S. Paulo, 31 maio 2002, p. A8). As discrepâncias se repetiram no início de 2003, no debate sobre o Programa "Fome Zero", prioridade do Governo Lula. Sem dúvida, em qualquer hipótese, os números são elevados, mostrando que a pobreza atinge milhões de pessoas. Mas as discrepâncias são fortes, complicando a formulação de estratégias e metas.

É preciso, no entanto, contextualizar essa visão européia à sociedade e à cultura dos diferentes países, em especial dos chamados não desenvolvidos ou em desenvolvimento. No Brasil, como em todo o mundo, de fato, vem modificando-se radicalmente o modelo tradicional de trabalho. Esse modelo, tomado como sinônimo de "emprego", vem perdendo algumas de suas características-chave: industrial, assalariado, estável, masculino — um paradigma, aliás, que nunca chegou a absorver a maioria da PEA (População Economicamente Ativa) nos países da região.

Mas isso não impede que o trabalho exista ou renasça de diferentes formas nos vários países. Essas formas nem sempre são precárias — embora por certo se registre precariedade e exploração (inclusive nos chamados países desenvolvidos). O chamado "informal", que hoje absorve metade ou mais da PEA na maior parte dos países latino-americanos, incluindo o Brasil, é um universo novo, complexo e quase desconhecido, no qual o trabalho em geral e as ocupações em particular assumem formas que a análise sociológica convencional nem sempre consegue reconhecer.

Em que pesem as mudanças, o trabalho continua sendo um valor ou referência importante em nossa sociedade. Não se trata aqui de uma questão ética, de "satisfação pelo dever cumprido", mas de motivações bem práticas: a) o trabalho é essencial à sobrevivência e ao consumo, visto que a maioria dos países está longe de possuir sistemas de proteção social comparáveis aos europeus — aqui, "quem não trabalha, não come"; b) é também espaço de socialização, de aprendizagem e construção da identidade pessoal e grupal, em suma, uma referência básica de inclusão social.

Identificar-se como "trabalhador" é ainda um valor básico em nossas sociedades. Pesquisas antigas e recentes atestam que "trabalhador" é, no imaginário popular — inclusive dos jovens — a condição que distingue o "cidadão" do "marginal" (Leite, 2002; Seade, 2002).

Essa visão do trabalho é fundamental para se entender seu significado para os jovens em qualquer situação econômica; mas em especial para os setores populares, que constituem a maioria da população. O trabalho pode ser, nesse contexto, espaço vital de aprendizado, de socialização, de afirmação da identidade do jovem, inclusive de práticas sociais potencialmente libertadoras.

A questão do trabalho de jovens, portanto, deve ser situada no complexo maior de fatores que vêm construindo o que é "ser jovem" no país — em especial nos centros urbanos, a partir dos anos 70, quando o fenômeno "juventude" começa a se destacar na pauta demográfica e social do país (Heilborn, 1997; Madeira e outros, 1997; Leite, 2002; Seade, 2002; Corrochano, 2001). É preciso fugir da retórica da piedade e superar o discurso da exclusão. Para o jovem, trabalhar, por mais duro e estressante que possa ser, é independência, realização e dignidade (Corrochano, 2001).

TRABALHO E CIDADANIA

Diante do reconhecimento de que os jovens são atores sociais e portadores de novas identidades coletivas, cabe desenvolver e implementar novos paradigmas sobre o trabalho de jovens: não se trata mais de trabalho como atenuante da pobreza ou alternativa à marginalidade e à exclusão. Trata-se do trabalho como direito e um componente essencial da formação do jovem, como indivíduo e cidadão.

Esse reconhecimento parece tropeçar na realidade do mercado. De um lado, mudanças tecnológicas, organizacionais e políticas têm levado à redução da oferta de trabalho e aumento de requisitos para contratação (idade, escolaridade, experiência). De outro, cresce a participação de jovens na PEA, à procura de trabalho. Mais gente procura trabalho em um mercado cada vez mais apertado. As empresas tornam-se mais seletivas. Estreita-se o funil de acesso ao mercado. Fica mais difícil adquirir e comprovar experiência.

Tudo é ainda mais difícil para quem não tem escolaridade básica, que está praticamente universalizada como exigência de contratação no mercado. Em alguns países, que têm amplos contingentes da PEA com baixa escolaridade, esse requisito cria uma barreira quase intransponível[2]. Todos sofrem, mas os jovens são afetados com mais dureza, na medida em que estão em um processo crucial de construção da identidade individual, de escolha profissional, de estruturação pessoal e familiar.

---

2. No Brasil, a escolaridade média da PEA é 6 anos, podendo chegar a 7 na PEA urbana e a 8 anos na PEA urbana feminina. Entre a PEA rural, no entanto, cai a 3,5 anos. Perto de dois terços da PEA não completaram o nível fundamental (8 anos, que é o mínimo obrigatório no país desde 1971) e apenas um quinto tem pelo menos o nível médio, que, desde 1996, passou a integrar a escolaridade básica (fundamental + médio, segundo a LDB). A PEA jovem (15-24 anos) está em melhor situação, tendo a maioria completado o fundamental e atingido o grau médio. Mas esse perfil mostra grandes discrepâncias entre estados e regiões do país.

Embora mais áspera para os jovens, essa realidade afeta hoje também grande parcela de adultos que nunca tiveram passagens expressivas pelo chamado mercado "formal", que não têm meios de apresentar ou comprovar experiência ou referências exigidas pelo mercado.

Dificuldade semelhante pode afetar os desempregados de longa duração, cuja experiência acaba perdendo "validade" no mercado de trabalho. Um problema não desprezível, quando se verifica que, nas principais regiões metropolitanas do Brasil, o tempo médio de procura de emprego atinge em média 12 meses, podendo ser maior ainda no caso dos jovens. A volta dessas pessoas ao mercado de trabalho pode implicar praticamente um recomeço profissional, não só pelo tempo de afastamento, mas pelo fato de terem de mudar de setor/ocupação para conseguir trabalhar.

Em suma, o acesso ao mercado de trabalho não é mais um problema só dos jovens, mas de parcelas consideráveis da PEA. Como enfrentá-lo? Como romper o círculo vicioso do "sem experiência não entra; não entrando, não tem experiência"?

Por meio de uma política pública ampla, integrada, que enfrente o desafio do mercado, generoso em exigir experiência, avaro em proporcioná-la. Ou seja, através de políticas que proporcionem a trabalhadores em qualquer idade, em especial aos jovens, oportunidade de adquirir e comprovar qualificação e experiência que possam servir como credencial para o acesso no mercado de trabalho.

A experiência da América Latina e da União Européia mostra que é um problema complexo, que exige uma ação coordenada em várias frentes. O Brasil vem acumulando experiências e boas práticas nesse sentido. A seguir, alguns programas e projetos que ilustram as possibilidades de uma política pública de trabalho digno para todos, criadora de chances para os jovens e formadora de cidadãos.

BOAS PRÁTICAS NO BRASIL

O reconhecimento da importância do trabalho para os jovens, bem como de suas dificuldades de acesso ao mercado de trabalho, tem estimulado iniciativas inovadoras no Brasil, a partir de meados dos anos 90, do setor público e privado.

Neste texto, destacam-se quatro dessas iniciativas, todas avaliadas, que atingiram maior escala, maior tempo de implementação e cobertura de várias regiões do país: Programa Jovem Cidadão; Serviço Civil Voluntário, Capacitação Solidária e Primeiro Emprego. Trata-se de ações voltadas para jovens entre 16-24 anos de idade, em situação de vulnerabilidade social (por fatores como pobreza, baixa escolaridade, escasso capital cultural), sem experiência de trabalho, sem chances de formação profissional e, por tudo isso, com poucas possibilidades de competir no mercado de trabalho. Deixam lições de limites e possibilidades de uma política de trabalho digno para todos, em particular para os jovens.

1. Jovem Cidadão: primeiro trabalho (Governo do Estado de São Paulo)

- O que é: programa de estágios em empresas do setor privado, para concluintes do ensino médio.
- Objetivo: proporcionar uma primeira chance de trabalho para os jovens sem experiência nem oportunidades no mercado de trabalho, incluindo treinamento em serviço ("*on the job training*").
- Público-alvo: jovens de ambos os sexos, de 16-21 anos, egressos ou em fase de conclusão do ensino médio, de escolas públicas da periferia da região metropolitana de São Paulo.
- Prioridade de acesso: jovens de famílias de baixa renda, com pais de baixa escolaridade e/ou famílias chefiadas por mulheres.
- Localização/período: região metropolitana de São Paulo, 2000-2002 (3 anos).
- Duração: 480 horas = 6 meses, 4-6 horas diárias, combinadas com freqüência à escola em horário diurno (manhã ou tarde).
- Benefícios: bolsa de R$ 130,00 (50% pagos pela empresa, 50% pelo governo estadual) + vale-transporte (da empresa).
- Custo médio: R$ 1.000,00/jovem = R$ 2,00/hora (estimativa).
- Número de jovens atendidos: 17 mil (maio de 2000 a maio de 2002).
- Execução: empresas do setor privado ofertantes de estágio.
- Gestão: governo do estado e Secretaria de Trabalho de São Paulo.
- Acompanhamento e avaliação: Fundação Seade, São Paulo.

- Alguns resultados da avaliação em 2002 (cf. Seade, 2002).
  — Efetivação em torno de 20% dos estagiários nas empresas; outros 10-15% obtêm trabalho a partir de contatos/referências durante o estágio.
  — O estágio se faz em ocupações iniciais (ajudante geral de escritório, de contabilidade, office-boy, office-girl, caixa, balconista) e a efetivação ou inserção posterior se dá nessas mesmas ocupações.
  — Principais críticas dos jovens ao programa: problemas operacionais (horários, transportes, distâncias, atrasos no pagamento das bolsas), desvio de função (executar trabalhos pesados, sem interesse) e falta de treinamento sistemático para as funções.
  — Principais pontos positivos do programa, na visão dos jovens: a bolsa de R$ 130,00; ter uma primeira chance no mercado e aprendizados práticos, para o trabalho e para a vida, tais como: operar máquinas e equipamentos (xerox, fax, central telefônica, computador, caixa registradora); conhecer rotinas bancárias (pagar, receber, transferir dinheiro, reconhecer cheque roubado); desenvolver atitudes (falar e ouvir, respeitar e ser respeitado, ter responsabilidade, vestir-se e comportar-se "socialmente"); conquistar independência, ter e administrar o próprio dinheiro; descobrir vocação; ter mais interesse e motivação pelos estudos; "sentir-se jovem e cidadão".

2. Serviço Civil Voluntário (governo federal, estados e parceiros)

- O que é: programa de capacitação, formação para a cidadania e prestação de serviços comunitários.
- Objetivo: formação para o trabalho e cidadania, como alternativa para jovens dispensados do serviço militar obrigatório (que absorve apenas 10% dos jovens do sexo masculino que se apresentam, em todo o país, selecionando os mais aptos física e mentalmente).
- Público-alvo: jovens com 18 anos de idade, ambos os sexos — no caso dos homens, dispensados do serviço militar.
- Prioridade de acesso: jovens de baixa escolaridade, baixa renda, negros/pardos, portadores de deficiência, filhos de famílias chefiadas por mulheres.

- Localização/período: todos os estados do Brasil (27), no período 1998-2002 (5 anos). Iniciado como piloto em 1998/1999, no Rio de Janeiro e Distrito Federal.
- Duração: 600 horas, 6 meses, 4-6 horas/dia, combinadas com freqüência à escola ou curso supletivo.
- Benefícios: auxílio-alimentação, transporte e bolsa de R$ 60,00.
- Custo médio: R$ 1.000/jovem = R$ 1,66/hora (estimativa).
- Investimento total: R$ 41,1 milhões do FAT — Fundo de Amparo ao Trabalhador (1998-2002).
- Número de jovens atendidos: 40 mil (1998-2002).
- Gestão: Ministério do Trabalho e Emprego, Ministério da Justiça e Conselho Deliberativo do FAT (âmbito federal) + Secretarias de Trabalho e Conselhos Tripartites de Trabalho (estaduais e municipais)[3].
- Execução: descentralizada, por entidades de capacitação (ONGs, Sistema S, sindicatos, universidades), contratadas em cada estado pelas Secretarias Estaduais de Trabalho.
- Acompanhamento/supervisão: Ministério do Trabalho e Secretarias de Trabalho.
- Avaliação externa: 27 universidades públicas, contratadas em cada estado.
- Alguns resultados da avaliação em 2001 (cf. MTE, 2002):
  — Principais resultados positivos para os jovens: acesso à qualificação para o trabalho, chance de prestação de serviços comunitários (em escolas, hospitais, creches, asilos, campanhas de saúde pública, defesa do meio ambiente, combate à violência), melhoria de relações sociais e familiares, inclusão/participação social e estímulo a retomar ou concluir estudos (fundamental ou médio).

---

3. Programa desenvolvido no âmbito do Planfor — Plano Nacional de Qualificação Profissional, do Ministério do Trabalho, com financiamento do FAT, sob gestão de conselhos (nacional, estaduais e municipais) tripartites e paritários (governo, trabalhadores e empresários), em parceria com os estados, sindicatos, organizações empresariais e outras não governamentais. O Planfor atingiu mais de 15 milhões de trabalhadores, em 85% dos municípios do país, nos anos de 1995-2002.

— Principais dificuldades, na visão dos jovens: situação após o programa, que não garante inserção profissional nem formas de manter a mobilização dos participantes (problema corrigido, em alguns estados, pela formação de associações de ex-participantes do SCV, nas entidades executoras ou em organismos municipais).

3. Capacitação Solidária (Associação de Apoio ao Programa Capacitação Solidária)

O que é: programa de capacitação e vivência prática para jovens em situação de vulnerabilidade social.

- Objetivo: capacitação, desenvolvimento social e cultural dos jovens, de modo a romper o ciclo vicioso da exclusão social e propiciar seu acesso ao mercado de trabalho.
- Público-alvo: jovens em situação de vulnerabilidade social, na faixa de 16-21 anos de idade, moradores das periferias de áreas metropolitanas (focos de desemprego e pobreza).
- Prioridade de acesso: jovens em situação de desemprego, pobreza, baixa escolaridade, violência e outros fatores de vulnerabilidade social.
- Localização/período: principais áreas metropolitanas do país (Porto Alegre, São Paulo, Rio de Janeiro, Fortaleza, Recife, Aracaju, Belém), 1996-2003.
- Duração: 600 horas, em 5 meses, 6 horas diárias (último mês dedicado à vivência prática, em empresas e organizações sociais).
- Benefícios: vale-transporte e alimentação (em dinheiro ou em espécie — condução e lanche) e bolsa de R$ 50,00 mensais.
- Custo médio: R$ 960,00/jovem = R$ 1,60/hora (estimativas).
- Financiamento: público (FAT, BNDES), iniciativa privada e, eventualmente, recursos externos (BID).
- Número de jovens atendidos: 126 mil (1996-2002).
- Execução: descentralizada, por entidades de capacitação (ONGs, Sistema S, sindicatos, universidades), selecionadas mediante concursos regionais de projetos.

- Gestão e supervisão: Associação de Apoio ao Programa Capacitação Solidária, São Paulo (ONG)[4].
- Avaliação externa: universidades e consultorias.
- Alguns resultados da avaliação 2001-2002 (cf. AAPCS, 2002 e SMG, 2001):
  — Taxa de inserção média dos jovens capacitados, a partir da vivência prática = 11%.
  — Principais efeitos sobre os jovens: inclusão social, recuperação/elevação de auto-estima, retomada de estudos, melhoria de relações familiares, descoberta de vocações.
  — Principais efeitos sobre as entidades executoras: fortalecimento institucional, mediante desenvolvimento e difusão de tecnologias de gestão e monitoramento de projetos sociais, apoio financeiro à melhoria de instalações e desenvolvimento de pessoal.

4. Primeiro Emprego (Governo Estadual do Rio Grande do Sul)

O que é: programa de inserção profissional de jovens no mercado de trabalho formal, com registro em carteira.

- Objetivo: proporcionar uma primeira chance de trabalho para os jovens sem experiência, com dificuldades de acesso ao mercado de trabalho, como parte de uma política pública de trabalho e inclusão social.
- Público-alvo: jovens de ambos os sexos, de 16-24 anos, sem passagem anterior pelo mercado de trabalho (ou passagens inferiores a 3 meses).
- Prioridade de acesso: jovens de famílias de baixa renda, egressos do sistema penal (jovens infratores), portadores de deficiência, portadores de altas habilidades.
- Localização/período: região metropolitana de Porto Alegre, RS (marcada por altos índices de desemprego juvenil), 1999-2002 (3 anos).
- Duração: 1 ano.

---

4. O programa foi lançado e desenvolvido no âmbito do Programa Comunidade Solidária, da Presidência da República, no período 1996-2002.

- Benefícios: registro em carteira profissional, salário mínimo da categoria (6 meses pagos pelo Estado, 6 meses pela empresa) + benefícios da empresa (vale-transporte, alimentação, plano médico).
- Custo médio: R$ 1.000,00/jovem (para o governo estadual); custo variável para as empresas, segundo extensão dos benefícios oferecidos.
- Número de jovens atendidos: 18,8 mil (set./1999-jun./2002).
- Gestão/supervisão: Secretaria Estadual de Trabalho, Cidadania e Assistência Social do Rio Grande do Sul. Execução: 10,3 mil empresas do setor privado contratantes dos jovens (maioria do setor comercial).
- Acompanhamento e avaliação: Observatório do Trabalho do Rio Grande do Sul.
- Alguns resultados da avaliação em 2002 (Observatório RS, 2002):
  — Taxa de inserção: após participar do programa, 74% dos jovens estavam empregados; 44% permaneceram na mesma empresa. A situação é melhor para os jovens que cumpriram os 12 meses do programa: 85% se mantêm empregados, 64% na mesma empresa (do total de contratados, 69% cumprem os 12 meses do programa; os 31% que não cumprem saem por iniciativa própria, a maioria por ter encontrado outro trabalho e estudo). O desemprego é maior entre os que não cumprem os 12 meses (48% de desempregados nesse grupo, contra apenas 15% entre os que cumpriram o ano de contrato).
  — Salário médio superior ao mínimo (de R$ 200,00): em torno de R$ 290,00, no comércio e indústria e R$ 280,00, em serviços.
  — Além dos 18,8 mil jovens empregados, o programa contribui para a estabilidade do universo de empregados das empresas contratantes (116,5 mil trabalhadores), pois as empresas firmam compromisso de não dispensar trabalhadores por um período de 15 meses (os 12 do programa + 3 pós-programa).

CONCLUSÕES: O QUE FICA, O QUE FALTA

O que fica

Os programas destacados são exemplos recentes de boas práticas em matéria de políticas públicas de trabalho e qualificação para jovens, em especial aqueles em situação de vulnerabilidade econômica e social. A despeito desse foco, as experiências apontadas distinguem-se de projetos assistencialistas ou contencionistas dos anos 1980[5] — alguns persistindo até hoje —, na medida em que assumem, explícita ou implicitamente, uma concepção do jovem como ator social e cidadão, respeitando o seu direito ao trabalho, ao estudo, à qualificação profissional e à participação social.

A avaliação dos programas relatados mostra que a criação de chances de trabalho tem efeitos nem sempre dimensionados em matéria de resgate da cidadania, da auto-estima, de reconstrução pessoal e familiar. Além disso, o trabalho abre novos espaços de aprendizagem, diferentes daqueles que se ofertam em cursos e treinamentos, mas nem por isso menos importantes. De fato, aprendizagem profissional é um processo que se realiza em vários espaços, ao longo de toda a vida. Família, escola, empresa configuram alguns desses espaços. O trabalho é um espaço de aprendizado, mais fácil ou mais difícil, mais ou menos organizado, dependendo da empresa e das condições de trabalho. Um espaço ainda mais importante para públicos que têm déficit de capital social, escolaridade e cursos profissionais.

Segundo pesquisas junto a participantes de alguns dos programas citados (Seade, 2002), mesmo as ocupações tidas como "simples" ensejam aprendizados que são transferidos para a vida familiar, os estudos, as relações sociais e mesmo trabalhos futuros. Afirmam que, no trabalho — com ou sem treinamento organizado —, aprendem técnicas, habilidades e atitudes que ampliam sua visão sobre a sociedade e o mundo do trabalho: conviver, ouvir, respeitar, acatar, entender, assumir — são palavras-chave que os/as jovens destacam em suas experiências. Assimilam sobretudo as "regras do jogo", da realidade das empresas e do mercado, tudo aquilo que dificilmente se aprende na escola, construindo aquilo que alguns estudiosos denominam o "saber do fazer" (Barato, 2003).

Além da abertura de oportunidades de trabalho e aprendizagem para milhares de jovens, os programas relatados, embora circunscritos no tempo e no espaço[6], deixam lições e produtos importantes para os formuladores de políticas públicas. Alguns de seus principais legados são:

---

5. Como o *Bom menino*, lançado pelo governo Sarney em 1986, cujo título fala por si.

6. Em 2003, com o início de novos governos, federal e estaduais, todos os programas citados estão sob revisão. O Programa Capacitação Solidária continua em 2003, sob gestão da AAPCS, no âmbito da

- o empenho por ações positivas, de promoção de igualdade de oportunidades e combate à discriminação, criando prioridades de acesso e outros estímulos para pessoas negras e pardas, portadoras de deficiência, mulheres, moradores de periferias, entre outras;
- a pesquisa e elaboração de metodologias e recursos didáticos inovadores, adequados a trabalhar com diferentes públicos, vulneráveis ou não, respeitando e valorizando a ampla diversidade sociocultural do país;
- o investimento em técnicas de mobilização, informação, supervisão, construindo assim novas tecnologias de gestão de projetos sociais, transferível para outras áreas/projetos;
- as lições de parcerias entre diferentes segmentos da sociedade civil e do governo, estimulando novas institucionalidades, em especial dos segmentos comunitário ou não governamental;
- a mobilização e o desenvolvimento metodológico e operacional de entidades que atuam junto a jovens e de seus quadros (docentes, instrutores, técnicos);
- o estímulo constante à descentralização, à participação e ao fortalecimento de atores locais, públicos e privados, preparando-os para conduzir os rumos de suas vidas e comunidades;
- as boas práticas de otimização de custos[7], buscando crescente sustentabilidade dos programas e maximização de recursos;
- o desenvolvimento de metodologias e práticas de monitoramento e avaliação, como componente essencial dos programas, utilizando seus dados para correções e ajustes de rota;
- a preocupação com o atendimento crescente, em grande escala, fator crucial em um país como o Brasil, que não se pode dar ao luxo de ficar desenvolvendo projetos-"piloto", sem perspectivas concretas de atingir escala significativa em todas as regiões do país.

Comunitas, ONG sediada no Rio de Janeiro, para dar continuidade às ações do Comunidade Solidária. O Primeiro Emprego tem chances de servir de referência para um programa nacional similar, do governo federal. Os demais estão em fase de redefinição (março 2003).

7. A maioria desses programas inovadores opera com custo aluno-hora inferior a um dólar. O custo médio de um jovem privado de liberdade, em instituições do estado de São Paulo, Brasil, é estimado em US$ 650 mensais — sem garantia de recuperação. Na verdade, boa parte dos jovens continua depois na criminalidade, como adulto, e passa a custar, nos presídios do estado, quase US$ 300 por mês (valor que pode triplicar em instituições de segurança máxima).

O que falta

Junto com produtos e outros aprendizados, as experiências relatadas sinalizam também os grandes desafios para uma política pública de trabalho e permanente construção da cidadania de jovens e adultos.

O maior desafio é a revisão de conceitos tradicionais de crescimento econômico e geração de emprego. A experiência internacional atesta que não basta gerar mais postos de trabalho para garantir o desenvolvimento e promover a inclusão social. É preciso assegurar a dignidade individual e coletiva do trabalho. A meta não atingida dos anos 60 — emprego para todos — é assim acrescida de um novo e maior desafio — *trabalho digno*[8], conforme propõe o Programa Global de Emprego, recentemente lançado pela OIT (OIT, 2001).

Trabalho digno, em definição sintética, é aquele que ocorre em um marco de respeito aos direitos humanos fundamentais, de proteção social, de justa remuneração e de crescimento profissional do trabalhador, convergindo para um projeto mais amplo de desenvolvimento sustentado[9].

O desenvolvimento sustentado, por sua vez, implica elevação do bem-estar conjunto da sociedade, envolvendo não apenas o crescimento econômico, mas também a justiça distributiva, as liberdades políticas e os direitos civis, as oportunidades sociais, a transparência na esfera pública e a proteção social. Requer, assim, foco prioritário na erradicação da pobreza e da desigualdade, por meio da massificação de direitos básicos para uma vida de boa qualidade, em uma sociedade democrática moderna: saúde, trabalho, terra, crédito, educação, qualificação, informação, terra, moradia, cultura.

Concretamente, no caso do Brasil, uma política pública de trabalho implica ações que extrapolam a área de emprego propriamente dito, mas que são condições para a dignidade e a cidadania. Trata-se de desafios complexos e de grande escala, entre os quais se destacam:

---

8. A OIT tem disseminado a expressão "trabalho decente", tradução literal de *"decent jobs"*. Em português, contudo, o termo "trabalho digno" parece mais expressivo para o conceito e objetivos propostos.

9. No Programa Global da OIT, a promoção do trabalho digno implica políticas ativas de investimentos e ampliação das oportunidades de trabalho; elevação da produtividade e dos rendimentos do trabalho; educação continuada do trabalhador, para garantir sua permanente adaptabilidade e empregabilidade; igualdade de oportunidades no mercado de trabalho e combate a todas as formas de discriminação; garantia de saúde, segurança e respeito no trabalho, e erradicação de todas as formas de trabalho penoso e degradante de adultos, jovens e crianças; criação de redes de proteção social aos trabalhadores ocupados e desocupados (OIT, 2001).

- a elevação do nível de escolaridade da PEA, de modo a erradicar o analfabetismo absoluto e funcional e a universalização da escolaridade básica, que inclui o nível fundamental e médio, assegurando escala crescente e qualidade no ensino público de jovens e adultos;
- o fomento da educação profissional continuada, de modo a garantir uma oferta de qualificação e atualização para, no mínimo, 20% da PEA ao ano, estruturando, gradativamente, uma rede[10] de certificação de experiências e competências, que permitam ao trabalhador desenhar e avançar em uma trajetória profissional;
- a construção de uma rede pública de proteção social (saúde, segurança, previdência, qualificação, orientação e colocação profissional) que se estenda à totalidade da PEA, e não apenas ao segmento denominado de "formal";
- atenção permanente à promoção da igualdade de oportunidades (gênero, raça/cor, idade, portadores de deficiências, moradores/as de periferias) e o combate a todas as formas de preconceito e discriminação na sociedade e no trabalho.

Ao lado desses grandes desafios, que formam as bases para uma política pública de trabalho digno para todos, inserem-se tarefas essenciais para a abertura da primeira chance para os jovens no mercado de trabalho. Algumas possibilidades, ilustradas pelos projetos relatados e outras experiências nacionais e internacionais (Gallart, 2000; Jacinto, 2002), são:

- Institucionalizar, regulamentar e disseminar estágios para jovens concluintes da educação básica, para fins de aquisição de experiência. O estágio não deve ter caráter de emprego assalariado, mas deve garantir uma bolsa e pagamento de despesas de transporte e alimentação do jovem. Seu financiamento pode ser público, privado ou em parcerias, dependendo da realidade e legislação de cada país. Embora não seja emprego, o estágio deve configurar uma situação real de trabalho, sem encargos educacionais para a empresa, mas supervisionado por organismos públicos competentes (governo, ONGs).

---

10. O conceito de "rede" permite múltiplos significados. Aqui é usado no sentido de articulações entre atores públicos e privados, em oposição à idéia de grandes sistemas supostamente integrados, mas que nem sempre se tornam de fato operantes.

- Incorporar a etapa de prática (como estágio, vivência) em todo e qualquer programa de educação profissional de mais de 200 horas, como fase necessária e obrigatória da própria formação (representando pelo menos 20% do tempo "escolar").
- Regulamentar a nova Aprendizagem Profissional[11], nos termos da Lei nº 10.097, de 19/12/2000, reconceituando esse estatuto como componente de um projeto de educação profissional continuada, que sirva também de estímulo e apoio à continuidade e conclusão da educação básica (fundamental e média), para jovens e adultos.
- Estimular o voluntariado, em especial em organismos e setores públicos, de interesse da comunidade. O crescimento do terceiro setor tem aberto oportunidades de trabalho que podem se adequar a trabalhadores iniciantes ou re-iniciantes. São trabalhos não remunerados ou com pagamento simbólico (bolsas, auxílio para transporte/alimentação), que podem servir como aprendizado profissional e aquisição de experiência para jovens e desempregados de longa duração.
- Mobilizar e estimular empresas e organismos públicos para absorção de estagiários e voluntários, com a devida regulamentação e supervisão para coibir abusos e substituição de trabalhadores estáveis.
- Garantir, em qualquer forma de trabalho — estágio, vivência, voluntariado —, proteção social e certificação da experiência adquirida, em carteira, contrato de trabalho ou outro meio (como certificado da instituição formadora).

---

11. O Estatuto da Aprendizagem nasceu com a CLT, nos anos 40, e foi desenvolvido no Brasil pelos Serviços Nacionais de Aprendizagem, criados a partir dessa época (Senai, Senac, Senar, Senat), que se inspiraram no modelo alemão de aprendizagem. A Aprendizagem sofreu numerosas alterações, notadamente a partir dos anos 70, em função de mudanças no mercado de trabalho e na própria legislação educacional. A partir da LDB de 1996, que definiu três níveis de educação profissional — básico, técnico e tecnológico —, a Aprendizagem passou por novas mudanças, expressas na Lei nº 10.097, de 19/12/2000, que amplia e flexibiliza alternativas para seu desenvolvimento. Três pontos dessa lei merecem destaque: a) abertura da Aprendizagem a qualquer entidade de formação profissional, rompendo assim o quase monopólio do Sistema S; b) contrato de Aprendizagem condicionado à freqüência à escola, garantindo no mínimo a conclusão do ensino fundamental; c) garantia de direitos trabalhistas fundamentais do aprendiz, limitando-se contudo sua jornada e horas extras. Embora comporte ampla margem para melhorias e avanços, a Lei nº 10.097 pode ampliar oportunidades de formação e trabalho para adolescentes e jovens, em condições dignas, de respeito ao seu estágio de desenvolvimento e aos direitos como cidadãos.

- Priorizar o encaminhamento profissional de estagiários/voluntários por meio de serviços públicos de emprego, reconhecendo e ratificando a vivência adquirida.

- Valorizar, no caso dos jovens mais maduros[12], o desenvolvimento de microempresas, utilizando as linhas de crédito popular eventualmente existentes ou que possam ser criadas.

Para desenvolver e implementar esse novo paradigma, a participação dos jovens é fundamental. Ou seja, é preciso abrir-lhes espaços políticos, locais, nacionais e internacionais, estimulando-os a se organizar e formar representações, ouvi-los na formulação e avaliação de projetos, assumi-los como atores e parceiros no desenho e implementação de políticas públicas.

REFERÊNCIAS BIBLIOGRÁFICAS

AAPCS, 2001a. *Efeitos do Programa Capacitação Solidária sobre as organizações capacitadoras*. São Paulo.

AAPCS, 2001b. *Avaliação de impacto do Programa Capacitação Solidária sobre os egressos de cinco regiões metropolitanas*. São Paulo, NEPP/Unicamp.

AAPCS, 2002. *Capacitação solidária — Relatório de Atividades 2001*. São Paulo.

BARATO, J. N. 2003. *A técnica como saber; investigação sobre o conteúdo do conhecimento do fazer*. Campinas, Faculdade de Educação da Unicamp (tese de doutorado, orientada por L. S. Arouca). Mimeo.

CASTRO, M. G. 2001 (coord.). *Cultivando vida, desarmando violências: experiências em educação, cultura, lazer, esporte e cidadania com jovens em situação de pobreza*. Brasília, Unesco, Brasil Telecom, Fundação Kellogg, BID.

CINTERFOR/OIT. 1998. *Juventud, educación y empleo*. Montevidéu (diversos autores).

CORROCHANO, M. C. 2001. *Jovens olhares sobre o trabalho; um estudo de jovens operários e operárias em São Bernardo do Campo*. São Paulo. Faculdade de Educação da USP (dissertação de mestrado).

---

12. A experiência sugere cautela com programas para "jovens empreendedores". Gerir um negócio, ainda que pequeno, exige certa maturidade, não devendo ser proposto de forma indiscriminada para os jovens. Parece funcionar bem com mulheres adultas, chefes de família e adultos desempregados, ou seja, pessoas que já têm alguma experiência em trabalho e gestão (como é o caso das mulheres, gestoras domésticas).

FARATH, Lia M. G. A. 1986. Menor trabalhador. In: *São Paulo em Perspectiva*, v. 2, n. 1, pp. 49-56.

FOLHA DE S. PAULO, 2002. País desperdiça gasto social, conclui debate, 31 maio 2002, p. A8.

GALLART, M. A. (coord.). 2000. *Formación, pobreza y exclusión: los programas para jóvenes*. Montevideo, OIT/Cinterfor.

HEILBORN, M. L. 1997. *Adolescência e trabalho: um enfoque cultural*. I Fórum Nacional Adolescência, Educação e Trabalho. Belo Horizonte, MTE/FIEMG. Mimeo.

JACINTO, C. 2002. Los jóvenes, la educación y el trabajo en América Latina; temas, debates, dilemas. In: *Desarrollo regional, integración continental y formación de los jóvenes para el trabajo*. León, México, mimeo., (documentos de base de discussão. Encontro Acadêmico de León, Guanajuato, México, 26-27/06, 2002, promovido pelo Centro de Investigación y de Estudios Avanzados do Instituto Politécnico Nacional e outros organismos nacionais e regionais do México).

JACINTO, C.; KONTERLLNIK, I. (coord.) 1996. *Adolescencia, pobreza, educación y trabajo; el desafio es hoy*. Buenos Aires, Losada/Unicef.

JACINTO, C.; GALLART, M. A. 1998. *Por una segunda oportunidad: la formación para el trabajo de jóvenes vulnerables*. Montevideo, OIT/Cinterfor.

LEITE, E. M. 2001. *Programas de capacitação para jovens desfavorecidos na América Latina; experiências de monitoramento e avaliação*. Paris/Buenos Aires, Unesco/IIEP. Mimeo.

_____. 2002. Relatório final — Grupos Jovens. In: *Desemprego: abordagem institucional e biográfica: uma comparação Brasil, França e Japão*. São Paulo, mimeo (Projeto USP/CEM/Seade/Cebrap — CNPq/Hewlett/Fapesp).

MADEIRA, F. R. 1993. Pobreza, escola e trabalho: convicções virtuosas, conexões viciosas. In: *São Paulo em Perspectiva*, v. 7, n. 1, pp. 70-83.

MADEIRA, F. R. et al. 1997. *Mapeando a situação do adolescente no Brasil*. I Fórum Nacional Adolescência, Educação e Trabalho. Belo Horizonte, MTE/FIEMG. Mimeo.

MEC/INEP. 2000. Geografia da Educação Brasileira. Brasília.

MTE/SEFOR. 1997. I Fórum Nacional Adolescência, Educação e Trabalho. Belo Horizonte (mimeo., textos de autores diversos).

MTE. 2002. *Avaliação do Planfor 2001; o caso do Serviço Civil Voluntário*. Brasília (série Avaliações do Planfor).

OBSERVATÓRIO DO TRABALHO/RS. 2002. *Avaliação do Programa Primeiro Emprego*. Porto Alegre, mimeo.

OFFE, C. 1989. Trabalho: a categoria-chave da sociologia? In: *Revista Brasileira de Ciências Sociais*, v. 4, n. 10.

OIT, 1999. *Desemprego juvenil no Brasil: em busca de opções*. Brasília.

_____. 2001. *Programa Global de Emprego*. Genebra, documento para debate, mimeo.

PIECK, E. 2001 (coord.). *Los jóvenes y el trabajo; la educación frente a la exclusión social.* México, Universidad Iberoamericana, Cinterfor/OIT, Instituto Mexicano de Juventud.

ROSEMBERG, F. 1997. *Os discursos sobre o trabalho juvenil*. In: I Fórum Nacional Adolescência, Educação e Trabalho. Belo Horizonte, MTE/FIEMG. Mimeo.

SEADE, 2002. *Avaliação do Programa Jovem Cidadão*. São Paulo, Fundação Sistema Estadual de Análise de Dados. Mimeo.

SMG — Pesquisa de Mercado, 2001. Avaliação externa PLANFOR/PCS 2001 — relatório final. Mimeo.

UNICEF. CONALEP. Red Latinoamericana de Educación y Trabajo.

9

ESCOLA E CULTURAS JUVENIS

Juarez Dayrell

A primeira parte deste artigo traz os relatos das duas experiências apresentadas durante o debate que deu origem a este texto: a primeira refere-se à educação no Chile e, a segunda, a um projeto da ONG Ação Educativa.

A experiência chilena

*Luz Maria Perez**

No Chile, a relação entre a escola e a cultura juvenil ainda é tensa. A escola não está aberta ao mundo dos jovens, e o grande desafio é iniciar e construir essa abertura. Para refletir sobre esse tema, é necessário questionar sobre a missão da educação secundária. São três os grandes desafios a serem enfrentados pelo ensino médio chileno.

O primeiro é educar todos os jovens do país. O ensino médio é um direito e não um privilégio somente dos estudantes da classe média. Assim, todos devem ter direito a doze anos de escolaridade. Há estudos

---

* Consultora em educação do Unicef, no Chile.

que mostram claramente que esse tempo não garante por si mesmo a saída do círculo de pobreza, mas também é fato que sem esses doze anos os jovens não têm nenhuma possibilidade de sair da pobreza.

Mas apenas garantir o acesso à escola para todos os jovens não resolve o problema. O segundo desafio é proporcionar uma aprendizagem de qualidade, pois não basta que todos estejam na escola se a educação não servir para toda a vida. O desafio dos educadores, portanto, é desenvolver uma aprendizagem que vá além do cognitivo e que inclua todas as dimensões da vida. Significa apoiar os jovens em seu desenvolvimento psicossocial e estar aberto para escutar e entender os desafios que eles enfrentam, pois esses desafios são muito distintos daqueles que os atuais educadores enfrentaram quando estavam nessa fase da vida.

É necessário também que a escola reflita sobre os riscos a que estão expostos os jovens e que os ajudem a descobrir como lidar com isso, pois eles serão motivados a aprender somente se os educadores conseguirem conectá-los à realidade em que vivem.

A terceira missão da educação secundária é apoiá-los em seu desenvolvimento humano, social e político. Um exemplo é a participação. No Chile existe um alto índice de abstenção dos jovens, pois eles não se interessam mais em votar. Entre várias causas, isso acontece também porque os políticos só lembram dos jovens na época das eleições. Não lembram deles na vida cotidiana e não abrem espaços para a participação e a expressão da juventude. Assim, é preciso incentivar o jovem para a participação, entendendo que a democracia não é apenas uma forma de governo, mas um processo, uma construção que também se vive na escola. É necessário criar situações em que os jovens possam participar e tomar decisões, fazendo da escola um espaço de exercício e de aprendizagem da democracia.

É muito importante ter a clareza dessa missão do ensino médio, principalmente quando a sociedade vive um grande período de transição. Existe um norte que se quer alcançar, mas falta construir os caminhos que levem até ele. O que está escrito nas diretrizes educativas governamentais e o que é dito nos discursos é diferente do que se vê nas escolas. Talvez exista apenas um norte para transitar. Nesse sentido, vivemos uma oportunidade muito rica, pois os que estão dentro e também os que estão fora da escola, nos diversos níveis do sistema escolar, podem trabalhar em conjunto para implementar a escola que se quer ver em atividade.

O Chile vive o desafio de ampliar a cobertura do ensino médio. Mas ainda falta muito, principalmente para os setores mais pobres. Mesmo assim já vem mudando o perfil dos alunos e com isso surgem novas demandas. Antes, o ensino médio levava apenas os adolescentes dos setores mais favorecidos a um destino pós-médio. Hoje, progressivamente, estão indo todos os jovens para esse caminho. A diversidade que existe na sala de aula é muito grande. As respostas educativas têm de ser, no mínimo, muito diferentes.

Significa dizer que a escola não pode ter uma única maneira de implementar a educação secundária. É necessário a existência de sistemas flexíveis e que dêem respostas próprias às diferentes realidades dos adolescentes.

Ao se avançar na ampliação do acesso ao ensino médio, um grande caminho precisa ser percorrido para diminuir a evasão escolar. O Chile diminuiu muito a evasão no ensino fundamental. Uma medida importante foi a ampliação da cobertura no pré-escolar, pois quanto mais cedo acontece a intervenção educativa, melhores são os resultados da aprendizagem. Outra medida tem a ver com a qualidade do ensino fundamental e com programas específicos para os alunos que apresentam mais problemas. Há também uma melhoria da estrutura educativa e, no âmbito da sociedade, aumenta cada vez mais a valorização da educação.

O mundo produtivo exige cada vez mais. Sem os 12 anos de escolaridade é muito difícil conseguir um emprego de mínima qualidade. Ao mesmo tempo, há uma maior consciência das famílias acerca da importância da educação, inclusive a secundária. Mesmo assim, uma porcentagem considerável de jovens está saindo da escola.

Por mais que os jovens deixem a escola por vontade própria, pode-se afirmar que há um sistema que os expulsa ou gera uma precarização das condições de vida, de tal forma que é isso que leva à evasão. Para entender a evasão escolar, é preciso levar em conta os fatores extra-escolares e também aqueles gerados dentro do mundo da escola. Dentre os fatores extra-escolares existe o econômico, em que o jovem tem a necessidade de incorporar-se ao mundo do trabalho e torna-se difícil combinar trabalho e escola.

Para tentar resolver esse problema, existem no Chile os projetos "Escola jovem" e "Liceu para todos". São iniciativas concretas de apoio ao estudante, para que ele permaneça no sistema educativo e não precise trabalhar prematuramente.

Outro fator importante, pelo menos no Chile, é a gravidez precoce, uma das causas de maior afastamento da escola entre as garotas. Nos setores rurais há também o problema da falta de unidades escolares, impossibilitando o acesso dos jovens à rede de ensino.

Mas quando se pergunta aos jovens por que param de estudar, grande parte afirma que é pelo desinteresse e pela falta de motivação para o estudo. As escolas não motivam os jovens a permanecerem nela e há também o problema do rendimento: a escola chilena tem uma tradição de premiar o êxito acadêmico, e o professor está acostumado a incentivar o aluno somente nessa dimensão cognitiva, da aprendizagem. Quando ele começa a falhar, a não ir bem em uma disciplina ou apresentar problemas em outra, inicia-se um círculo vicioso que quase sempre termina na repetência e na evasão.

O maior problema da escola é o de não incorporar a cultura do jovem. Os alunos sentem que qualquer coisa que aconteça fora do mundo escolar é mais interessante e responde mais efetivamente à etapa que estão vivendo. No Chile costuma-se dizer que, para entrar na escola, o jovem precisa deixar de ser jovem. Só pode voltar a sê-lo quando sair da escola. Ou seja, o currículo ainda é muito distante das necessidades, dos desafios e do mundo em que vivem os alunos.

Atualmente há uma mudança curricular no Chile, em seus primeiros anos de implementação. A escola terá que mudar muito para incorporar a nova proposta de contextualizar os conhecimentos e abordá-los numa perspectiva interdisciplinar. A qualidade da educação secundária no Chile está muito ruim. Predominam professores que em sala de aula desenvolvem práticas de transmissão de conhecimentos, de repetição e memorização. Na relação professor-aluno é comum a tendência a infantilizar os adolescentes. Eles não são tratados como jovens e não se confia em suas capacidades e potencialidades. Seus sonhos não são levados em conta. Um adolescente de 15 anos é tratado da mesma maneira que um garoto de 10 anos.

A relação da escola com o jovem está marcada pela desconfiança: ele vai roubar, vai sujar o colégio, quebrar o vidro, não devolverá os materiais que forem emprestados. A sensação é a de que tudo o que se faz com o jovem não dá resultado ou dá errado. Essa compreensão leva a escola a ter práticas de vigilância terríveis, nas quais os inspetores ficam sempre monitorando o que o aluno está fazendo para posteriormente castigá-lo. É reforçada a impressão de que ninguém confia nele.

Outro aspecto que caracteriza a relação professor-aluno é que os jovens são tratados como se fossem todos iguais e isso os incomoda muito, além de gerar violência entre eles. O uniforme é um exemplo: no Chile é obrigatório o uso de uniforme em todos os colégios. Os alunos têm que estar todos iguais, portar-se da mesma maneira, fazerem a mesma matéria, serem avaliados com o mesmo critério. Os professores se esquecem de pensar na pessoa que há por trás de cada um. Não criam espaços de diálogo onde os alunos possam colocar suas vivências e encontrar respostas para seus dilemas. É comum o jovem consumir drogas, ter relações sexuais, mas ele não tem como discutir essa realidade na escola porque o professor assume uma postura moralizante e distanciada.

Qual poderia ser a saída diante dessa realidade?

Em primeiro lugar é preciso acreditar no jovem e na sua capacidade. O trabalho da escola deve partir dos interesses dos estudantes e levar em conta o que eles gostam e sabem fazer. Significa dizer que o trabalho pedagógico deve partir dos interesses e das habilidades dos jovens e não das suas carências e problemas.

Em segundo lugar a escola tem de acreditar nos direitos do jovem em viver a sua juventude. A juventude não é uma enfermidade. A escola deveria ser um centro juvenil e desenvolver uma pedagogia da juventude. Já se avançou muito no trabalho com crianças e até mesmo na educação de adultos, mas a escola ainda não sabe bem como trabalhar com os jovens. A escola, portanto, precisa estar mais aberta ao diálogo. Deve conversar mais e impor menos; desenvolver com o jovem uma pedagogia que o ensine a refletir, a estabelecer relações entre o que está aprendendo e as suas experiências cotidianas.

Em termos curriculares, o conhecimento escolar deveria refletir as demandas dos jovens, com programas de estudos que os vinculem às suas comunidades e à realidade em que vivem. Atualmente a escola tem que ensinar, entre outras coisas, habilidades de convivência e de participação coletiva. Também precisa contribuir para o desenvolvimento emocional dos alunos e não buscar apenas a aprendizagem cognitiva. O currículo tem que ser flexível diante das diferentes realidades da juventude.

Há aqueles, por exemplo, que não podem deixar de trabalhar e não conseguem estar na escola todos os dias. Eles têm o direito a alternativas que possibilitem a conclusão dos estudos.

O currículo tem também que contribuir para o jovem definir o seu futuro. Muita gente no Chile, aos 18 anos, finaliza a educação média sem ter noção do que acontecerá depois. Não sabe nada sobre o mercado de trabalho e suas possibilidades.

Um outro aspecto é a abertura da escola para a participação juvenil. Os professores têm que entender a importância da participação e da organização na formação dos jovens. A escola deveria ser um centro de participação juvenil. Atualmente, grande parte dos jovens não conta com espaços públicos para encontrar-se, divertir-se e organizar-se em torno de interesses comuns.

No Chile as escolas ficam fechadas durante os finais de semana. Elas precisam abrir suas dependências para o tempo livre dos jovens. Não de maneira escolarizada e sim de forma a interpelar os jovens e envolvê-los no desafio de crescer. Os professores não podem assumir sozinhos a complexidade desse desafio, pois é necessário envolver nessa tarefa outros serviços e outros profissionais.

O grande desafio da escola secundária é conciliar a cobertura com a qualidade, oferecendo novas oportunidades e alternativas aos alunos, possibilitando um processos de ampla participação. A escola tem que responder rápida e criativamente ao jovem e estar conectada à sua cul-

> tura, que muda constantemente. Para isso é preciso se abrir para a comunidade, favorecer os empreendimentos juvenis e reforçar a capacidade empreendedora dessas pessoas.

Ação Educativa: um diálogo possível com a juventude

*Maria Virgínia de Freitas**

A *Ação Educativa*, entidade não-governamental que atua com educação e juventude, desenvolveu, em São Paulo, o projeto Culturas Juvenis, Educadores e Escola, com o objetivo de entender e buscar formas de superar a distância entre o mundo escolar e o mundo dos jovens. Por meio dos vários grupos juvenis acompanhados pela entidade, percebeu-se, apesar de todos os problemas enfrentados na escola, que ela continua sendo um espaço estratégico de ação desses grupos. É um espaço de desejo, de interferência e de mobilização.

O projeto tinha como hipótese, então, que um diálogo com esses grupos, que também buscam e produzem um conhecimento fora da escola utilizando outras redes sociais, poderia evidenciar as dificuldades, mas também as potencialidades para a aproximação entre esses mundos.

O eixo básico do projeto foi buscar o diálogo entre os educadores e os grupos juvenis. Não eram professores e alunos de uma mesma escola, mas educadores que representavam sete escolas públicas e que se reuniram para refletir sobre a visão que tinham dos jovens e a relação que mantinham com eles.

Ao mesmo tempo, integrantes de grupos juvenis, também reunidos, refletiram sobre as suas experiências com a escola e sobre os mecanismos que usavam para acessar o conhecimento que necessitavam. A meta era encontrar diretrizes que auxiliassem os educadores na aproximação com o mundo juvenil.

---

* Coordenadora do Programa Juventude da Ação Educativa.

O encontro entre esses grupos foi preparado durante três meses. Nesse período, o grupo dos jovens e o dos educadores trocaram informações entre si, sem se encontrarem. Foram trabalhadas as concepções, os estereótipos e os preconceitos mútuos.

O ponto de partida entre os educadores foi a seguinte questão: como são os jovens hoje? Interessava conhecer a concepção que eles tinham do jovem para além do seu papel de aluno.

Os aspectos positivos levantados por eles foram que os jovens são *menos dependentes, mais informados, sabem o que querem e possuem mais habilidades artísticas do que a geração anterior.*

Em relação aos aspectos negativos, foram abordados os seguintes pontos: *os jovens não têm limites, estão desiludidos, apáticos, não têm valores e responsabilidade. Não demonstram objetivos claros quanto à realização de suas potencialidades e são rebeldes, petulantes, atrevidos, acomodados, carentes e irreverentes.* Segundo a fala dos professores, *também não respeitam regras e valores. Vivem sob a lei do mais forte, são preguiçosos, não se preocupam com os estudos, são imediatistas, desmotivados, despreocupados, desesperançosos e sem perspectiva de vida. Não têm noção do certo e do errado, banalizam a violência, estão presos a imagens, não aproveitam as oportunidades, são carentes, insatisfeitos, não têm rumo, utopias ou sonhos. Também demonstram arrogância, individualismo e falta de autocontrole.*

Alguns aspectos foram classificados como ambivalentes, pois havia uma dupla interpretação, sendo negativos para alguns educadores e positivos para outros. "Os jovens são liberados", por exemplo, apareceu como sendo positivo para uns e negativo para outros.

Dentre os aspectos negativos levantados pelo grupo de discussão, vários não dizem respeito a uma qualidade específica dos jovens, mas sim a uma conjuntura desfavorável a eles. Significa que entre os professores há uma análise na qual a situação vivida não propicia ao jovem o seu desenvolvimento, revelando um conjunto de problemas que aparecem sob o signo da ausência.

Também uma pesquisa realizada pelo Centro de Estudos em Educação, Cultura e Ação Comunitária[2] (Cenpec) constatou que os educa-

---

2. http://www.cenpec.org.br

dores tendem a enxergar os jovens como sujeitos desqualificados: "a eles falta"; "eles não têm"; "não são".

Os educadores têm dificuldade de perceber o que os jovens são, o que eles fazem e o que pensam: aparecem como sujeitos vazios ou problemáticos.

Esse quadro mobilizou os educadores durante o processo e provocou uma reflexão sobre qual é a possibilidade de uma relação educativa quando essa é a imagem que orienta a relação com o jovem.

No primeiro encontro entre esses grupos, apesar de se tratar de educadores bastante envolvidos com uma proposta de mudança, o diálogo com os jovens foi bastante tenso e conflitivo. E essa tensão é um fato que deve ser considerado no momento de formulação dos projetos nas escolas.

Após o diálogo, os grupos se aprimoraram e chegaram a um conjunto de diretrizes que deveriam orientar os educadores na volta à escola. Propuseram que fossem criados grupos de pessoas com a participação da comunidade, dos alunos e dos professores, para pensar como a escola poderia se abrir e procurar formas de aproximação com os jovens. As diretrizes acordadas foram as seguintes:

- Contemplar os interesses dos jovens e da comunidade, respeitando suas características;
- Valorizar ao máximo a criatividade e a vivência do jovem;
- Abrir espaços para que os jovens expressem conhecimentos e vivências adquiridas fora da escola;
- Abrir espaços para a produção e a manifestação de diferentes formas de expressão cultural;
- Incentivar e propiciar a participação ativa de todos os envolvidos: alunos, professores, coordenadores, diretores, funcionários, ex-alunos e comunidade, num diálogo transparente e verdadeiro com o objetivo de explicitar as diferenças e os avanços na construção de compromissos coletivos;
- Integrar as ações ao projeto global da escola, de maneira que as decisões não se constituam em iniciativas episódicas ou em projetos paralelos àqueles adotados pela escola.

O projeto foi implantado com a participação de sete escolas. Ao final do ano, apenas três permaneciam. Isso aconteceu por causa do elevado número de transferências do corpo docente no final do ano letivo; o que desestruturou completamente o trabalho em algumas unidades. Esse fenômeno demonstrou a real impossibilidade de se constituir qualquer projeto escolar diante de uma alteração tão grande da equipe docente. Numa das escolas a mudança do corpo docente chegou aos 80%, revelando uma condição dramática.

As três escolas restantes formaram o que se chamou *Grupos Ampliados*, que reuniam todos os segmentos envolvidos em cada escola — alunos, professores, coordenadores, pais, lideranças e grupos juvenis da comunidade — e que foram responsáveis pela elaboração, implementação e avaliação das ações. Assim, começou a acontecer uma série de atividades organizadas, como grupos de teatro, jornal, oficinas, cursos de pintura, desenho, violão, informática, capoeira, vivência corporal, perfumaria, culinária, grafite, hip-hop, coral, xadrez etc. O interessante é que esses grupos não foram organizados pela demanda, mas sim pela oferta de pessoal, em grande parte alunos interessados em compartilhar seus conhecimentos. Esse fato causou uma grande surpresa nos educadores ao verem que seus alunos, vistos como destituídos de conhecimento, possuíam um saber próprio e produziam cultura.

Enquanto as escolas se empenhavam em realizar as ações, os jovens que participaram diretamente do projeto fizeram um curso e produziram um vídeo*. Na sua primeira parte, o vídeo apresenta uma visão e um diagnóstico da escola e, na segunda parte, retrata as atividades realizadas nas duas escolas. Esse vídeo tem circulado muito em escolas, universidades e entre educadores, sempre provocando debates e contribuindo para amplificar a voz dos jovens nas suas demandas à escola.

Os educadores participantes fizeram uma avaliação positiva da experiência, ressaltando o quanto o projeto interferiu em cada um como pessoa. Reforçaram que, a partir do projeto, ampliaram a visão a respeito do jovem, reconhecendo que a abertura desse espaço criou um maior envolvimento dos alunos com a dinâmica escolar. Constataram que as

---

* Além da lousa: culturas juvenis, presente!

atividades revelaram talentos e potencialidades que antes eram completamente desconhecidos, além de contribuir para alterar a percepção em relação ao Outro.

Os educadores disseram que muitos alunos demonstraram grande capacidade de organização e liderança na condução das oficinas. Também sentiram que melhorou a qualidade da relação com os alunos porque foi criada uma maior cumplicidade. Citaram também o fim das pichações a partir das oficinas de grafite, demonstrando que os alunos passaram a sentir a escola como sua.

Todo o projeto aconteceu fora da sala de aula, num universo mais fácil de criar espaços, de se abrir. A experiência se mostrou bastante positiva e teve um valor em si mesma. O problema foi que não se conseguiu envolver todos os alunos e muito menos o conjunto dos educadores. O desafio que fica é o seguinte: como essas atividades podem impactar o currículo e o cotidiano da sala de aula?

Outro aprendizado foi a necessidade de envolver os educadores. Durante a elaboração do projeto a ênfase era dar voz aos jovens. Havia uma identificação maior com eles e uma crítica muito forte aos educadores. Mas durante o processo percebeu-se a importância de trabalhar com os educadores, discutindo suas dificuldades e necessidades. Diante dessa constatação, na segunda fase aprofundou-se o trabalho com os professores, ao mesmo tempo que as oficinas continuaram a ser realizadas, assim como o estímulo à circulação de outros saberes no espaço escolar.

Nessa fase, em uma das escolas que realizaram todas as etapas do projeto, a cada 15 dias, as últimas duas aulas do período noturno são suspensas para a realização das oficinas, possibilitando que cada um participe da oficina do seu interesse, desfazendo assim o grupo da classe e modificando as relações no interior da escola.

Durante esse período os professores puderam fazer um curso de vídeo e um de fotografia, com o objetivo de ampliar as possibilidades de linguagem e de percepção de mundo. Algumas experiências tiveram ótimos resultados. Uma das atividades, por exemplo, foi a de fotografar os alunos, o que gerou cenas surpreendentes: um professor pediu para o aluno deixar ser fotografado e ele concordou desde que fosse com o grupo da pastoral do qual participava. O professor teve de sair do contexto da realidade escolar e conhecer a realidade do aluno.

Em outra situação, uma aluna começou a chorar de emoção porque não conseguia acreditar que era digna de ser fotografada. O que a surpreendeu foi o fato de a professora querer fotografá-la e que ela pudesse merecer tal interesse.

No curso de vídeo os educadores filmaram uma oficina de hip-hop que acontecia na escola fora do horário de aula. Assim, começaram a descobrir um outro mundo de relações e significados. O vídeo foi batizado "Hip-hop na escola" e expressou a visão dos educadores sobre as formas de manifestação dos jovens no espaço escolar.

Também foi organizado um curso de elaboração de projetos e os professores, atualmente, estão desenvolvendo seus projetos específicos. Os professores começam a conhecer a comunidade, o bairro e acabaram resgatando a história das pessoas que vivem na comunidade. Um dos projetos trabalha a questão de identidade e começa pelos alunos. A proposta é fotografar uns aos outros e resgatar a história partindo da vida de cada um, passando pela história da escola e culminando com a história do entorno.

É importante também ressaltar o aspecto da estrutura escolar. Quando se fala na relação entre a escola e as culturas juvenis, existe um grande risco de achar que basta abrir a escola, deixar os jovens fazerem eventos e shows e está cumprida a tarefa. Não é bem assim, pois pensar a relação da escola com a juventude é pensar a possibilidade de estabelecer um diálogo entre gerações. Para que isso aconteça, são necessários tempos e espaços onde alunos e professores possam sair temporariamente dos seus papéis e descobrir os sujeitos que estão envolvidos nessa relação. Só então será possível construir caminhos conjuntos.

Os tempos escolares são um grande desafio. Até o primeiro segmento do ensino fundamental, o professor tem um tempo maior para se relacionar com a classe. Mas a partir da antiga 5ª série, com a segmentação das disciplinas e professores, a possibilidade de convívio é mínima, não havendo tempo nem mesmo para a troca de experiência entre os educadores. Assim, se não for alterada a questão do tempo de trabalho, será muito difícil ampliar o diálogo entre professores, alunos e suas culturas.

Os jovens e suas expressões culturais

Apesar das realidades serem diferentes, é muito significativa a semelhança dos problemas e desafios existentes no Brasil e no Chile. As duas análises acima se complementam. A primeira apresenta uma visão macro da realidade escolar chilena, trazendo questões ligadas à estrutura do sistema de ensino que espelha a realidade chilena e, em grande medida, também a brasileira. A outra incide no micro, numa experiência concreta desenvolvida nas escolas e trazendo questões importantes que surgem no cotidiano escolar.

A partir dessas apresentações, pretendo ressaltar três eixos fundamentais: um diagnóstico atual da relação entre a escola e a juventude; as pistas apontadas para superar essa realidade; a questão da formação dos professores.

Um primeiro desafio posto tanto no Brasil quanto no Chile é a efetivação da escola como um direito, garantindo a educação básica para todos. Nesse aspecto o Chile avançou mais e garantiu um acesso amplo, o que no Brasil ainda é um desafio a ser enfrentado. Só para se ter uma idéia, segundo o Censo 2000 do IBGE, existem ainda 1,1 milhão de adolescentes entre 12 e 17 anos analfabetos.

O problema, contudo, não se resume ao acesso à escola, mas principalmente a qual escola os alunos terão acesso e qual é a qualidade do ensino oferecido por essa instituição. Não é possível pensar na inclusão escolar descolada da qualidade da educação. Nesse aspecto o diagnóstico chileno se aproxima do brasileiro e é preocupante: a escola está distante da juventude, não responde as suas demandas e necessidades, deixando de cumprir uma das suas funções centrais, que é o diálogo entre as gerações.

A estrutura escolar e os projetos político-pedagógicos ainda dominantes nas escolas não respondem aos desafios que estão postos para a educação da juventude contemporânea. Um dos aspectos é a mudança do perfil dos alunos. A ampliação do acesso escolar às camadas populares e as medidas tomadas contra as práticas de retenção e exclusão têm gerado uma ampliação da diversidade sociocultural dos alunos, demandando uma flexibilidade que o atual sistema não responde. Ainda predomina uma estrutura rígida, com tempos e espaços segmentados, e uma grade curricular estanque, na qual o conhecimento, materializado nos programas e livros didáticos, se torna "objeto", coisa a ser transmitida. Nessa perspectiva, educar se reduz a transmitir esse conhecimento acumulado. Aprender não será nada além de assimilar esse conhecimento.

O tempo do professor está tomado pelas aulas, o que dificulta o planejamento conjunto e uma maior relação com os alunos. As formas de contratação incentivam uma rotatividade enorme de professores pelas escolas, dificultando a implementação de projetos a médio prazo. É a lógica homogeneizante que ainda predomina nas escolas.

É uma lógica onde os jovens são vistos apenas na sua condição de alunos. Os professores se esquecem de pensar na pessoa que existe por trás de cada um. Reduzidos a essa condição, os alunos são massificados, pois não se levam em conta as especificidades das experiências que vivenciam e as demandas e necessidades próprias geradas pelas diferentes realidades onde estão inseridos. A escola pouco conhece o jovem que a freqüenta, a sua visão de mundo, os seus desejos, o que faz fora da escola, como ocupa o tempo livre e as expressões culturais com as quais se envolve. A experiência realizada pela *Ação Educativa* deixou claro que a escola não reconhece os seus alunos como jovens.

Ao mesmo tempo, predomina uma representação negativa e preconceituosa em relação à juventude. O jovem é visto na perspectiva da falta, da incompletude, da desconfiança, o que torna ainda mais difícil para a escola perceber quem ele é, de fato, o que pensa e é capaz de fazer. Diante dessa postura, não é de se estranhar a dificuldade para estabelecer um diálogo entre professores e alunos e a desmotivação e o desinteresse dos jovens para com a escola.

É necessário questionar: se o processo educativo é essencialmente uma relação, como é possível educar se o Outro é visto na sua negatividade? Essa realidade torna-se ainda mais preocupante quando se constata que essa postura não é apenas da escola, mas também de outras instituições do mundo adulto, como o trabalho. Diversas pesquisas evidenciam a precariedade das políticas públicas e a fragilidade das redes sociais com as quais os jovens podem contar, principalmente aqueles que são mais pobres. Cabe aos educadores se perguntarem: que espaços e situações a juventude tem encontrado para dialogar com o mundo adulto, para aprofundar a compreensão de si mesmo e da sociedade e para definir os seus projetos de vida?

Se esse quadro reflete uma estrutura escolar e projetos político-pedagógicos ainda dominantes, por outro lado estão surgindo experiências que apontam para um novo modelo. O primeiro deles é o entendimento de que a educação não é apenas instrução, mas um processo de formação humana que leva a experiências sociais que possibilitam ao aluno a descoberta e o desenvolvimento do conjunto das suas potencialidades, ou seja, uma educação que contempla a totalidade do jovem e não apenas a dimensão cognitiva.

Outro ponto importante é o entendimento de que a escola não é estática, mas uma construção social dinâmica que se efetiva nas relações que estabelece com o Estado e principalmente com os atores que a fazem existir: alunos, professores e funcionários. Significa entender que cada escola é única e precisa ter um projeto político-pedagógico próprio para atender as especificidades do meio social onde está inserida e dos alunos que a freqüentam. Implica a necessidade de uma estrutura e um currículo flexíveis, com os tempos e espaços adequados à proposta pedagógica que se quer implementar.

Nessa perspectiva a escola se torna um centro juvenil, um espaço de encontro, de estímulo à sociabilidade, à aprendizagem das regras e vivências coletivas e do exercício da participação. Todas essas dimensões são aspectos centrais da convivência humana e da cidadania.

Também é importante reforçar a necessidade de pensar e lidar com o jovem como sujeito. No cotidiano da escola, significa superar as visões negativas e preconceituosas a seu respeito e percebê-lo como ele realmente é, além da sua condição de aluno. É um indivíduo que ama, sofre, se diverte, pensa a respeito das suas experiências e possui desejos e propostas para melhorar sua condição de vida.

Levar em conta o jovem como sujeito é adequar a escola a uma "pedagogia da juventude", considerando os processos educativos necessários para lidar com um corpo em transformação, com os afetos e sentimentos próprios dessa fase da vida e com as suas demandas de sociabilidade. Implica também adequar o ritmo dos processos educativos, dinamizando-os com metas e produtos que respondam à ansiedade juvenil por resultados imediatos. É fazer da escola um espaço de produção de ações, de saberes e de relações. É acreditar na capacidade do jovem, na sua criatividade e apostar no que ele sabe e quer dominar.

O projeto desenvolvido pela *Ação Educativa* traz um outro elemento que deve ser considerado, que é a necessidade de colocar as culturas juvenis em foco. As culturas juvenis representam modos de vida específicos e práticas cotidianas que expressam um conjunto de significados compartilhados, um conjunto de símbolos específicos que sinalizam o pertencimento a um determinado grupo. São as linguagem e seus usos particulares, os rituais e os eventos por meio dos quais a vida adquire, para eles, um sentido. Essa diversidade também é dada pelo contexto de origem social e das condições concretas de vida nas quais os jovens são socializados.

Uma série de pesquisas tem evidenciado o envolvimento cada vez maior dos jovens em grupos marcados pelas mais diferentes expressões culturais, que passam a assumir um papel significativo nas suas vidas. Os grupos culturais podem possibilitar práticas, relações e símbolos por meio dos quais eles criam espaços próprios, com uma relativa autonomia do mundo adulto. São expressões da cultura juvenil que fornecem elementos para se afirmarem com uma identidade própria.

A adesão a um grupo gera a ampliação dos circuitos e das redes de troca, pois esse grupo torna-se produtor de sociabilidade e possibilita uma maior apropriação da cidade. Por meio da produção cultural realizada por grande parte dos grupos, os jovens se colocam como produtores ativos. As músicas que criam, os shows que fazem e os eventos culturais que promovem são espaços de construção da auto-estima, possibilitando a formação de identidades positivas. Significa dizer que os grupos culturais se constituem como espaços educativos por excelência, com os quais a escola deve dialogar.

O que se observa, infelizmente, é a tendência da escola desconhecer essa efervescência cultural que acontece no seu entorno, desconsiderando as experiências educativas que os alunos vivenciam fora dos seus muros. A experiência da *Ação Educativa* demonstra como é importante os professores dialogarem com os grupos juvenis e valorizarem as suas produções culturais. O que não significa escolarizar as expressões culturais juvenis, muito menos instrumentalizar os grupos e suas práticas, reduzindo as expressões culturais a um meio para solucionar problemas como a violência, por exemplo.

Os grupos, assim como as suas expressões culturais, têm um valor em si enquanto exercício de potencialidades humanas. É preciso garantir a sua autonomia como um espaço próprio dos jovens, com a escola intervindo apenas quando for demandada. Por outro lado, a escola tem que ampliar o acesso dos jovens às expressões culturais, de maneira que eles se tornem melhores do que são. Assim, a escola será um espaço de acesso e aperfeiçoamento cultural.

Esta discussão remete à questão do currículo e ao desafio de como não reduzir o trabalho com a juventude às atividades extra escolares. Como, então, fazer para que o diálogo com os jovens e seus grupos possam impactar o currículo? A resposta está com os professores de cada escola. São eles que devem descobrir, na especificidade de cada realidade, os possíveis caminhos. Por isso é fundamental investir na formação dos educadores, criando neles o desejo de se envolverem com os jovens, fornecendo instrumentos para um conhecimento sistemático da juventude e sensibilizando-os para seus problemas e necessidades.

Esse processo de formação deve incluir as linguagens culturais e desafiar os professores a descobrirem formas de incorporar a música, o teatro, as artes plásticas, entre outras expressões, no cotidiano do processo de ensino e aprendizagem. Aqui sim cabe a instrumentalização dessas expressões, como um meio de tornar a aprendizagem um ato dinâmico, criativo e que desperte o desejo de aprender.

No trabalho com os jovens, a força propulsora tem de ser o desejo. Professores e alunos com desejo de descobrirem novos caminhos, novas relações, novos conhecimentos. O envolvimento dos professores é o primeiro passo para qualquer proposta que pretenda estabelecer um diálogo maior com os jovens alunos, fazendo da escola um espaço onde eles "possam ser mais", como dizia Paulo Freire. Serão reencontrados, assim, os vínculos entre desenvolvimento humano, educação e cultura.

10

DROGAS E JOVENS:
abordagens contemporâneas*

Beatriz Carlini-Marlatt

A opinião pública convive com três posturas básicas nas discussões políticas e nas ações que visam abordar o uso de drogas entre os jovens. Essas posturas acabam também refletindo nas opções acadêmicas, tanto teóricas como empíricas.

A primeira postura é a do imobilismo e resignação diante da possibilidade de mudar a relação que alguns jovens desenvolvem com as drogas. Nessa abordagem, a única ação sensata é a repressão visando erradicar as drogas da face da Terra. Educação, conscientização, melhoria da qualidade de vida são quase perda de tempo nessa visão, que é permeada pela noção fatalista de que alguns jovens — caso encontrem drogas — irão usar, abusar e tornar-se-ão dependentes das drogas. Nada a fazer, talvez só rezar para que os jovens que são de nosso convívio não sejam as vítimas de uma praga da qual não temos o controle.

Numa segunda postura, acredita-se que a educação do jovem para evitar o envolvimento com drogas é possível e tão importante quanto a repressão

---

* Neste texto são consideradas *drogas ou substâncias psicoativas* todas as substâncias, legais ou ilegais, usadas para alteração do humor e da percepção da realidade. São drogas: álcool, cocaína, inalantes, maconha, alguns medicamentos e tabaco.

ao tráfico e à produção das drogas. Nesse enfoque seria importante educar as crianças e os jovens mostrando-lhes os efeitos das drogas psicotrópicas, e oferecendo-lhes opções interessantes de atividades, para que as drogas se tornem menos atraentes. O objetivo dessas ações seria prevenir qualquer contato com as drogas, ensinar os jovens a *"just say no"*. No entanto, se nessa postura há espaço para conscientizar os jovens a nunca usarem drogas, o mesmo não se aplica àqueles que já tiveram algum consumo de substâncias psicoativas. A estes nada se oferece, além do rótulo de "caso perdido" e ações de punição e discriminação. Não há meio termo, não há nuances, não há caminho de volta.

Numa terceira postura, adotada neste artigo, acredita-se que a convivência da humanidade com as drogas não é uma questão de escolha, mas um fato histórico, na medida em que não há praticamente registro de sociedades onde inexista o uso de substâncias que alterem a consciência, seja para fins rituais, religiosos, recreacionais ou de delineamento de papéis sociais e hierárquicos.

Essa postura, que vem sendo chamada de *redução de danos*, parte do princípio de aceitação dessa evidência histórica. Evita advogar a erradicação das drogas da face da Terra (Guerra às Drogas) e não compactua com a punição e discriminação daqueles que já tiveram contato com drogas ou mesmo daqueles que as consomem regularmente.

A *redução de danos* foca seus esforços na minimização do uso de drogas e dos problemas advindos dessa prática. Também defende o controle à oferta e comercialização de drogas, mas não faz do controle e combate ao tráfico o pilar de suas ações. Centra suas ações na construção de parcerias com as populações envolvidas no uso de drogas, ou em risco de se envolverem, na tentativa de formular propostas que sejam realistas e que possam promover a saúde das pessoas sem recorrer a mecanismos de punição.

A redução de danos discute propostas para melhorar situações arriscadas e diminuir danos e evita propagandear objetivos irrealistas, que acabam agravando os problemas. Não estabelece objetivos de mudança a partir do que a sociedade ache ideal ou seguro, mas sim a partir da ótica e das possibilidades dos grupos sociais que fazem uso de drogas ou que estão em alto risco de fazê-lo. Exigir o ideal daqueles que já há muito se afastaram dos valores sociais dominantes é quase como convidar esses indivíduos ao fracasso, garantindo legitimidade para estigmatizá-los.

OUTROS PRESSUPOSTOS

No trabalho junto a jovens, outros pressupostos de ação precisam ser também enfatizados.

Talvez um dos mais relevantes seja a crítica a rotulações e à patologização universal do envolvimento de jovens com drogas. Na maioria dos casos, o envolvimento de jovens com substâncias psicoativas tende a ser passageiro, apesar do constante bombardeio dos meios de comunicação de massa propagandeando o contrário. Constitui, muitas vezes, um dos itens de consumo no processo de construção da identidade do jovem, como alguns itens de vestuário, música e esportes radicais. Isso não significa que o envolvimento com drogas não seja arriscado, mesmo que passageiro, nem que devemos simplesmente "assistir" a esse processo de desenvolvimento, sem tentar prevenir possíveis conseqüências negativas dessa práticas. Trata-se somente de admitir que o consumo de drogas não constitui, necessariamente, um distúrbio mental ou de comportamento que requeira tratamento psiquiátrico ou que clame por punição exemplar.

Complementar a esses pressupostos é a visão de que o envolvimento com drogas se manifesta por meio de um amplo gradiente de comportamentos, e que o grande desafio dos profissionais que lidam com os jovens é conseguir encontrar a ação preventiva, educacional ou terapêutica adequada à intensidade e singularidade dos diversos padrões de uso.

A conseqüência desses pressupostos é a defesa da convivência da pluralidade de propostas, visando responder à diversidade de situações a serem enfrentadas.

ABORDAGENS DIFERENCIADAS

Feitas essas considerações, cabe delinear os tipos de ações preventivas e terapêuticas que têm sido adotados nas últimas décadas como resposta a diferentes necessidades nesse campo. Essas ações têm sido divididas em *universais*, *seletivas* e *indicadas*, além das ações de tratamento propriamente dito.

As ações preventivas universais são aquelas que visam um público amplo e genérico, composto em sua grande maioria por jovens que não usam drogas.

Já as ações preventivas seletivas são aquelas que visam grupos de jovens que apresentam características de alto risco para o envolvimento com as drogas em futuro próximo. São ações preventivas dirigidas, por exemplo, para filhos de alcoolistas, jovens com história de condutas disruptivas e de delinqüência, imigrantes recentes numa sociedade que os discrimina.

Finalmente, as ações preventivas indicadas são dirigidas a jovens que já consomem tais substâncias, que vêm enfrentando problemas em conseqüência disso, mas não apresentam quadros de dependência.

A última categoria de ação consiste em tratamento ou ações terapêuticas e de apoio aplicadas com a finalidade de abordar os jovens que consomem drogas intensamente e que apresentam quadros de abuso no consumo de drogas ou de dependência delas.

Numa comunidade, seja esta uma escola, um bairro ou uma empresa, esses diversos níveis de intervenção devem se complementar e se articular, uma vez que tipicamente se observará a convivência de todos esses grupos descritos acima: uma maioria que não usa drogas, grupos de risco que apresentam alto risco de começar a usar, indivíduos já usando e enfrentando problemas, e outros precisando de ações terapêuticas. Claro que nem sempre há possibilidade de se oferecer todos os níveis de ação necessários numa comunidade, mas é importante ficar atento que se restringir a somente um nível de ação significa trabalhar com somente um público-alvo, tornando improvável o alcance de bons resultados nas outras parcelas da comunidade que ficaram desatendidas.

PREVENÇÃO UNIVERSAL: AÇÕES DIRIGIDAS À COLETIVIDADE

As ações de prevenção universal são as mais conhecidas no Brasil, principalmente nas escolas. Suas modalidades mais comuns são os programas de informação, a educação crítica, o oferecimento de alternativas ao prazer e o significado das drogas, e os programas de desenvolvimento de habilidades sociais.

Há uma série de programas de prevenção universal que vêm encontrando bons resultados, medidos por investigações científicas rigorosas, com vários anos de seguimento e sempre usando grupos de controle para comparação. Estudos desse tipo estão sendo conduzidos sobretudo na Europa e nos Estados Unidos, ficando em aberto a indagação sobre se encontrariam resultados semelhantes em nosso meio.

Entre os programas de prevenção universal testados, e que apresentaram bons resultados, pode-se citar o *Life Skills Training* e o *Northland*.

O *Life Skills Training*, concebido por Gilbert Botvin, foi desenvolvido visando instrumentalizar os jovens a lidar com os sentimentos desagradáveis ou as situações conflituosas. Parte da concepção, bastante razoável, de que alguns jovens usam substâncias psicoativas para amenizar a ansiedade e o conflito intrínseco a situações sociais novas, que a vida do adolescente oferece em abundância. O LST convida os estudantes e os professores a discutir os desafios afetivos e emocionais dentro da sala de aula e a procurar criar e exercitar formas de lidar com eles. Propõe três eixos de atividades, cada um focado no desenvolvimento de habilidades sociais distintas: autogerenciamento, em que os jovens aprendem a analisar sua auto-imagem e os efeitos desta no seu comportamento, e também a determinar os objetivos pessoais de vida, monitorar os progressos em relação a esses objetivos, identificar os comportamentos e as decisões que foram influenciadas por outras pessoas; habilidades sociais, nas quais os estudantes são expostos a técnicas para superar a timidez e as dificuldades de comunicação, para aprender a como ser firme na comunicação verbal e não-verbal, tanto na recusa como na aceitação de convites, e para trabalhar com o reconhecimento de alternativas viáveis à passividade ou agressividade diante de situações difíceis; e habilidade de resistir a drogas, ajuda os jovens a reconherem mitos e concepções equivocadas, disseminadas em relação ao cigarro, álcool, medicamentos e drogas ilegais, assim como a lidarem com a pressão dos meios de comunicação de massa e dos amigos para usar tais substâncias.

Os estudos de Gilbert Botvin, da Cornell University, revelaram que os estudantes que fizeram parte do LST durante alguns meses, entre a quarta e oitava séries, mesmo seis anos após a participação ter ocorrido, usavam proporcionalmente menos drogas do que aqueles que não foram expostos ao programa.

O projeto Northland tem o objetivo de prevenir contra o uso de álcool antes dos 21 anos. Sendo de base comunitária, a escola funciona como catalisadora das ações que se desenvolvem na mídia, na família, entre os alunos, professores, funcionários, comerciantes. O projeto procura aumentar a conscientização da comunidade, em relação ao consumo de álcool pelos jovens, intensificar a vigilância comunitária em relação à comercialização indevida de bebidas, encorajar os pais a expressarem claramente as regras de disciplina em suas casas, e oferecer alternativas atraentes aos jovens, para que "sair para beber" não seja a principal via de socialização. O projeto Northland vem encontrando resultados positivos, no seu terceiro ano de atuação, com maiores taxas de abstenção de álcool entre os jovens das comunidades onde vem sendo desenvolvido.

Como já foi dito, a prevenção universal pouco oferece para aqueles que já estão usando substâncias, e que podem ou não ter alguma ambigüidade em relação a seu comportamento. Pouco contribui também para aqueles que, por um motivo ou outro, apresentam riscos bem mais altos de se envolver com as drogas do que a média do seu grupo etário. A prevenção universal é útil para que os jovens não usuários perpetuem seu comportamento de não usuários, e isso aumenta as chances para que esses jovens procurem outros caminhos de vida, de prazer e de busca da identidade que não incluam abuso na utilização de substâncias químicas.

PREVENÇÃO SELETIVA: AÇÕES COM GRUPOS DE RISCO

Uma outra maneira de investir em ações de prevenção, não conflitante mas complementar à prevenção universal, é procurar antecipar-se ao destino, dando atenção especial a grupos que, por um motivo ou outro, se encontrem em alto risco de envolvimento com algumas substâncias específicas ou com drogas de maneira geral. Por lidarem com grupos de risco, a prevenção seletiva tende a ser mais cara e mais intensa.

Os programas *Early Risers Skills for Success* e o *Atlas* são boas ilustrações desse tipo de prevenção.

O *Early Risers*, da Universidade de Minesotta, trabalha com crianças entre seis e dez anos de idade que têm problemas de agressividade e de convívio social. A escolha desse grupo etário e comportamental justifica-se na medida em que os estudos de seguimentos de crianças com esse perfil indicam que elas apresentam chances altas de se envolverem com drogas e com delinqüência na vida adolescente e, dependendo da classe social, têm uma alta probabilidade de perpetuarem esses problemas na vida adulta.

O *Early Risers* identifica essas crianças por meio de avaliações padronizadas e pelas indicações de professores, investindo intensivamente em vários domínios da vida social e pessoal dessas crianças. O programa trabalha em três frentes principais, estruturando ações específicas para cada caso individual:

para as crianças são oferecidas aulas de reforço em escrita e matemática, e atividades para torná-las mais preparadas para a vida em grupo; para os pais dessas mesmas crianças são dadas as orientações de como lidar com o *stress*, como educar os filhos, além do apoio personalizado dos terapeutas para as questões mais específicas de cada caso; e os profissionais da escola têm a oportunidade de aprender a lidar de forma adequada com os comportamentos agressivos e de rebeldia à disciplina escolar.

Os resultados de dois anos de seguimento desse programa indica resultados animadores, mas os resultados de longo prazo não são ainda disponíveis.

O *Atlas* tem início mais tarde, durante o ensino médio. É dirigido a estudantes atletas do sexo masculino, que se constituem num grupo de risco para o abuso de esteróides anabolizantes e que, em geral, não estão muito interessados no que se passa no estudo formal, nas salas de aula. O programa *Atlas* visa reduzir a intenção de uso de esteróides nesse grupo, por meio de atividades desenvolvidas no local que esses estudantes mais gostam de freqüentar, as quadras esportivas, e por meio de um adulto que é bastante significativo na vida deles, o técnico esportivo.

A idéia é tão simples quanto original: incentivar e orientar os técnicos esportivos a incorporarem atividades e informações de promoção à saúde como parte dos treinamentos e das atividades do time. E parece funcionar: os jovens atletas que passaram pelo Atlas, quando comparados com jovens de um grupo de controle, vem relatando uma intenção bem menor de recorrer aos esteróides, além disso, há melhora nos hábitos alimentares e, também, redução das taxas de ingestão do álcool antes de dirigir.

Mas, de maneira até certo ponto previsível, o Atlas não conseguiu produzir mudanças de comportamento entre aqueles que já vinham usando esteróides. Para esses, as iniciativas de prevenção indicada são as mais adequadas.

PREVENÇÃO INDICADA: O CAMINHO QUE TEM VOLTA

Pelos mais variados motivos e trajetórias, muitos jovens começam a experimentar diversas drogas e a apreciar seus efeitos, bem como adotam o estilo de vida e a socialização que são associados a elas. Incluem-se aí os significados de transgressão e independência atribuídos a seus usuários. Mesmo começando a enfrentar problemas, é comum que esse uso persista por um período razoável de tempo, em geral apoiado numa certa ambigüidade e no conflito entre os aspectos do consumo de drogas vistos como positivos pelo jovem usuário e os aspectos negativos vivenciados. A trajetória mais freqüente para esses jovens é que eles amadureçam e diminuam o consumo da substância que vinham usando em altas doses (como no caso do álcool) ou que simplesmente parem de usar por completo (no caso de maconha, por exemplo). Trata-se de uma trajetória natural, em que se valorizam as conquistas que tornaram o consumo de drogas desinteressantes (ou menos interessantes do que eram há algum tempo): as relações afetivas, os empregos, as titulações, e os planos de vida, que exigem uma maior disciplina.

No entanto, enquanto durar esse período de uso de drogas, esses jovens estarão em alto risco de sofrerem "acidentes de percurso", ou seja, de se envolverem com problemas legais, sociais, físicos ou emocionais, cujas conseqüências irão variar de leve até muito sérias. Problemas no estudo, acidentes de carro, quedas, afogamentos, envolvimento em casos de agressão, doenças sexualmente transmissíveis e gravidez não planejada são possivelmente os acontecimentos indesejáveis mais freqüentes.

A prevenção indicada é dirigida a jovens usuários de drogas visando justamente minimizar os riscos de sérios danos durante essa trajetória de desenvolvimento, ajudando a motivar os jovens a repensarem seus atos e a desenvolverem critério crítico e as habilidades sociais para mudarem seu comportamento. Procura também identificar e conscientizar aqueles que têm maiores propensões de continuar a trajetória de uso na vida adulta, seja pela história familiar, seja pela vulnerabilidade biológica ou pelo padrão de uso muito intenso e destrutivo. Tenta-se, nesses casos, ajudá-los a perceber sua maior vulnerabilidade, mostrando a necessidade de caminhar com urgência para a abstinência do uso.

Note-se que a prevenção indicada é oferecida individualmente, por meio de aconselhamento e "feedback", discutindo cada situação em particular, visando entender o usuário e seus motivos para poder incentivar uma possível mudança. A prevenção indicada não é um processo educacional coletivo, embora se utilize das instituições para identificar seus possíveis beneficiários e oferecer-lhes serviços, como as escolas, universidades, centros de saúde, serviços hospitalares.

Dois programas de prevenção indicada já testados são o *Basics* e a *Intervenção Breve em Pronto-Socorro*, ambos na área de álcool. O Basics (sigla para

Brief Alcohol Screening and Intervention for College Students) foi concebido e desenvolvido na Universidade de Washington, por Alan Marlatt e colaboradores. É dirigido àqueles calouros universitários que indiquem, em questionário aplicado no momento da matrícula, que vinham bebendo exageradamente durante os últimos anos de ensino médio e que enfrentaram problemas em função desse comportamento.

O Basics oferece duas sessões de 90 minutos de aconselhamento individual com esses estudantes, usando um método de abordagem chamado "entrevista motivacional", no qual o estudante não é confrontado, nem rotulado ou julgado moralmente. No Basics, o jovem é convidado a conhecer dados que comparam o seu uso de álcool com o de outros calouros, no sentido de ajudá-lo a perceber seu consumo exagerado; discute-se o risco de beber excessivamente, são expostas as possíveis estratégias de mudança, as alternativas e os métodos de monitoração do consumo e da alcoolemia, entre outras questões. Mais tarde, o estudante recebe pelo correio um material impresso que reflete o que foi conversado, assim como um número de telefone de contato para o caso de sentir necessidade de conversar mais.

Seguimento de dois e quatro anos de bebedores pesados, que receberam o Basics durante o primeiro ano da faculdade, revelam que, como quase todos os outros estudantes que não receberam programa nenhum, eles passaram a beber gradativamente menos com o decorrer dos anos, assim como passaram a enfrentar menos conseqüências negativas em decorrência desse comportamento. A grande vantagem do Basics, no entanto, é acelerar e intensificar esse processo: seus beneficiários relataram menores problemas com o álcool, durante todos esses anos, e uma diminuição do consumo mais acentuada e rápida do que o grupo controle. Pode soar como não muito significativo, mas, com um esforço aparentemente pequeno, se consegue evitar que muitos universitários se acidentem, ferindo a si mesmo e aos outros, ou que provoquem gravidez indesejada, ou que se firam ou causem ferimentos a alguém em situações de agressão.

A Intervenção Breve em Pronto-Socorro foi idealizada e desenvolvida por Peter Monti, da Brown University, em Rhode Island, EUA. A idéia à similar a do Basics, mas atinge uma população diferente: jovens que se acidentaram ou brigaram, quando estavam sob efeito do álcool, e que tiveram que recorrer a um pronto-socorro para cuidar dos ferimentos. A equipe de Peter Monti mede a alcoolemia do jovem logo que ele entra no pronto-socorro e, assim que ele estiver próximo de ter alta, recebe um aconselhamento breve que aproveita o acidente, e o *stress* envolvido na ida ao PS, para motivá-lo à mudança. A abordagem usada no pronto-socorro também é baseada na entrevista motivacional, embora seja bem mais condensada. Além de original, esse tipo de intervenção abrange os jovens de todas as camadas sociais, estudantes ou não, numa situação em que as conseqüências negativas do uso de álcool estão muito evidentes. O seguimento de alguns meses desse projeto mostra resultados positivos, medido tanto em termos de consumo como de problemas, quando comparados com os jovens que foram parar no PS pelos mesmos motivos mas não receberam o aconselhamento.

AÇÕES TERAPÊUTICAS E DE APOIO

Alguns jovens vão continuar, aprofundar e intensificar seu consumo de drogas, a despeito de quaisquer iniciativas, como as relatadas acima. Poderão chegar à vida adulta com sérios comprometimentos físicos, emocionais, profissionais, financeiros e afetivos.

Para esses jovens, cabe oferecer tratamento ou, numa abordagem mais ampla, ações terapêuticas e de apoio, que não se baseie só em medicamentos, mas em terapias das mais variadas abordagens.

Pesquisas na área de tratamento vêm sugerindo consistentemente que não há o "melhor tratamento", entendido como a panacéia universal que irá beneficiar a todos. Há um leque de opções que parecem ser mais promissoras, mas raramente ultrapassam o índice de sucesso de cerca de 30%. Infelizmente, a ciência não conseguiu identificar com clareza qual é o perfil dos 30% que alcançam sucesso com uma modalidade de tratamento e com outras, acabam falhando; e essa identificação possibilitaria parear o indivíduo com o tratamento.

Mais intrigante ainda, é que os estudos que seguem indivíduos com problemas de dependência, ou abuso de drogas na comunidade, encontram cerca de 30% de indivíduos que vão se recuperar "espontaneamente", ou seja, sem recorrer a nenhum tratamento formal ou grupo estruturado de ajuda mútua.

Qual é a possibilidade de otimismo com taxas tão baixas? Quando considerado um indivíduo isoladamente, ele (a) tem estatisticamente 30% de chance de se recuperar cada vez que procura ajuda ou resolve se abster por conta própria. Ou seja, não é possível se "gastar" as chances de recuperação: dados norte-americanos mostram que os ex-fumantes, que já têm mais de cinco anos de abstinência, fizeram em média sete tentativas de parar de fumar antes de alcançar sucesso. E mostram também que variaram de tipos de tratamento ou de planos de abstinência por conta própria até conseguirem sucesso.

Assim, é importante que os familiares, amigos, colegas de trabalho e outras pessoas próximas não rotulem de "caso perdido" um dependente de droga que inicia o tratamento, alcança melhora, mas não consegue mantê-la. Ou mesmo aqueles que começaram o tratamento mas não conseguiram terminar, ou que prometeram mudar no dia no Ano Novo e voltaram ao "de sempre" no dia 2 de janeiro. Se rotularmos esses indivíduos e associarmos suas tentativas frustradas à derrota, as chances desses indivíduos se predisporem a se tratar de novo diminuem consideravelmente (Para que se expor à possibilidade de fracasso de novo?). Manter, tanto quanto possível, uma postura que reconheça o sofrimento e as dificuldades de reverter um quadro de dependência de drogas, com otimismo de que é possível encontrar saída na persistência e no aprendizado, que as tentativas frustradas oferecem, parece ser a maneira mais humana de genuinamente ajudarmos aqueles que tiveram problemas sérios com o consumo de tais substâncias.

REFERÊNCIAS BIBLIOGRÁFICAS

AUGUST, G. J., REALMUTO, G. M., HEKTNER, J. M. & BLOOMQUIST, M. L. 2001. An integrated components preventive intervention for aggressive elementary school children: the early risers program. *Journal of Consulting and Clinical Psychology*. v. 69, n° 4, pp. 614-626.

BAER, J. S.; KIVLAHAN, D. R.; BLUME, A. W.; McKNIGHT, P. & MARLATT, G. A. 2001. Brief intervention for heavy-drinking college students: 4-year follow-up and natural history. *American Journal of Public Health*, v. 91, n. 8, pp. 1310-1316.

BOTVIN, G. J.; GRIFFIN, K. W.; DIAZ, T.; SCHEIR, L. M.; WILLIAMS, C. & EPSTEIN, J. A. 2000. Preventing illicit drug use in adolescents: long-term follow-up data from a randomized control trial of a school population. *Addictive Behaviors*, v. 25, n.° 5, pp. 769-74.

GOLDBERG, L.; MacKINNON, ELLIOT, D. L.; MOE, E. L.; CLARKE, G. & CHEONG, J. 2000. The Adolescents Training and Learning to Avoid Steroids (ATLAS) program: preventing drug use and promoting health behaviors. *Archives of Pediatrics and Adolescent Medicine*, v. 154, pp. 332-338

INSTITUTE OF MEDICINE. Broadening the base of treatment for alcohol problems. Washington, DC, *National Academy Press*, 1990.

MARLATT, G. A. 1999. *Redução de danos — Estratégias práticas para lidar com comportamentos de alto risco*. Porto Alegre, Artes Médicas Sul.

MILLER W. R. & ROLLNICK S. 1991. *Motivational Interviewing: Preparing people for change*. Nova York, Guilford Press.

MONTI, P.; COLBY, S. M.; BARNETT, N. P.; SPIRITO A.; ROSHSENOW D. J.; MYERS, M.; WOLLARD, R.; LEWANDER, W. 1999. Brief intervention for harm reduction with alcohol-positive older adolescents in a hospital emergency room. *Journal of Consulting and Clinical Psychology*, 67:989-99.

A SAÚDE NAS POLÍTICAS PÚBLICAS:
juventude em pauta!

Marina Marcos Valadão

APRESENTAÇÃO

> Muitas vezes nós (...) ficamos querendo atingir determinados objetivos dos nossos projetos enquanto o jovem está trazendo outra coisa e a gente não olha essa realidade. (...) É necessária uma disposição para olhar, escutar, trocar dados e fortalecer as instituições. Mas estamos agindo isoladamente e, então, observamos coisas que não trocamos com outras secretarias, com outras pessoas, porque não existe espaço.
>
> Rute (diretoria de Saúde da Febem)

Trocar idéias e experiências pode ajudar a pensar sobre as estratégias e as finalidades da construção de políticas públicas. Afinal, essas idéias e práticas são as sementes de políticas a serem construídas e, ao mesmo tempo, os reflexos de antigas políticas, impregnadas em nossa cultura, em nossas maneiras de pensar e agir. Seja por efeito das leis ou por lacunas na legislação, por ação ou por omissão, sempre existe uma política, expressa na maneira como se organiza a vida social, no funcionamento das instituições, nas formas de acesso aos serviços.

As políticas públicas correspondem ao resultado dessa inter-relação das leis, programas, recursos e ações, na prática social e institucional. Então, a contribuição mais importante que todos podem dar é a participação na transformação contínua das políticas e da cultura das pessoas, das coletividades e das instituições.

No caso da saúde, começou a ser muito questionado nas últimas décadas o fato de os serviços de saúde gastarem muito com doença, com métodos cada vez mais sofisticados, e com impactos muito pouco satisfatórios na saúde do conjunto da população. Em meio a esse questionamento, ganhou força o conceito de *Promoção da Saúde*, que propõe uma das estratégias mais motivadoras para a realização de um trabalho articulado no campo da saúde: a construção de políticas públicas saudáveis.

A promoção da saúde envolve, necessariamente, a ação sobre as causas, sobre os chamados "determinantes da saúde". Por exemplo: uma alternativa para enfrentar a questão dos acidentes e violências que atingem os jovens é montar serviços de pronto-socorro altamente equipados para atender as vítimas de bala perdida e de acidentes de trânsito; montar unidades de terapia intensiva, preparar técnicos especializados... e considerar que esse problema de saúde está sendo enfrentado. Outra alternativa é procurar interferir — com igual prioridade e em conjunto com os outros setores (além da saúde), nas condições geradoras ou associadas às violências, construindo alternativas mais saudáveis para a organização da vida social. Nesse caso, será preciso buscar, em todos os planos da vida cotidiana, as maneiras de contribuir para a prevenção dos acidentes e violências: nas condições de vida e trabalho, de moradia e transporte, nos espaços de lazer. Será necessário reavaliar as leis de trânsito, os programas de combate ao tráfico de drogas, o currículo escolar. Caso a ação de promover a saúde não aconteça nos lugares onde as pessoas vivem, estudam, trabalham, se divertem, só restará agir depois que a doença já aconteceu.

As condições e os recursos considerados essenciais para a saúde são: paz, habitação, educação, alimentação, renda, ecossistema estável, recursos sustentáveis, justiça social e eqüidade. Por isso, quando se pensa nas pessoas em seu contexto de vida fica, mais fácil perceber que a melhoria da situação de saúde depende de muitos fatores (pessoais, sociais, políticos e econômicos) relacionados às formas como a sociedade se organiza para produzir bens e serviços e à maneira como acontecem a distribuição da renda, o acesso ao consumo, ao trabalho e ao lazer.

A Promoção da Saúde é definida pela Organização Mundial da Saúde como "o processo de capacitação da comunidade para atuar na melhoria da qualidade de vida e saúde, incluindo uma maior participação no controle deste processo". Em nosso caso, as políticas públicas que colocam a juventude em pauta precisam tomar em conta a situação e as necessidades em saúde dos jovens, mobilizando os próprios jovens e o conjunto da sociedade para promover transformações sociais que favoreçam a saúde pessoal e coletiva.

Felizmente, muitas experiências tentam chamar os "destinatários" dos projetos de promoção da saúde a participar, procurando abrir brechas nas práticas tradicionais e autoritárias. É o caso, por exemplo, da experiência realizada na cidade chilena de Quillota.

A experiência de Quillota

Quillota possui aproximadamente 73.000 habitantes, sendo 11.900 pessoas entre 14 a 24 anos, o que corresponde a cerca de 17% da população. O município — assim como todo o país — passa por uma reforma no sistema de saúde que inclui uma nova definição da forma de financiamento e a reorganização da assistência à população. A relação entre a assistência e as ações de prevenção e promoção da saúde ainda não está completamente estabelecida na reforma em andamento.

O novo modelo está sendo implantado com dificuldades, pois implica muitas mudanças no sistema e mudanças na cultura dos profissionais e dos serviços. O que se quer alcançar é uma lógica de funcionamento na qual todas as pessoas tenham acesso ao sistema de saúde, não de forma individual e sim familiar. Nesse caso, quando alguém procurar um Centro de Assistência, serão reunidos os dados pessoais e os da família, e todas as informações estarão disponíveis em qualquer serviço de saúde da comunidade.

No Município de Quillota, estão montados quatro centros assistenciais para o atendimento da comunidade, sendo dois no setor urbano e dois no rural, havendo ainda três consultórios rurais. O novo modelo pretende que todos esses centros assistenciais estejam ligados uns aos outros, meta que ainda não foi alcançada até este momento.

Paralelamente, existem os Centros de Promoções, que são serviços municipais voltados para a melhoria da qualidade da vida comunitária. Nesses espaços, a atenção voltada aos jovens pode se traduzir, por exemplo, na formação de uma banda de *rock*. Os Centros de Promoções tiveram um papel importante ao promover o debate de muitos temas políticos, mas essa era uma ação dirigida para a comunidade em geral, não apenas para a juventude. Após um longo período sob ditadura, a população está muito temerosa de expressar-se e organizar-se e por isso a saúde está se mostrando como um bom tema mobilizador: favorece um trabalho voltado para a organização comunitária e a integração, o desenvolvimento de laços afetivos positivos e a ajuda mútua, principalmente com o enfoque na família, que está sendo adotado.

O projeto apresentado no seminário teve início no ano de 2001, a partir da organização de um grupo de participantes de várias organizações que já trabalhavam com os jovens: a Unicef, a escola, o Programa Municipal para a Juventude etc. Nas palavras de Sandra Varas Castilho (técnica do Departamento de Saúde de Quillota), "Nós pensamos, nos reunimos, conversamos e nos organizamos para trabalhar com todas as instituições, reunidos por um tema muito particular: a Aids."

A perspectiva inicial foi, portanto, a de trabalhar com as instituições municipais de forma integrada, envolvendo os Centros Assistenciais e os Centros de Promoções. Foi uma tentativa de aglutinar os recursos locais para construir um projeto local, superando uma tradição na qual o Estado define os projetos de forma centralizada para que sejam operacionalizados no nível local. Esse processo foi longo, passando primeiro pela etapa de integrar as pessoas nessa nova perspectiva e convocar os jovens a se somarem ao trabalho. Segundo Anita Cortes Lóis, uma das participantes das ações: "O projeto de prevenção da Aids surgiu como um pretexto, uma forma de nos unirmos para trabalhar em conjunto. Considerando que a Aids se mostra como uma síndrome, cremos que os problemas ligados à Aids estão relacionados com a forma de viver. Por isso, esse projeto visa construir uma estratégia de trabalho com os jovens, para uma vida saudável, e a prevenção da Aids. Mas não se trata de apenas desenvolver o projeto nem de voltá-lo somente para a prevenção de Aids e sim de promover uma integração, pois o que se pretende conquistar tem que ver com a forma de comunicação, o conhecimento mútuo e o trabalho conjunto".

Na primeira etapa, construída em nível teórico, foi adotada a definição mais ampla possível: integrar as instituições e trabalhar junto com os jovens, construindo um pensamento mais aberto. Os participantes do projeto são jovens da própria comunidade, que passaram a ser denominados "facilitadores". "Não os denominamos dirigentes porque não dirigem; nem monitores, porque não vão monitorar a questão. Facilitadores significa uma relação de pares, uma relação onde eu aprendo de você e você de mim, num tipo de dinâmica que traz uma comunicação mais aberta e a formulação conjunta de um plano específico para cada situação", conforme foi enfatizado por Anita. Esses facilitadores trabalham em conjunto com diversos profissionais, estando, portanto, sempre latente o desafio de buscar formas de relação mais harmônicas entre os médicos e os jovens e entre o estado e os projetos sociais.

Na segunda etapa do projeto, realizou-se um processo de formação de 20 jovens facilitadores, na maioria mulheres. Essa formação foi estruturada a partir da apresentação e do debate de situações-problema encontradas na realidade do jovem. Para mostrar qual foi a metodologia utilizada, pode-se apresentar como exemplo as etapas de um dos encontros de formação dos facilitadores: primeiro, os participantes observaram uma cena na qual um jovem e sua mãe assistem a um programa de TV muito interessante, sobre relações de gênero. Só que eles não conversavam, ficavam sentados e silenciosos, lado a lado. Após a apresentação da situação, o grupo debateu as dificuldades no diálogo entre as pessoas. Com relação à questão de gênero, observou-se que as mulheres não podem tomar a iniciativa de utilizar nenhuma forma de prevenção, como a camisinha, porque isso é muito malvisto.

Foi realizado, a seguir, um painel com todas as virtudes das mulheres lutadoras, atarefadas, cuidando dos filhos, cuidando de casa e dos homens amados, companheiros, às vezes agressivos sexualmente. Ao final, abriu-se uma discussão sobre as conseqüências das atitudes e formas de relacionamento observadas. No fechamento do encontro, foi abordada a questão da prevenção da Aids, no contexto da cultura jovem.

A avaliação do projeto-piloto realizado é muito positiva. O próximo passo será dado em 2003, com a inclusão dos temas relacionados à adolescência no próprio currículo escolar.

A experiência é inovadora porque, além de chamar os jovens a participar ativamente, promove a integração dos diferentes departamentos do município e incorpora o trabalho de outras organizações voltadas para a questão social.

Anita resume os desafios vividos na implantação desse projeto com as seguintes palavras: "o objetivo geral do grupo de adolescência é trabalhar em conjunto — ou 'em experiência', a questão da Aids e conversar mais abertamente sobre isso no Chile. (...) Mas é bom lembrar que esse é um processo longo e permanente e isso tem que ver com nossa cultura e com nossos valores, inclusive com as formas conservadoras como tratamos a sexualidade".

Informações editadas pela autora a partir do relato apresentado no seminário.

A NECESSIDADE DE DIÁLOGO ENTRE O SABER MÉDICO E O SABER JOVEM

A Promoção da Saúde gerou a construção de um novo discurso que traz uma visão mais integrada, mais participativa e mais humanizada da ação no campo da saúde.

Mas o que está acontecendo com essa promoção de saúde na prática? As pessoas ou os países que são mais fortes na difusão dessa nova visão, no nível internacional, hiperdimensionaram um dos seus componentes, que é o desenvolvimento de habilidades pessoais para o autocuidado. Atualmente, o ensino dessas habilidades está ocupando toda a cena, com a promoção dos chamados "estilos de vida saudáveis". A ilusão que se cria é que as pessoas têm autonomia total para cuidar-se e que os problemas estarão resolvidos se cada um cuidar de si (de acordo, é claro, com as regras estabelecidas).

E, assim, o maior risco é tentar fugir de um discurso biomédico autoritário e acabar caindo numa nova armadilha, reforçando aquilo que se quer superar. Por isso, continua se prescrevendo não apenas tratamentos mas o estilo de vida das pessoas: quantas horas dormir, quando e o que comer, o tipo e a freqüência da atividade física, uma vida sexual "saudável"; enfim, como cada um e toda a sociedade deve se comportar em todos os momentos da vida e em todas as horas do dia. Continua sendo um modo de tentar garantir o poder de determinar o que é certo, saudável e melhor para todos.

O discurso da saúde sobre a adolescência e a juventude também usa o instrumental do discurso médico, legitimado socialmente para produzir uma relação de poder sobre o jovem. Visa normatizar a sua vida, sugerindo que o jovem não tem competência para responsabilizar-se com autonomia por sua saúde, sua vida afetiva, sexual e social. Nesse discurso, os riscos à saúde dos jovens parecem ser apenas uma conseqüência do próprio modo de vida juvenil.

Uma dificuldade adicional é que os serviços de saúde não acolhem os adolescentes e os jovens para a realização de ações de prevenção e promoção da saúde. No caso da prevenção e tratamento das doenças sexualmente transmissíveis, por exemplo, principalmente nas cidades pequenas, os adolescentes e os jovens enfrentam muitas dificuldades para procurar atendimento. Até para buscar camisinha no posto de saúde ou na farmácia é constrangedor, porque a balconista pode ser uma vizinha e logo alguém mais vai saber. Essas relações intimidam os adolescentes e jovens, que muitas vezes mantêm relações sexuais sem camisinha ou não buscam acompanhamento médico para não ter que as enfrentar.

A preocupação dos profissionais de saúde com o acesso de adolescentes e jovens aos serviços ainda é uma questão nova, com algumas iniciativas isoladas nas redes de atendimento. Mas algumas experiências bem-sucedidas poderão ser ampliadas, como é o caso do trabalho que vem sendo realizado no Município de São Paulo.

A experiência de São Paulo

A cidade de São Paulo tem cerca de 10,5 milhões de habitantes. Foi necessário, portanto, radicalizar a proposta de descentralização da prefeitura para começar a reestruturar o sistema de saúde e fortalecer o planejamento local. Atualmente, existem 39 Distritos de Saúde, cada um com uma população de cerca de 250 a 300 mil habitantes. Em cada um desses distritos, os serviços e programas devem expressar publicamente seus objetivos e as metas que pretendem alcançar, para que seja possível trabalhar na lógica de projetos, o que é uma experiência ainda rara na gestão pública.

O segundo ponto importante dessa reestruturação é a busca da transformação da concepção hegemônica de saúde, tentando-se entender saúde como qualidade de vida, como algo produzido socialmente, visto que todos são responsáveis — não só o setor saúde e sim toda a população. A tentativa é investir cada vez mais em ações de promoção da saúde e de prevenção. O modelo assistencial está sendo revisto, como no Chile, com a introdução da estratégia de Saúde da Família.

Além da divisão em distritos, e do programa de saúde da família, a terceira estratégia é reorganizar a atenção à saúde por ciclos de vida. A saúde do adolescente está sendo caracterizada por uma grande demanda, associada principalmente a duas áreas: de um lado, a sexualidade, a saúde reprodutiva e a questão da Aids; de outro, a importância cada vez maior da mortalidade por causas externas, causas violentas, especialmente homicídios e acidentes de trânsito. As duas áreas trazem também, de forma associada, a questão do uso de drogas.

A perspectiva é construir estratégias de trabalho baseadas nesses grandes padrões epidemiológicos, que mostram o alto grau de vulnerabilidade dos adolescentes e dos jovens a determinados problemas de saúde. Dessa forma, torna-se possível organizar a oferta de serviços de acordo com as necessidades de atenção à saúde já conhecidas. Mas para diminuir essa vulnerabilidade é necessário planejar ações em três níveis complementares: o nível pessoal, identificando-se as singularidades e necessidades de cada indivíduo; o contexto social, visando transformar as condições que geram as doenças; e as instituições, para que desenvolvam programas e ações coerentes com os objetivos que se pretende alcançar.

Um grande salto de qualidade na área de saúde seria conceber o serviço de saúde como um interlocutor privilegiado dos jovens nas suas experiências. Segundo Gabriela Calazans, assistente técnica de saúde do adolescente e do jovem da Secretaria Municipal de Saúde de São Paulo: "Não nos cabe padronizar qual é essa experiência juvenil, mas nos relacionarmos com ela tal como ela está colocada no território, na região onde estamos trabalhando. Nesse sentido, trabalhamos com a idéia de que a experiência de saúde e a experiência de doenças fazem parte da vida e, portanto, promover mudanças na área de saúde significa também promover mudanças na forma das pessoas se relacionarem com a vida, com as outras pessoas e com as instituições".

Na avaliação de Gabriela, uma das dificuldades dessa experiência é a interlocução com o Conselho da Infância e da Adolescência, pois a discussão de políticas está muito pautada — ou praticamente só pautada — na infância e é muito difícil transformar essa perspectiva. Está sendo amadurecida uma proposta de instituir, via Secretaria Municipal de Saúde, um fórum de discussão inicialmente denominado *Comitê de Políticas de Saúde de Adolescentes e Jovens e de Consensos Técnicos*, para o qual serão convidados os representantes de diversas organizações da sociedade civil, da universidade etc.

Para preparar a criação desse fórum, teve início em 2002 um projeto que articula uma rede de profissionais da Secretaria Municipal de Saúde que trabalham na área de saúde de adolescentes e jovens, reunindo 20 a 40 pessoas de diversos serviços e distritos. A idéia é, a partir desta rede, promover a identificação das demandas e das necessidades dos adolescentes e dos jovens, na tentativa de qualificar as respostas do sistema local de saúde.

Durante a Semana Jovem foi iniciada também uma experiência-piloto de organização de oficinas de interlocução entre profissionais de saúde e adolescentes. Esse é o eixo no qual se pretende investir nos próximos dois anos, visando ampliar a comunicação entre gerações, pois considera-se que uma das dificuldades está na relação do mundo juvenil com o mundo instituído dos adultos.

Nessas oficinas tenta-se criar uma possibilidade de interlocução efetiva entre adolescentes, jovens e adultos. O primeiro passo para a realização desse trabalho foi a apresentação de um pedido aos técnicos de três diferentes distritos de saúde para que identificassem jovens — de preferência participantes de grupos organizados — a fim de participarem de discussões em grupos formados por jovens e profissionais de saúde, em mesmo número.

Realizou-se então uma oficina que usou o sociograma como linguagem de comunicação entre esses dois grupos, tentando-se criar uma relação de igual para igual entre os jovens e os profissionais que estavam estabelecendo esse diálogo. Foi uma oportunidade para confrontar as idéias dos jovens e dos profissionais: os profissionais questionando por que os jovens não procuram os serviços de saúde, e os jovens queixando-se da estrutura dos serviços e relatando que muitas vezes não são atendidos, e, quando o são, recebem um tratamento preconceituoso. Tenta-se mudar a percepção dos profissionais de saúde, mostrando que a assistência aos adolescentes está sendo oferecida mas não produz os resultados esperados porque eles não buscam os serviços.

Fica claro que os jovens teriam demandas para os serviços de saúde mas que não chegam até eles porque não acreditam que aqueles serviços, da forma como estão organizados, possam dar respostas às suas demandas.

Essa experiência de diálogo tem sido muito rica e pode ser ampliada para os diversos distritos da cidade, com uma proposta de construção conjunta de ações que levem em conta as opiniões dos jovens e dos profissionais de cada localidade.

Coloca-se também, como perspectiva de continuidade do trabalho, a possibilidade de articular a Área do Adolescente e do Jovem da Secretaria Municipal de Saúde aos grupos juvenis que queiram trabalhar em conjunto, estabelecendo-se uma ação conjunta entre esses grupos juvenis e os Distritos de Saúde, diferenciada para cada região da cidade, de acordo com as características locais.

Gabriela faz uma síntese da experiência em curso na Secretaria de Saúde de São Paulo, colocando-a nos seguintes termos: "O que temos tentado nestes dois anos é ter serviços que dialoguem com as necessidades efetivas dos adolescentes e dos jovens. Em relação às oficinas (...) a expectativa principal era, a partir do contato do próprio jovem, questionar o discurso médico sobre o jovem, porque este discurso não se sustenta diante do jovem. Se os profissionais de saúde não mudarem esse olhar, não conseguirão transformar os serviços de saúde em espaços de apoio e suporte para a experiência jovem".

Informações editadas pela autora a partir do relato apresentado no seminário.

A NECESSIDADE DE DIÁLOGO ENTRE AS INSTITUIÇÕES

Para que seja possível concretizar a promoção da saúde, é essencial enfrentar as dificuldades do trabalho intersetorial. E quando a discussão diz respeito à importância da articulação intersetorial, seja qual for o tema ou o objetivo que se quer alcançar, a educação é sempre a primeira área mencionada. Questiona-se freqüentemente a falta de abertura da escola para o trabalho com as questões importantes para a sociedade, argumentando-se que a escola deveria destinar mais espaço para os temas chamados extracurriculares. Uma das queixas freqüentes é que os professores tendem a ficar presos a questões burocráticas e aos currículos, à carga horária e às formas tradicionais de trabalhar.

Na realidade, esses temas de relevância social não poderiam sequer ser considerados extracurriculares. Na Lei de Diretrizes e Bases da Educação e nos Parâmetros Curriculares Nacionais, os temas Ética e Cidadania, Meio Ambiente, Saúde, Orientação Sexual, Pluralidade Cultural e Trabalho e Consumo são definidos como temas transversais, que são componentes essenciais da formação integral para a cidadania.

Por outro lado, é preciso desmistificar a idéia tão difundida de que a educação é resistente: a educação é depositária de todas as expectativas de mudança da sociedade. E, mais do que isso, muitas pessoas acham que a educação vai substituir as mudanças que precisam acontecer na sociedade para que os problemas sejam superados. Como se as pessoas, a partir do momento que forem "educadas", não importando as condições em que elas vivam, possam tornar-se capazes de automaticamente mudar os comportamentos, as atitudes e, conseqüentemente, transformar a realidade.

A própria área da saúde, por ser muito fragmentada, leva para a escola inúmeros projetos diferentes, considerando que cada um deles deve receber prioridade absoluta: a dengue, a violência, a Aids, a gravidez ou as drogas (para citar apenas alguns).

Uma pesquisa que está sendo realizada em âmbito nacional, junto aos secretários estaduais de educação, mostra que 100% das Secretarias Estaduais de Educação desenvolvem projetos relacionados à saúde em sua rede de ensino. E muitos desses projetos são bastante inovadores. Apenas no Município de São Paulo a educação mantém cerca de 60 projetos em andamento, muitos deles relacionados a diferentes temas de saúde.

O segundo ponto a ser considerado é que os professores e a escola não estão em uma ilha: fazem parte da mesma sociedade que está gerando todos os problemas que estão sendo enfrentados. Nos discursos sobre a necessidade de ação conjunta, costuma-se sugerir que os problemas só existem em função dos limites colocados pelo "outro", como se fosse possível transformar a qualidade dessa ação conjunta a partir de mudanças em apenas uma das partes envolvidas.

O professor também pertence à sociedade e não tem formação diferente daquela que todos tiveram; também não aprendeu a trabalhar numa perspectiva participativa e democrática; também não viveu as experiências de cidadania que precisa "ensinar". Por isso se coloca tanta ênfase, hoje em dia, na formação continuada dos professores em serviço, buscando-se quebrar esse círculo vicioso da "deseducação" da sociedade, no qual a escola desempenha um papel tão importante.

No que diz respeito à saúde, no Município de São Paulo, assim como em muitos outros lugares do Brasil e do mundo, a alternativa que vem sendo construída é a articulação entre os setores da saúde e da educação para a construção de Escolas Saudáveis, ou Escolas Promotoras de Saúde, mas essas experiências ainda estão apenas começando e, com certeza, há muito mais por fazer do que aquilo que já está sendo feito.

Mas é preciso ter em conta que, para ser capaz de contribuir com a melhoria da situação de saúde, a educação precisa fazer muito mais do que acolher projetos originados externamente. Precisa reconhecer que a saúde faz parte da experiência escolar, definindo um projeto político para a saúde próprio do âmbito educativo. Não adianta todo mundo continuar despejando na escola inúmeros projetos (mesmo que todos eles sejam prioritários) que não sejam coerentes ou integrados ao próprio projeto político-pedagógico, e que continuarão sendo tratados como "extracurriculares".

A comunidade escolar, por sua vez, poderá deixar de ser tratada como público-alvo ao reconhecer que a promoção da saúde faz parte da educação e que as relações que acontecem entre as pessoas, na escola, são oportunidades educativas valiosas no campo da saúde.

A NECESSIDADE DE DIÁLOGO ENTRE CADA UM DE NÓS E NOSSAS VERDADES

Valeria a pena refletir sobre as estratégias de mobilização da juventude que estão sendo utilizadas. Quais oferecem, de fato, oportunidades de participação nos processos de tomada de decisão?

Pode-se tomar como exemplo a questão de tratar o jovem como "público-alvo". Procura-se evitar esse jargão porque se sabe que os jovens não gostam de comportar-se como objeto de ações dos adultos. Mas quando se trabalha com jovens, mesmo nos projetos mais participativos e democráticos, costuma-se ter objetivos e visar o desenvolvimento de determinados comportamentos considerados saudáveis, corretos e desejáveis. Isso acontece também, e com muita freqüência, entre os jovens que trabalham com jovens, que agem como se sua posição de liderança lhes conferisse autoridade para fazer ver ou "ensinar" aos seus pares o caminho.

A maneira como se encara a gravidez na adolescência é um outro exemplo. Ela tem sido alvo de muitos projetos, sendo usualmente tachada como indesejada e precoce. Mas verifica-se nos depoimentos de adolescentes que, muitas vezes, a gravidez simboliza um status positivo, de maturidade conquistada, um projeto de futuro ligado à vida. Quando se diz que a gravidez na adolescência é indesejada e não-planejada, o que se está supondo? Que a gravidez das mulheres adultas é geralmente planejada?

Seria interessante colocar um desafio: fazer uma pesquisa entre as mulheres de 30 anos que ficam grávidas: quantas planejaram sua gravidez? Será que o número vai ser muito maior do que entre as adolescentes? Parece não ser apenas uma questão de planejamento. A sociedade protege a mulher de 30 anos, grávida, casada, de classe média, que teve uma gravidez "responsável" porque ela vai ser capaz de pagar uma escola particular para o seu filho.

Naturalmente, se uma adolescente tiver a oportunidade de viver um processo educativo que inclua o tema da sexualidade de uma forma contínua — não com palestras e lições de moral, mas tendo oportunidades de refletir e debater sobre situações-problema, ela terá mais elementos para colocar na balança as vantagens e desvantagens de engravidar nessa fase da vida. Mas ela precisará, também, ter oportunidade para construir um projeto de vida que não combine com a gravidez naquela fase da vida. Precisará, ainda, ter acesso aos métodos anticoncepcionais e não apenas a informações sobre eles. Terá que enfrentar as relações de gênero tradicionais e negociar o uso da camisinha com seu ou seus parceiros.

E como os homens desempenham um papel importante nessa história, quanto mais tenham incentivo, oportunidades e exigência social para responsabilizar-se pela paternidade, mais chances terão de assumir seu papel conjunto nas decisões sobre concepção e contracepção.

Em outras palavras, evitar a gravidez na adolescência passa por um conjunto de oportunidades que precisam fazer sentido para a adolescente. E, ainda assim, a opção de cada adolescente será pessoal e poderá ser diferente da nossa.

O desafio, então, é proporcionar oportunidades para que adolescentes e jovens possam ter alternativas e contar com suporte para viver de acordo com as alternativas escolhidas. Prevenir não é evitar tudo o que pode trazer riscos, porque senão a própria vida torna-se impossível. Prevenir é construir alternativas melhores e mais fáceis.

Para deslocar o foco das ações — do risco para a promoção da saúde —, o uso do conceito de vulnerabilidade, desenvolvido no Brasil por Ricardo Ayres, pode ser de grande valor, pois a vulnerabilidade aos problemas de saúde depende das pessoas, de seu contexto social e da ação das instituições.

A vulnerabilidade está associada aos comportamentos pessoais que criam a oportunidade de ter problemas de saúde ou adoecer. Mas os comportamentos não podem ser entendidos como decorrência imediata da vontade dos indivíduos porque estão relacionados ao grau de consciência que esses indivíduos têm dos possíveis danos decorrentes de tais comportamentos e ao poder de transformação efetiva desses comportamentos. Dependem, portanto, do grau e da qualidade da informação de que os indivíduos dispõem sobre o problema, da sua capacidade de elaborar essas informações e incorporá-las ao seu repertório cotidiano e, também, das possibilidades de transformar essas idéias em práticas.

A vulnerabilidade também está relacionada a muitos componentes sociais, entre eles o grau de escolaridade, a disponibilidade de recursos materiais, o poder de influenciar decisões políticas, as possibilidades de enfrentar barreiras culturais, o grau de liberdade de pensamento e expressão, a possibilidade concreta de tomar decisões e de agir num determinado contexto social.

No que diz respeito às instituições, a vulnerabilidade está associada ao compromisso das autoridades com a superação do problema em questão, à implantação de ações e serviços eficientes e acessíveis, à ação integrada das diferentes instituições e à continuidade dos programas, entre muitos outros fatores.

Em resumo, o conceito de vulnerabilidade pode ajudar a superar a ação baseada na doença, no risco e na responsabilização exclusivamente pessoal pelos problemas enfrentados.

Se a sociedade quer que a saúde mobilize mais do que hoje, ela tem que ser um recurso para a busca dos componentes positivos da vida e para a busca de alternativas concretas àquela situação social que está gerando má qualidade de vida, risco ou doença.

Outra grande dificuldade encontrada para a mobilização social é que a juventude (e não só a juventude) tem andado sem expectativas de um futuro melhor. A impressão dominante é que o futuro será pior do que o presente. É difícil mobilizar o jovem para a participação em projetos de médio e longo prazos, para trabalhar por um futuro idealizado, já que a maioria dos jovens de hoje acha que o futuro vai ser pior que o presente. O grande desafio, portanto, é acreditar que é possível transformar o mundo para melhor.

No caso da saúde, ela precisa ser entendida como um recurso para a melhoria da qualidade de vida e não como uma finalidade da vida. Quando se repete automaticamente que a saúde é "o estado de completo bem-estar físico, mental e social e não apenas a ausência de doença" — uma antiga definição da Organização Mundial da Saúde —, será que se está motivando alguém para um objetivo que não será nunca alcançado, já que nenhum ser humano atinge essa saúde ideal? Entender a saúde como a vitalidade para traçar um caminho pessoal e original em direção ao bem estar físico, psíquico e social pode mobilizar muito mais para o fortalecimento da autonomia, assim como para a participação social.

Para despertar nos jovens o desejo de mergulhar nos conflitos relacionados aos processos de transformação pessoal e social, as propostas que já trazem um produto preestabelecido não costumam ser muito motivadoras, porque o resultado imaginado por alguns pode não servir para mais ninguém.

Isso leva de volta ao processo de construção de políticas: as novas idéias e práticas sempre carregam a história passada, ao mesmo tempo em que trazem alguma coisa do que virá a ser. Muitas vezes, as experiências trazem um discurso diferente mas reproduzem, na prática, os mesmos padrões, a mesma ideologia. Por isso é difícil construir o novo. Só é possível fazer isso participando, de forma ativa e crítica, das experiências em construção.

REFERÊNCIAS BIBLIOGRÁFICAS

AYRES, José Ricardo. *Vulnerabilidade e avaliação de ações preventivas.* São Paulo: Casa da Edição, 1996.

_____. Vulnerabilidade do adolescente ao HIV/Aids. In: *Seminário Gravidez na Adolescência*. Rio de Janeiro: Associação Saúde da Família. 1998.

BRASIL. Ministério da Educação. Secretaria de Educação Fundamental. *Parâmetros Curriculares Nacionais: terceiro e quarto ciclos: introdução aos temas transversais*. Brasília: MEC/SEF, 1998.

_____. Ministério da Saúde. Secretaria de Políticas de Saúde. *Programa Saúde na Escola. Textos de apoio*. Brasília: Ministério da Saúde, 2002

VITIELLO, Nelson. In: *Sexualidade, quem educa o educador? Um manual para jovens, pais e educadores*. São Paulo: Igiu, 1997.

12
ESPAÇOS DE JUVENTUDE

Helena Wendel Abramo

    Espaços de convivência, centros de referência, centros (ou casas, ou clubes) de juventude têm sido uma das mais presentes propostas de políticas públicas para jovens, no Brasil; ocorrem em diferentes tipos de proposição, os quais podemos agrupar em três modelos básicos (que, na realidade, podem ter parte de suas dimensões apenas ou terem estas misturadas nas experiências concretas): centros que acolhem os jovens no período extraescolar, com atividades lúdicas e formativas para a ocupação do tempo livre; centros de referência para jovens e grupos juvenis, com atividades de informação, expressão e participação — como o Centro de Referência de Juventude — CRJ, de Santo André; e centros de convivência e atenção onde se desenvolvem projetos específicos para jovens por parte de diferentes áreas do poder público — semelhantes aos que existem na cidade de Montevidéu.

    O propósito de desenvolver um debate sobre essas experiências, contudo, se deve também ao fato de que elas nos permitem fazer reflexões mais amplas sobre o tema das políticas de juventude, pois as questões nelas envolvidas nos remetem a alguns dos temas centrais do debate, como por exemplo o "lugar" dos jovens na cidade e na sociedade; o enquadramento da juventude pelo poder público como foco de políticas — questão bastante trabalhada por Alvaro Pacciello* —; o espaço de participação dos jovens na sociedade e instâncias políticas — questão trazida por Jefferson Sooma* e mote da maior parte das intervenções do público no debate.

A intenção do que se segue é desenvolver algumas dessas reflexões, anunciando as questões envolvidas nessas diferentes experiências.

O ESPAÇO DOS JOVENS NA CIDADE E NA SOCIEDADE

O primeiro e mais geral desses temas se refere ao espaço dos jovens na sociedade — qual o lugar social destinado aos jovens? Como os jovens participam da cidade (concreta e metaforicamente)? Que espaços podem ocupar na cidade, devem estar imersos ou separados da dinâmica social e urbana? Como transitam entre o público e o privado?

A concepção de juventude na sociedade moderna define esta etapa do ciclo de vida como um momento de preparação para um exercício futuro da cidadania, dada pela condição de adulto, quando as pessoas podem e devem (em tese) assumir integralmente as funções sociais, inclusive as produtivas e reprodutivas, com todos os deveres e direitos implicados na participação social. Tal preparação deve ser realizada em espaços separados do mundo produtivo, do mundo adulto, da algaravia social; e esse espaço é, por excelência e em primeiro lugar, a escola.

Philippe Ariès, historiador francês, mostra como o desenvolvimento da escola participou da própria constituição da juventude como categoria social, operando a reunião de jovens numa instituição especial, isolada do mundo comum (as primeiras escolas eram de tempo integral, internatos, que separavam os jovens inclusive de suas famílias). A instituição escolar definiu um lugar e papel específico para os jovens, o de se preparar para o futuro, postergando sua entrada no mundo social. Evidentemente, só podiam viver essa suspensão do mundo ativo os filhos das famílias mais ricas, da aristocracia ou da nascente burguesia (e num primeiro momento os jovens rapazes, pois as moças já se iniciavam no mundo das responsabilidades domésticas muito cedo, muito cedo também se casando — a escola foi num primeiro momento, um universo masculino). Os filhos dos trabalhadores, no campo ou na cidade, desde cedo já

---

* Alvaro Pacciello e Jefferson Sooma foram expositores no debate que deu origem a este artigo.

estavam no mundo do trabalho, e ali se realizava o seu aprendizado. Por isso mesmo, mal eram considerados jovens.

O espaço do mundo social, o espaço público, que numa primeira e mais concreta dimensão pode ser representado pela rua, ou pela praça, sempre foi visto como um espaço potencialmente perigoso para o jovem. Assim é que vamos encontrar no imaginário social uma associação constante entre a presença de jovens nas ruas e o desregramento e/ou desvio: seja porque nas ruas os jovens estão expostos a perigos e comportamentos corruptores (contrários aos esforços educativos que eles encontram nas escolas), seja porque os jovens nas ruas desenvolvem comportamentos transbordantes, disruptivos, perturbando a ordem e a paz públicas. Desde antes da sociedade moderna essas percepções são recorrentes, gerando normas para coibir, desestimular ou disciplinar a presença dos jovens nas ruas, que só é bem aceita quando inserida dentro de determinados rituais que dirigem a energia juvenil para a afirmação dos laços de sociabilidade e civilidade: desfiles, jogos pátrios, festas da primavera, campanhas cívicas ou de solidariedade etc.

Em resumo, nessa concepção, que foi se formando na modernidade, a principal função do jovem é se preparar, se educar, interiorizar as regras e disciplinas, e seu espaço "natural" são as instituições formadoras, em espaços protegidos, disciplinados, com um tempo organizado, em que o jovem tem contato com adultos especializados na sua educação (como escola, clubes etc.), e não o "mundo solto" e conflituoso da rua, do público, de contatos e referências não controláveis.

No entanto, muito da socialização dos jovens dos setores populares se fazia nas ruas, desde as brincadeiras das crianças, até as turmas juvenis de esquina, o namoro nas praças, o deslocamento em bandos para os bailes e outros lugares de diversão. Mas seu comportamento, muitas vezes bastante distinto do prescrito pelas regras burguesas (inclusive na dimensão sexual), e a existência de "bandos" ligados à delinqüência, que já na passagem do século XVIII para o XIX chamavam a atenção da opinião pública, faziam com que a presença de jovens nas ruas durante o tempo livre (não escolar ou de não-trabalho) se tornasse foco de preocupação e tensão pública. Por isso as primeiras propostas e instituições de ocupação do tempo livre dos jovens trabalhadores nascem com perspectivas profiláticas neste sentido, como os escoteiros, a ACM (Associação Cristã de Moços) etc. Já os jovens das classes burguesas, estudantes, corriam o risco de verem corrompidos sua formação e o desenvolvimento sadio quando se deixavam "errar" pelas ruas, cabulando as aulas ou nos momentos de lazer, à mercê de más companhias, além do mais ficando sujeitos ao envolvimento com os conflitos políticos e urbanos que ocorriam nas cidades. Por isso também se desenvolveram muitas regras para adiar a participação política dos jovens, criando formas de exercício e simulação de participação cívica no interior das instituições educativas.

Na nossa história mais recente, pode-se dizer que essa tensão permanece ou mesmo se agrava, com o aumento das desigualdades e tensões sociais, o crescimento da violência e da criminalidade, a degradação e ausência de equipamentos públicos em grandes áreas das cidades. No Brasil, a associação entre a presença de jovens nas ruas e seu envolvimento com situações de perigo é tema permanente de preocupação e alarme.

Por outro lado, a condição juvenil sofreu grandes transformações nas últimas décadas; hoje é difícil dizer que se resume à preparação para uma vida adulta futura: a juventude se alargou no tempo e no espaço social, e ganhou uma série de conteúdos próprios. Isto é, deixou de ser um momento breve de passagem, restrito às classes altas e médias, não só porque a educação foi largamente expandida, pois não é mais definida exclusivamente pela condição estudantil, mas por uma série de movimentos de inserção em diversos planos da vida social, inclusive no mundo do trabalho, na vida afetiva/sexual, na produção cultural, na participação social etc. Um momento, portanto, de intensa experimentação e de construção de caminhos de participação na sociedade; é, ainda, um tempo de formação — mas não mais isolado da intensidade da vida social.

Numa sociedade desigual como a brasileira, com imensas zonas de exclusão, realizar esse processo de inserção social não é nada fácil, com trajetórias e resultados tão distintos quanto as inúmeras diferenças que atravessam a condição juvenil, dadas por situações de classe, gênero, etnia etc. Por isso mesmo, se ampliam as necessidades de mecanismos de apoio para os jovens ampliarem as referências para suas buscas, para viverem essas experimentações com qualidade de vida e ampliarem suas possibilidades de inclusão; o que significa que, além de políticas de educação, tornam-se cada vez mais necessários os programas de apoio em todas as outras áreas: trabalho, saúde, cultura, lazer etc.

Essa diversidade de situações e experimentações amplia também a demanda por participação dos jovens, para muito além dos âmbitos educativos

— é crescente o número de grupos dos mais variados tipos (culturais, esportivos, comunitários, religiosos, políticos etc.) que buscam espaços para se expressar, para desenvolver suas atividades, para buscar formas de intervenção em suas realidades e propor e cobrar respostas para suas necessidades.

Neste sentido, a necessidade de circular pela cidade e de ocupar espaços para processar tais buscas, experimentações e participação se acentua. Os jovens tendem a ir para as ruas, para os espaços públicos, para se socializarem, para buscar novas referências, para se expressar, para formatar suas identidades em confronto e interlocução com os outros. E isso envolve também a eleição de pontos de referência para o desenvolvimento desses processos. Em todas as cidades, vemos lugares "conquistados" pelos jovens: em esquinas, galerias, determinadas áreas em torno de locais públicos, como praças, estações de metrô, que se tornam ponto de encontro, reunião, realização de atividades etc., normalmente freqüentados por determinadas tribos ou turmas específicas, ou que servem justamente para o encontro/enfrentamento de grupos diferentes.

A percepção dessa necessidade de uma vida social para além da escola, por parte dos jovens, ao lado da percepção dos perigos existentes nas ruas, é que, normalmente, monta a equação pela qual os poderes públicos têm buscado dar respostas por meio da montagem de equipamentos que se oferecem como "espaços para os jovens"; mais recentemente, surge a percepção da importância de dirigir outros tipos de programas e serviços de apoio aos jovens, e busca-se *locus* possíveis para a estruturação dessas relações do poder público com os jovens; e, num movimento recente, vários atores juvenis têm demandado do poder público a constituição de espaços de referência onde possam ganhar visibilidade para estabelecer interlocução com outros atores e participar dos processos de definição e decisão políticas.

DIFERENTES PROPOSTAS DE ESPAÇOS DE JUVENTUDE

1.

O primeiro tipo de espaço, a que nos referimos, são centros pensados com uma forte função de "guarda" e ocupação do tempo livre, na lógica de criar espaços protegidos para que os jovens possam se desenvolver de forma complementar à educação escolar: podem conter atividades de complementação e/ou reforço escolar, de lazer, esportivas, culturais, de capacitação/qualificação profissional, formação cívica etc., numa vasta combinação de duas ou mais destas atividades. São os programas adotados há mais tempo no Brasil, normalmente desenvolvidos por secretarias de assistência social; vieram de uma tradição mais longa de atenção à infância e adolescência e foram pensados como serviços de atendimentos à população mais carente, principalmente para abrigar as crianças e adolescentes que não têm outro lugar para estar quando não estão na escola. Na cidade de São Paulo, até a gestão passada, os Centros de Juventude — CJs, eram dirigidos a crianças de 5 a 14 anos, e eram basicamente um lugar de guarda, de acolhimento, para o período em que não estavam na escola, para não ficar na rua ou em casa sozinhos.

A demanda por esses centros vem aumentando nos últimos anos, buscando agora abrigar não só as crianças mas também os adolescentes e jovens, muito pela crescente percepção dos perigos representados pela situação de ócio e a violência e desregramento nas ruas: assaltos, acidentes de trânsito, drogadição, envolvimento com o crime e com o narcotráfico, a possibilidade de se envolver em gangues, as doenças sexualmente transmissíveis e a gravidez precoce resultantes de uma sexualidade ativa não controlada etc. Por outro lado, cresce também a percepção da atração e potencialidade educativa que as atividades de esporte e cultura têm para os jovens, e estas têm sido propostas como formas de desenvolvimento de processos básicos de constituição de identidade e socialização dos jovens mais excluídos, pela recuperação da auto-estima, reconexão com a formação escolar, desenvolvimento de vínculos com a comunidade, e de noções de cidadania.

Algumas questões podem ser levantadas para esses centros como modalidades de políticas públicas para os jovens. Uma delas é o risco de considerar que toda atividade para os jovens tem de ter um caráter educativo, disciplinador, que o jovem não pode ter tempo livre para processar por si suas buscas e experimentações, que suas atividades devem ser sempre mediadas por adultos com controle sobre suas ações. O desafio é como pensar em atividades que forneçam recursos e informações que promovam o desenvolvimento dos jovens, sem negar espaços de criação e liberdade.

A outra questão diz respeito ao risco da naturalização do lugar dos jovens apenas em espaços separados do mundo social, protegidos, controlados e disciplinados por adultos, e a correlata negação da sua presença nos espaços públicos, como dimensão de perdição e destruição. Se por um lado se faz necessário criar formas de proteção dos problemas sociais e urbanos presentes nas cidades, em especial a violência, não se pode postular a retirada dos jovens dos espaços públicos, as ruas entre eles, a sua necessidade de circular, de interagir com outros atores, fora de espaços controlados e disciplinados por adultos. O desafio é pensar de que modo tais centros podem se oferecer como alternativas de espaços sadios para os jovens desenvolverem suas potencialidades, mas não como de confinamento e apartação do mundo social.

2.

Um outro modelo de centros de juventude, que se desenha no Brasil mais recentemente, e parece ser o modelo vigente em Montevidéu, visa dar conta de uma nova concepção a respeito dos jovens como sujeito de direitos que devem ser atendidos pelo Estado, por meio de serviços e programas específicos de diferentes áreas (saúde, cultura, qualificação profissional, apoio jurídico, por meio basicamente de atividades de informação, formação, capacitação), propondo-se então como um centro de atenção de políticas articuladas, que foquem o jovem como sujeito integral.

Alvaro Pacciello ressalta a importância de tais centros como equipamentos descentralizados de governo, localizados nos bairros, para atingir efetiva e eficazmente os jovens dos setores mais excluídos. Segundo a análise que faz da condição juvenil nas grandes cidades modernas dos países desiguais da América Latina, é nos bairros que se "encerra" a vida dos jovens excluídos, que têm poucos recursos (materiais e simbólicos) para circular, aproveitar as possibilidades e apropriar-se democraticamente dos outros espaços da cidade; é também nos bairros que desenvolvem suas experiências mais significativas, onde se constituem como sujeitos coletivos e desenvolvem suas experiências de ação pessoal e social. Portanto, é nos bairros que o poder público deve promover as ações que visam a inclusão desses jovens, e os centros locais aparecem como estratégias fundamentais para a eficácia da ação governamental, com a focalização e priorização de recursos escassos, na medida em que permitem levar em conta as características das pessoas e seu entorno, assim como podem contar com redes de trabalho e apoio mútuo com atores locais.

Os centros juvenis de Montevidéu são polifuncionais, e neles se desenvolvem as políticas integrais de atenção à juventude (no próprio espaço físico do centro ou em conexão com outros equipamentos, como os postos de saúde, por exemplo, onde se montam programas específicos para jovens, de atendimento e/ou prevenção). São realizadas inúmeras atividades, de formação complementar, de capacitação laboral, de expressão cultural, de lazer e esportes, de apoio a projetos desenvolvidos por grupos nos bairros etc. Alvaro ressalta que esses centros se constituem como lugares idôneos para a elaboração, planificação e execução das políticas sociais para jovens, porque os jovens podem reconhecer tais lugares como próprios, onde podem desenvolver suas potencialidades e projetos e exercer sua participação. Pois a estratégia central é a conexão com os atores locais para este planejamento e execução, principalmente no caso dos diversos grupos juvenis que se formam nesses bairros.

Caio Magri, coordenador do programa Ribeirão Jovem, de Ribeirão Preto, intervém para afirmar que esses espaços devem conter o conjunto das políticas públicas setoriais voltadas para a juventude como um local de acolhimento e informação; e que os trabalhadores sociais que atuam com crianças e adolescentes, as ONGs, devem freqüentar espaços como esses para se informar, formar e atuar.

Em relação a este tipo de proposta, cabe apresentar algumas questões: em primeiro lugar, supõe uma compreensão acerca da necessidade de políticas articuladas que foquem o jovem como sujeito integral, o que ainda pouco acontece no nosso país. Em segundo lugar a noção de um espaço, ou equipamento, em que o jovem acesse todos os serviços que o poder público dirige a eles não pode se transformar numa espécie de "instituição" total, em que o jovem tenha necessariamente de estar para ser alvo de atenção pública, em que toda sua vida tenha de se resolver.

3.

Num outro pólo estão as propostas de centros de referência para a juventude, que se constituem basicamente em espaços de atuação, de convivência, de participação de grupos juvenis organizados das mais diversas maneiras. Esses centros surgiram como propostas de políticas públicas há poucos anos, no nosso país, como demanda de setores juvenis organizados, que reivindicam um espaço de constituição e visibilidade de atores juvenis, e de interlocução entre estes e os poderes públicos, visando uma participação mais efetiva na sociedade. Muitas vezes são os únicos equipamentos administrados/mantidos/coordenados diretamente pelos organismos governamentais de juventude, cuja constituição tem sido outra das demandas desses mesmos atores.

Jefferson Sooma relata como o Centro de Juventude de Santo André foi conquistado pelos jovens da cidade, numa conjuntura nova na sociedade brasileira, em que os novos atores juvenis apareceram (para além do movimento estudantil e da juventude partidarizada), com os grupos das periferias, dos guetos, trazendo novos temas para a pauta da cidade, encontrando um novo tipo de canal de participação, em administrações de orientação popular democrática, como os Orçamentos Participativos, que eles souberam ocupar. A principal demanda desses grupos juvenis em instâncias desse tipo tem sido justamente a de espaços para jovens: centros culturais, centros de convivência, praças de esportes, equipamentos de lazer coletivo. Foi numa assembléia de OP que o Centro de Referência de Juventude de Santo André, defendido por vários grupos de jovens, que reivindicavam a priorização de tal equipamento, foi garantido como política a ser implementada pelo governo local, mesmo contra a resistência de diversos outros atores sociais presentes ao processo.

Mas, ressalta Jefferson, não é apenas um espaço físico que os jovens têm reivindicado, mas espaço de participação real na sociedade e nas decisões das instâncias políticas. O CRJ de Santo André se propõe a posicionar e qualificar a intervenção política da juventude em todas as esferas, considerando sua diversidade — não se propõe como espaço de formação para a cidadania e apenas exercício de participação, mas propõe uma participação real, na definição das políticas da cidade, no seu planejamento e implantação.

Neste sentido, Jefferson considera que não é a concentração dos serviços num mesmo espaço físico que garante a integralidade das políticas para os jovens; mas sim que eles sejam sujeitos capazes de fazer valer a consideração de suas especificidades e pontos de vista em todas as instâncias de formulação de políticas. E é nesse sentido que o CRJ se propõe como espaço para o fortalecimento dos jovens como sujeitos de participação, por meio de diversas atividades de informação, capacitação e organização.

As questões que foram colocadas no debate, por vários interlocutores, se referem a como garantir uma participação efetiva dos jovens e grupos juvenis, na sua diversidade, sem permitir o "aparelhamento" por parte de nenhum grupo — ou seja, como garantir seu caráter de equipamento público e democrático; de que modo construí-los como espaços de convivência plural e democrática, considerando a dimensão de conflito como constitutiva das relações sociais e políticas; e, nesse sentido, de que modo efetivá-los como espaços de escuta e diálogo dos diversos atores juvenis, entre eles, entre eles e os outros atores sociais, entre eles e o poder público.

Duas outras questões derivam desta última: se esses centros podem se constituir num canal privilegiado de interlocução do poder público com os jovens envolvidos na demanda de participação, como evitar que eles se transformem em canais menos de participação real que de mobilização/convocação para campanhas cívicas por parte do governo ou como "centros de voluntariado" para as campanhas de solidariedade? Ou seja, como possibilitar a presença dos jovens não só como energia cívica mas como atores com atuações e proposições próprias, numa relação com o poder público e com outros atores que envolvam inclusive a dimensão de confrontos e resolução de conflitos? A outra questão envolve uma reflexão sobre se esses devem ser os principais canais de participação dos jovens em substituição aos conselhos, fóruns e outras instâncias de participação e negociação públicas; se não, como se relacionam com essas instâncias?

Sobre os autores

Beatriz Carlini-Marlatt — Afiliada ao Centro de Atenção a Drogas, da PUC-PR, é atualmente pesquisadora visitante da Universidade de Washington, no Addictive Behaviors Research Center, Seattle, EUA. Foi pesquisadora do Cebrid, órgão da Unifesp, entre 1985 e 1995, e docente do Departamento de Medicina Preventiva da Faculdade de Medicina da Universidade de São Paulo, entre 1997 e 2000.

Elenice Monteiro Leite — Doutora em sociologia pela USP. Atua como consultora e pesquisadora em políticas públicas e programas da área social e de educação profissional, junto a organismos governamentais e não-governamentais do Brasil. Foi Subsecretária de Formação Profissional do Ministério do Trabalho do Brasil, entre 1995-1998. Desempenhou funções de especialista em educação profissional da Unesco-Orealc em Santiago do Chile (1999-2000), e pesquisadora do Senai-SP e, também, professora universitária (1980-1994). Membro fundadora da RET-Red Latinoamericana de Educación y Trabajo (desde 1987).

Helena Wendel Abramo — Mestre em Sociologia, é assessora da Comissão de Juventude da Câmara Municipal de São Paulo. É autora de *Cenas juvenis: punks e darks no espetáculo urbano* (São Paulo: Scritta/Anpocs, 1994).

Juarez Tarcisio Dayrell — Professor adjunto da Faculdade de Educação da UFMG. Coordena o Observatório da Juventude, programa de pesquisa, extensão e ensino da FaE-UFMG. É doutor pela Faculdade de Educação da USP, onde apresentou a tese: "A música entra em cena: o rap e o funk na socialização da juventude". É autor de artigos sobre a condição juvenil, como: "O rap e o funk na socialização da juventude". (*Educação e Pesquisa*. São Paulo, v. 28, n. 1, p. 117-137, jan./jun. 2002); "Cultura e identidades juveniles" (*Ultima Década*. Viña del Mar. v. 1, n. 18, p. 69-93, abril 2003). É organizador do livro *Múltiplos olhares sobre educação e cultura* (Ed. UFMG, 1997).

Julio Bango — Sociólogo uruguaio, é presidente da Comisión de Infancia de la Intendencia Municipal de Montevideo, professor adjunto da Facultad de Ciencias Económicas e professor assistente da Facultad de Ciencias Sociales da Universidad de la República. Foi presidente da ONG Foro Juvenil, no período 1991-2000. Tem atuado como consultor para diversos organismos e fundações internacionais e teve publicados diversos trabalhos sobre políticas sociais.

Marilia Sposito — Professora titular da Faculdade de Educação da USP, com doutorado em Sociologia da Educação. Membro da diretoria da Ação Educativa.

Marina Marcos Valadão — Enfermeira, com especialização e mestrado em Saúde Pública. Participou da elaboração do tema Saúde, dos Parâmetros Curriculares Nacionais. Nos últimos anos especializou-se na área de Saúde na Escola e trabalhou na elaboração de materiais sobre saúde e sexualidade para professores e alunos da educação básica. Trabalhou também como consultora dos ministérios da Educação e da Saúde, na elaboração e implantação de projetos voltados para a saúde escolar. Atualmente, elabora sua tese de doutorado, cujo tema é a Política Nacional de Saúde Escolar no Brasil.

Micael Herschmann — Historiador pela PUC-RJ e Doutor em Comunicação pela ECO-UFRJ (micael@alternex.com.br). É professor da Escola de Comunicação da UFRJ, onde também coordena o Núcleo de Estudos e Projetos em Comunicação e edita a *Revista ECO-PÓS*. Autor de vários ensaios e livros, dentre eles destacam-se: *Mídia, memória & celebridades* (Ed. E-Papers, 2003). *O funk e o hip-hop invadem a cena* (Ed. UFRJ, 2000). *Linguagens da violência* (Ed. Rocco, 2000) e *Invenção do Brasil moderno* (Ed. Rocco, 1994).

Miguel Abad — Psicólogo argentino. Desde 1995 atua como consultor em Desenho e Gestão de Políticas Públicas de Juventude, para vários países da América Latina. Atualmente é assessor regional da Agência de Cooperação Técnica Alemã (GTZ) para o projeto Fomento de la Salud Integral de Adolescentes, no Paraguay.

Oscar Dávila León — Trabalhador social chileno, é editor da revista *Ultima Década* e diretor da ONG CIDPA, Viña del Mar, do Chile.

Pedro Pontual — Psicólogo, com doutorado em Educação, pela PUC-SP. Foi secretário da Participação e Cidadania da Prefeitura Municipal de Santo André, de 2000 a 2002. É membro da diretoria da Ação Educativa, presidente do CEAAL — Conselho de Educação de Adultos da América Latina e membro da Escola de Cidadania do Instituto Pólis.

Regina Novaes — Antropóloga, doutorou-se pela USP. É professora do Programa de Pós-graduação em Sociologia e Antropologia da UFRJ, editora da revista *Religião e Sociedade* e diretora do ISER. Faz pesquisas sobre juventude, cultura e cidadania — áreas nas quais publicou diversos trabalhos — e tem prestado consultorias a ONGs nacionais e organismos internacionais.

Impressão e Acabamento
Bartira
Gráfica
(011) 4123-0255